Torre

Reinhold Messner

Schrei aus Stein

Torre, Campanile, Guglia sind
Namen für unverwechselbare
Felsberge. Der Campanile Basso
(auch Guglia di Brenta)
im Trentino

D1675269

Cerro Torre in Patagonien

»An diesem Turm und am Campanile Basso
haben Trentiner Kletterer Geschichte geschrieben.«

Reinhold Messner

Reinhold Messner

Torre

Schrei aus Stein

Mit 134 Fotos

EDITION ABENTEUER: REINHOLD MESSNER

ÜBER GROSSE TRAGÖDIEN IN FELS UND EIS

MALIK

Mehr über unsere Autoren und Bücher:
www.malik.de

Von Reinhold Messner sind bei Malik und Piper außerdem erschienen:

Mein Weg – Bilanz eines Grenzgängers
Der leuchtende Berg
Gebrauchsanweisung für Südtirol
Mein Leben am Limit
Die weiße Einsamkeit
Die Freiheit, aufzubrechen, wohin ich will
13 Spiegel meiner Seele
Der nackte Berg
Rettet die Alpen
K2 Chogori

Mix
Produktgruppe aus vorbildlich bewirtschafteten
Wäldern und anderen kontrollierten Herkünften
www.fsc.org Zert.-Nr. GFA-COC-001278
© 1996 Forest Stewardship Council

FSC

ISBN 978-3-89029-359-2
© Piper Verlag GmbH, München 2009
Satz: Kösel, Krugzell
Druck und Bindung: CPI – Ebner & Spiegel, Ulm
Printed in Germany

Für Toni Egger

Inhalt

In der Gipfelwand des Cerro Torre (Nordwand)

»Es ist vielfach die falsche Vorstellung von einem Berg, die uns narrt.
Und plötzlich haben wir uns verstiegen. Am Cerro Torre ist die
Selbstrettung dann unendlich viel schwieriger als am Campanile Basso.
Die beiden Felstürme sehen nur ähnlich aus.«

Reinhold Messner

Tod am Cerro Torre

Nur noch ein leeres Seilende baumelt im Wind. Es geschah vor mehr als fünfzig Jahren. Wollten doch zwei Bergsteiger nach den Sternen greifen, am »unmöglichen« Gipfel das Unmögliche möglich machen? Plötzlich aber ist einer tot und dieser Tod dem anderen doppelte Angst. Später kommen das Nichts, die Leere, der Abgrund, ein Leben mit diesem Trauma. Ist der Kamerad wirklich tot? Oder lebt er noch, irgendwo, in einer der Schluchten, auf einem Eisfeld, tief unten auf dem Gletscher? Eine Lawine hat ihn mitgerissen, weggenommen, begraben. Der eine steigt ab, der andere ist abhandengekommen: irgendwo an den Granitwänden in Patagonien. Am schwierigsten Berg der Welt herrscht Chaos: Sturm, Lawinen, White Out. Der Mann, der noch lebt, seilt ab. Er tut es wie in Trance. Er ist erschöpft, unterkühlt, verzweifelt. Vielleicht wird er den Verstand verlieren, aber er will nicht sterben. Immer wieder späht er nach dem Kameraden, sucht Schutz, aber der Felswand, die er hinabsteigt, ist nicht zu entrinnen. Ist da jemand? Wie ein gehetztes Tier sieht er sich um. Kommt der andere aus dem Abgrund zurück? Nein, da ist nur der Wind, das Schneetreiben, sein eigener Herzschlag hämmert in seinen Ohren. Also weiter hinunter, nichts wie hinab in die Tiefe. Er ist auf der Flucht.

Der Mann, der bereit war, für den schwierigsten Berg der Welt zu sterben, folgt jetzt seinem Überlebensinstinkt. Wie die Lawinen dem Gesetz der Schwerkraft. Er will nur noch überleben. Egal, ob sie oben waren oder nicht, immerzu auf der Hut vor dem Absturz, geht es an den Seilen weiter nach

Am Cerro Torre
(Nordwand)

unten, zurück zu den Menschen. Atemlos taumelt, fällt, sinkt er tiefer. Kein Albtraum, keine noch so große Angst kann ihn stoppen. Kein Gebrochener, nur ein Kämpfender überlebt dieses Chaos! In der vertikalen Welt gilt es, in der Schwebe zu bleiben, den Reflexen zu folgen, hinab! Er durchquert Abgründe, hängt ohnmächtig im Seil, wacht wieder auf, flieht. Weiter nach unten! Plötzlich wird er von Eisstücken beschossen, flucht, sieht sich selbst wie einen Fremden. Als ob er sich in sich selbst verloren hätte. Sein Abstieg ist seit Tagen ein Wettlauf mit dem Tod, und der Abstand zum Sterben verringert sich. Weht oder fällt da etwas hinter ihm her?

Ein einziger Trost jetzt: Sein erschrockener Geist kennt kein Jenseits, nur noch das Jetzt. Seine Hände klammern, schmerzen, können nicht mehr. Er kann auch die Arme nicht heben. Er kann nicht einmal mehr rufen. Als wären seine Stimmbänder nicht die seinen. Als Überlebender zu kämpfen ist wie ein Reflex, im Team allein geblieben zu sein führt zum Wahnsinn. Der Kamerad spricht jetzt als Monster aus ihm: Er klopft wie Hammerschläge an die Felswand, wie eine tiefe Wunde im Kopf. Außer einer dumpfen Leere im Herzen ist aber nichts mehr: über ihm Abgrund, unter ihm Abgrund. Er ist am Torre, nicht an der Guglia!

Er weiß, irgendwo da unten, tief unten, ist alles zu Ende: Auf dem Gletscher, unter den grauen Schneewehen. Grab oder Leben? Trotz aller Erschöpfung geht das Leben jetzt weiter. Als stünde einer neben ihm, um zu helfen. Es gilt, sich sicher zu bewegen! Der Überlebende aber ist nicht mehr Herr der Lage, nur sein Unterbewusstsein, der Instinkt, rettet ihn weiter. Was sonst ist es, das im Verzweifelten Reflexe hervorruft, die das Überleben sichern wollen. Trotz Chaos, Hektik und Hoffnungslosigkeit. Etwas in ihm verwandelt die Erfahrung von tausend Bergtouren ständig in neue Überlebensstrategien. In Sekundenschnelle entscheidet sein Instinkt über die Richtung, den Handgriff, über richtig oder falsch.

Dabei gelten nur noch animalische Maßstäbe. Sein sechster Sinn ist wie beim Tier unbestechlich: die einzig verbliebene Brücke zwischen der Welt draußen und der in ihm drinnen. Der Absteigende kann sie nutzen, solange er lebt.

Der Mann, der angeblich keine Angst vor dem Tod hatte und jetzt nicht sterben will, kann sich selbst nicht mehr entrinnen. Er hat den unerreichbarsten aller Gipfel ausgesucht, um der Welt seine Überlegenheit vorzuführen. Auch um zu beweisen, dass selbst dort, wo die besten aller Bergsteiger den Aufstieg nicht wagten, ein Weg sein kann. Der Alpinist aber, der jetzt als einsamer Irrer in seinen geborstenen Vorstellungen auftaucht, erlebt sein Sterben und Überleben als Wunder einer Wiedergeburt. Als er endlich aus einem Reich zurückkommt, das nur er kennt und das nicht für Menschen gemacht scheint, ist er ein anderer Cesare Maestri als jener, mit dem Toni Egger Tage vorher zum Gipfel aufgebrochen ist.

Immer noch ist er allein, immer noch kämpft er mit Schneesturm, Nebel und Chaos. Auch mit Halluzinationen. Hat sein Kamerad nur einen Vorsprung, oder ist er wirklich tot? Ja, sie kommen von diesem verdammten Berg, der jetzt tobt und brüllt und seine Eiskruste fallen lässt wie Laubbäume im Herbst ihre Blätter. Ist es Herbst, Morgen, Nacht, oder eine andere Jahreszeit? Alle Zweifel, ob sie es gemeinsam schaffen können, sind verschwunden. Sogar ob der unmögliche Berg möglich ist, interessiert nicht mehr. Ein Überlebender kämpft nur noch um sein Leben. Endlich am Wandfuß! – der Sprung über die Randkluft endet im Schnee eines Lawinenkegels, eine Art Trichter, der steil abfällt. Der Sterbende schwebt, stürzt, fällt zurück ins Leere. Als ob er vom schwierigsten Berg der Welt hinabgestoßen würde, seinem Schicksal entgegen. Tod oder Leben? Die Landung ist weich, die Besinnungslosigkeit kommt wie eine Erlösung. Ein Schneehaufen hat Cesare Maestri am Leben gelassen.

Es ist der 3. Februar 1959, und der halb Tote, den Cesarino Fava wenig später am Fuße des Cerro Torre zusammengekauert im Schnee findet, ist wirklich Cesare, nicht Toni.

1 Cerro Torre – Der unmögliche Berg

Gipfelaufbau des Cerro Torre, von Osten gesehen

»Der Torre erhebt sich als eindrucksvolle Felsnadel, auf der ein Eispilz sitzt. Seine Granitwände fallen vertikal auf die Gletscherflächen an seinem Fuß.«

Padre de Agostini

Cerro Torre über der Pampa Patagoniens

»Das Problem einer Besteigung gibt es am Cerro Torre nicht ...
Allein der Gedanke an einen Versuch wäre irre. Lächerlich.«

Marc Antonini Azéma
(Expeditionsarzt am Fitz Roy 1952)

Die Fitz-Roy-Gruppe zwischen Pampa (Argentinien)
und Hielo Continental (Chile) in Patagonien

»Die unmenschlichen atmosphärischen Verhältnisse
haben viele Expeditionen hier erschöpft und entmutigt, bevor
noch der eigentliche Kampf aufgenommen worden war.«

Lionel Terray

Lionel Terray

»Terrays Urteil begründete
den Mythos Cerro Torre.«

Reinhold Messner

Nach dem Zweiten Weltkrieg erfährt auch das Bergsteigen eine Erneuerung. Die erfolgreichsten Alpinisten der Zwischenkriegszeit – Riccardo Cassin und Anderl Heckmair – sind zwar noch aktiv, junge Kletterer aber übernehmen die Führung im Alpinismus: In Italien sind es Walter Bonatti und Cesare Maestri; in England Joe Brown und Don Whillans; in Österreich Hermann Buhl und Toni Egger; in Frankreich Jean Couzy und Gaston Rébuffat, vor allem aber die Seilschaft Louis Lachenal und Lionel Terray, denen die zweite Begehung der Eiger-Nordwand gelingt, damals die größte Herausforderung im alpinen Bergsteigen.

Diese französischen Bergsteiger, viele von ihnen in der Résistance zu mutigen Könnern herangereift, sind es jetzt, die den Alpinismus bestimmen. Unter der Führung von Maurice Herzog gelingt ihnen nicht nur die Erstbesteigung des ersten Achttausenders, der Annapurna im zentralen Himalaja, auch in den Alpen und in den Anden wachsen sie über ihre Vorgänger hinaus.

Lionel Terray, ein sympathischer Haudegen aus Grenoble, ist und bleibt einer der ganz großen Bergsteiger seines Jahrhunderts. Bergführer in Chamonix und immerzu aktiv, gilt er als stark und risikofreudig. Er und Lachenal bilden ein einzigartiges Team, die beste französische Seilschaft der Nachkriegszeit. An der Annapurna stecken sie in einer Falle. Es ist zuletzt Terray, der nach dem Gipfelgang von Herzog und Lachenal, die irre geworden sind, die Situation rettet. Obwohl alles zum Verzweifeln ist, rennt Terray, dieser Kraftmensch, ein Naturereignis, in die Nebel hinein, bricht nieder und steht verstört wieder auf. Er tobt wie ein Rasender. Als wolle er die Mauern des Gefängnisses einreißen, in dem die Freunde stecken. Er gestikuliert mit dem Pickel. Wie ein Blinder im Nebel. In einer solchen Situation aber ist auch er machtlos, ohne Plan, wie lahm. Der kranke Lachenal schilt Terray einen Narren und hockt sich auf den Schnee. Der Lästerer aber ist noch weniger bei Verstand als der Helfer. Lachenal will ein Loch in den Schnee graben und besseres Wetter abwarten. Immerfort beschimpft er Terray und die anderen als Versager. Plötzlich packt Terray Lachenal, schleppt ihn hinter sich her. Rücksichtslos! Seine Kräfte und sein Wille sind wie ein Wutausbruch. Er hält den Kranken am Seil, redet einmal beruhigend, dann befehlend auf ihn ein. Wie auf ein krankes Tier. Und Lachenal folgt. Als wäre er gezwungen zu tun, was Terray sagt, trottet er hinter ihm her. So rettet Terray seinem Freund das Leben.

Lionel Terray, der mit Louis Lachenal 1947 also die zweite Begehung der Eiger-Nordwand gemeistert hat und danach mit der Erstbesteigung des Fitz Roy in Patagonien und des Makalu im Himalaja als Alpinist Weltruf erlangen sollte, äußerte sich später niemals angeberisch über seine Heldentaten. Er war ein feiner Charakter und genau mit seinem Urteil. Seine Aussage – »Kein einziger Aufstieg in den Alpen hat uns je so viele Schwierigkeiten entgegengestellt wie der Fitz Roy.« – hat also Gewicht. Wie auch manch andere damals haben er und seine Kameraden 1950 an der Annapurna und zuvor am Dhaulagiri Akrobatenstücke fertiggebracht. Der Fitz Roy aber hat Terray 1952 beinahe umgebracht. Die letzte heldische Periode des Bergsteigens hatte gerade erst begonnen.

Von René Ferlet angeregt, organisieren Pariser Freunde von Lionel Terray 1952 eine Expedition zum Fitz Roy in den Anden Patagoniens. Dieses »Matterhorn der südlichen Hemisphäre«, eine einzigartige Granitspitze, ist zwar nur 3450 Meter hoch, aber ein verführerisches Ziel. Keiner Expedition war es bis dahin gelungen, auch nur über den Sockel des Berges hinauszukommen. Darüber baut sich senkrecht der Gipfelturm auf. Seine Wände, in ihrer geringsten Höhe etwa 750 Meter hoch, sind schwieriger als die damals härtesten Kletterein in den Alpen. Die Schwierigkeiten am Fitz Roy aber werden durch das Klima Patagoniens noch potenziert: schlechtes Wetter; Kälte; Wassereis, das die Wand überzieht; jähe und unerhört heftige Sturmstöße. Das alles macht den Fitz Roy zu einem der schwierigsten Berge der Welt. Vielleicht ist er unmöglich. 1952!

Dieser Fitz Roy, das Urbild eines Gipfels, wird für Terray rasch zu einer Herausforderung. Ein solches Ziel gibt es weder in den Alpen noch im Himalaja, und Terrays Alpinismus, den er als eine Art Kunst versteht, ist experimentell. Eine Reise nach Patagonien aber ist teuer. Terray legt den größten Teil seiner Ersparnisse in die gemeinsame Expeditionskasse. Ein Gast bittet, sich der Expedition anschließen zu dürfen, und verspricht, die fehlende Summe aufzubringen.

Trotzdem müssen zuletzt Schulden gemacht werden, um die Reise zu sichern. In Argentinien angekommen, erleben die Franzosen eine Liebenswürdigkeit und ein Entgegenkommen ohnegleichen. Selbst der Diktator Juan Perón empfängt sie und hilft weiter. Trotzdem gerät die Expedition bald in Bedrängnis. Beim Überqueren eines angeschwollenen Wildbachs ertrinkt Jacques Poincenot, ein hervorragender Kletterer. Sein jähes Ende verwirrt die Männer. Die Bergsteiger verlieren ihr Selbstvertrauen, und einige von ihnen wollen abziehen, zurück in die Zivilisation. Nach langer Beratung wird die Expedition fortgesetzt. Eile ist geboten: Jeder verlorene Tag kann den Erfolg kosten.

Jetzt aber behindern Schneefälle und Stürme das Vorankommen. Drei Wochen lang kämpfen Terray und seine Freunde gegen widrigste Wetterbedingungen: Höhlen werden ins Gletschereis gehauen; die Spur, die die Lager verbindet, muss jeden Tag neu getreten werden. Es herrschen

Guido Magnone

abscheuliche Bedingungen. Dennoch sind in zwanzig Tagen drei Lager eingerichtet und mit Lebensmitteln versorgt. Die Strecke vom Lager II zum Lager III ist auf einer Länge von 300 Höhenmetern mit fixen Seilen und Strickleitern abgesichert. Die Bergsteiger aber müssen alle Lasten selbst tragen, in Patagonien gibt es keine Sherpas. Fast eine Tonne Material wird nach oben gebracht. Lionel Terray und Guido Magnone aus Paris, der zweite energiegeladene Kletterer im Team, hocken dabei fünf Tage lang im Sturm fest. Der Brennspiritus für die Kocher droht auszugehen. Während einer Aufhellung gelingt ihnen die Flucht ins Basislager.

Dann klart es auf, der Himmel strahlt, das Wetter ist prächtig. Noch am selben Tag steigen die beiden Spitzenkletterer wieder auf bis ins Lager III. Anderntags, in der Morgendämmerung, ist der Himmel trüb, die Kälte beißend. Sie wagen trotzdem einen Versuch: Die Kletterei ist von Anfang an äußerst schwierig; Felshaken setzend und in freier Kletterei schaffen sie 120 der 750 Meter hohen Wand. Am Abend kehren sie zum Lager zurück, lassen die fixen Seile aber hängen, um sich so den neuerlichen Aufstieg zu erleichtern. Am Morgen des nächsten Tages völlige Windstille, kein Wölkchen am Himmel. Jetzt gilt es! Terray und Magnone klettern schnell, lassen viele Felshaken stecken. In abwechselnder Führung kommen sie höher. Von jedem Standplatz kann Terray auf den kleineren Nachbarn des Cerro Fitz Roy, den Cerro Torre, hinabsehen, der noch viel schwieriger aussieht als ihr Berg. Sicher viel schwieriger zu besteigen, denkt Terray, vielleicht sogar unmöglich! Wie der Fitz Roy auch? Die Wand über ihm macht Terray Angst. Sie klettern dennoch weiter. Bei Einbruch der Dunkelheit haben sie knapp die Hälfte der Wand hinter sich. Sie biwakieren auf einem schrägen Band. Am folgenden Tag aber klebt Wassereis auf dem Fels. Zurück? Nein, sie versuchen, mit Steigeisen zu klettern. Die Aktion ist riskant.

Terray verliert den Mut, will absteigen. Magnones Entschlossenheit aber, der Einsatz des Kameraden macht auch ihn stolz. Schließlich ist er ebenfalls bereit, das Wagnis einzugehen. Sie klettern also weiter. Der Vorrat an Felshaken ist bald erschöpft, und sie müssen sich mit Tricks weiterhelfen. Als sie den Gipfel erreichen, ist es vier Uhr nachmittags: Wind, Nebel, wenig Sicht. Es beginnt zu schneien. Der Abstieg wird zur Verzweiflungstat. Zum Sturm kommen die Angst, vereister Fels, Schneerutsche. Trotzdem wagen sie sich weiter in den Abgrund. Die fixen Seile retten zuletzt Magnones und Terrays Flucht. Bis in die Arme ihrer Freunde.

Die Erstbesteigung des Fitz Roy wird anschließend nicht nur von der argentinischen Regierung gewürdigt, sie löst weltweite Begeisterung aus. Und die Frage kommt auf, ob der kleinere Nachbar des Fitz Roy, der Cerro Torre, je bestiegen werden kann.

»Wir sahen den Cerro Torre – eine frei stehende, fast unwirkliche Riesensäule«, schreibt Lionel Terray 1952 im Bericht über seine Fitz-Roy-Expedition. Er schreibt auch von wilden Flüssen beim Anmarsch, über sintflutartige Regenfälle und metertiefen Schnee. Er beschreibt die Wühlarbeit, die Voraussetzung war, um überhaupt an den Fuß des Berges zu gelangen. Er schreibt über eisige Stürme, die es unmöglich machten, Zelte aufzustellen, sodass man in Schneehöhlen hausen musste. »Eines wissen wir genau«, schreibt Terray zuletzt, »wenn eine Seilschaft mitten in der Wand in den patagonischen Sturm gerät, ist sie verloren.« Und er schließt mit dem Satz: »Der Fitz Roy ist wohl der schwierigste Kletterberg der Erde, der bisher erobert wurde.«

Damit wird der Cerro Torre zum schwierigsten unter den damals unbestiegenen Bergen der Welt. Und dieser »Torre«, nur fünf Kilometer südwestlich des Fitz Roy gelegen, ist vorerst tabu! Ein unmöglicher Berg!

2 Cesare Maestri –
Die Spinne der Dolomiten

Cerro Torre und Trabanten, von Süden gesehen

»Schon seit einiger Zeit war der Ruf des Matterhorns der südlichen Hemisphäre auch nach Frankreich gedrungen. Alpine Zeitschriften hatten uns die gigantische Granitspitze, deren ebenmäßige Gestalt an die 3300 Meter aus dem Ödland Patagoniens aufsteigt, vor Augen geführt, und wir wussten, dass die Erkletterung dieses verführerischen Zieles von mehreren Expeditionen vergeblich versucht worden war.«

Lionel Terray

Cerro Torre (ganz links) und Fitz Roy,
von Süden gesehen

»Von allem Anfang an begeisterte mich der Plan Terlets.«

Lionel Terray

»Der Cerro Torre, ein Nachbar des Cerro Fitz Roy, ist viel schwieriger zu besteigen als dieser.«

Lionel Terray

»Maestri vertritt mit aller Strenge den Grundsatz des großen Preuß, wonach man nur da aufsteigen soll, wo man in freiem Klettern auch wieder herunterzukommen vermag.«
Dino Buzzati

Cerro Torre, von Norden gesehen

»Auf dem Gebiet der Klettertechnik ist Cesare Maestri unbestreitbar einer der größten Meister unserer Zeit. In der wahrhaft teuflischen, mir heute noch unverständlichen Kunst, allein in freiem Klettern über Wände extremer Schwierigkeit abzusteigen, kommt ihm zweifellos kein Zweiter gleich.«
Dino Buzzati

Cesare Maestri

»Dino Buzzati hat mit seinem schwärmerischen
Urteil Maestri sicher keinen Gefallen getan.«

Reinhold Messner

Zwei Kletterer sind es, die Anfang der Fünfzigerjahre des vergangenen Jahrhunderts die Bergsteigerszene in Italien bestimmen: Cesare Maestri und Walter Bonatti. Der eine, Maestri, Jahrgang 1929, will Schauspieler werden und flieht von Rom in die Dolomiten, wo er rasch zum damals unübertroffenen Freikletterer wird. Der andere, Bonatti, ein Jahr jünger, lebt in Monza und wechselt später als Bergführer nach Courmayeur am Fuße des Mont Blanc. Bonatti ist ein Naturtalent. Er meistert in jungen Jahren Routen wie den Walkerpfeiler an den Grandes Jorasses, eröffnet eine moderne Neutour am Grand Capucin und wird bald zum weltweit führenden Bergsteiger seiner Generation.

Während Maestri sich vom Freikletterer immer weiter hin zum Hakenkletterer entwickelt, geht Bonatti den umgekehrten Weg. Er ist der klassische Bergsteiger par excellence – aktiv im Granit der Westalpen, im Kalk und Dolomit, in Schnee und Eis, an den Riesenflanken des Mont Blanc. Ebenso erfolgreich ist er in den Anden und im Karakorum.

Als Cesare Maestri die Soldá-Verschneidungen an der Marmolada, damals eine der schwierigsten Dolomitenrouten, solo klettert, schütteln andere Extrembergsteiger nur den Kopf. Als er dann aber die »Via delle Guide« am Crozzon di Brenta, ebenfalls in den Dolomiten, sogar im Abstieg allein und ohne Seil meistert, gilt er als Außerirdischer. Man spricht jetzt mit Hochachtung von ihm. Die Begeisterung für den »Sesto Grado« in Italien ist groß und alle bewundern die »Spinne der Dolomiten«, wie Maestri sich selbst nennt. Zu Recht, denn bei der »Arbeit« im Fels ist er unverwechselbar.

Maestri weiß, was er tut: Er inszeniert sein Klettern, aber

er geht kein unnötiges Risiko ein. Er tut nichts aus Leichtfertigkeit, ist nur entschlossen, an seine Grenzen zu gehen. Vor allem, wenn er sich auf eine Alleinbegehung einlässt. Ist Maestri erst einmal im Fels, klettert er elegant und zügig. Sein Temperament, seine ganze Kraft – sowohl die körperliche wie die geistige – ist auf die paar Quadratmeter Fels gerichtet, an denen er gerade hängt und weiter emporturnt. An Finger- und Schuhspitzen. Er tut dabei nie einen Schritt, den er nicht wieder rückgängig machen könnte. Und auch wenn seine Begeisterung fürs Klettern in Besessenheit ausartet, er bleibt ernst. Dann wieder verflucht er die Berge. »Bei Leuten, die Maestri nur flüchtig kennen, ist er als umständlicher und schwieriger Geselle verschrien, reizbar, bockig, mit allzu rascher Begeisterung und von oft grundloser Niedergeschlagenheit: alles in allem ein unbequemer Mensch«, schreibt Dino Buzzati, ein italienischer Journalist und Schriftsteller, der Maestri mehr als zugetan ist.

Walter Bonatti ist in den ersten Jahren seiner Kletterzeit nicht Maestris Gegenspieler. Der gut aussehende Italiener – schwarzhaarig, schlank, mit feinen Gesichtszügen – meistert 1949 mit neunzehn Jahren die zweite Begehung der Oppio-Führe in der Croz-dell'Altissimo-Südwand in der Brenta, die dritte der Aiguille-Noire-Westwand am Mont Blanc, die sechste am Walkerpfeiler an den Grandes Jorasses, die Cengalo-Kante im Bergell. Diese Touren allein schon sprechen für die Bandbreite seines Könnens.

1951, vom 20. bis 23. Juli, gelingt ihm mit Luciano Ghigo die Eroberung der bis dahin als undurchsteigbar geltenden Grand-Capucin-Ostwand im Mont-Blanc-Gebiet. Zwischen 1950 und 1952 leistet Bonatti seinen Militärdienst. Dabei nutzt er auch die Zeit, um die Nordwand der Westlichen Zinne im Winter zu klettern. Mit dem gleichaltrigen Carlo Mauri aus Lecco macht er sich am 22. Februar 1953 am Einstieg der Cassin-Führe zum großen Abenteuer bereit. Bonatti führt.

Zinnen-Wand
im Winter

Der Fels ist teilweise mit einer dünnen Eisschicht überzogen, »glasiert«, wie wir sagen. Bis sechs Uhr abends schaffen sie nur 200 der 500 Meter hohen Wand. Biwak in Trittschlingen. 13 Stunden lang und bei 25 Grad unter null. Am zweiten Tag bewältigen die Italiener den Dachquergang und weitere 100 Höhenmeter. Am dritten Tag, nach insgesamt 27 Stunden Kletterzeit, erreichen sie den Gipfel. Drei Tage später die Zugabe: Bonatti und Mauri gelingt die zweite Winterbegehung der Nordwand der Großen Zinne, die Fritz Kasparek und Sepp Brunhuber 1938 erstmals im Winter gemeistert haben, als Training für die Eiger-Nordwand. Bonatti und Mauri bleiben Partner, Bonatti und Maestri werden zu Rivalen. Wer ist der bessere Bergsteiger?

Walter Bonatti und Cesare Maestri entstammen jener Generation von Bergsteigern, die sich vor allem durch Neutouren auszeichneten. Und bis auf wenige Male in ihrer Anfangszeit als Kletterer stiegen sie immer als Seilerste, oft allein. Dabei steht Bonattis Sachlichkeit im krassen Widerspruch zu Maestris Vorliebe für das Theatralische. Dessen Imponiergehabe hatte etwas Forderndes, ja sogar Pathetisches. Was mir an Cesare Maestri aber sympathisch ist, sind seine anarchischen

Züge. Und natürlich hat er recht, wenn er sagt, jeder und jede mögen so klettern, wie es ihnen beliebt. Es gibt keine Regeln! Es gibt nur Fakten. Deshalb kann ich auch seine Wut verstehen, die ihn packt, als er 1954 aus der K2-Expedition, dem nationalen Prestigeunternehmen des Jahrzehnts schlechthin in Italien, ausgeschlossen wird. Unter dem Vorwand, er leide an einem Magengeschwür, fliegt er aus dem Team. Aber die Ärzte haben entschieden, wie es Ardito Desio, der Expeditionleiter, wollte, und damit war der beste Freikletterer seiner Zeit ausgegrenzt. Wie der große Riccardo Cassin auch. Nicht aber Walter Bonatti, der am K2 eine Schlüsselrolle spielen wird, schleppt er doch mit einem pakistanischen Träger Sauerstoffflaschen auf über 8000 Meter Höhe. Er muss dann ein Freilager durchstehen, da Compagnoni, der tags darauf mit Lacedelli mithilfe der Sauerstoffflaschen den Gipfel erreicht, das Lager IX an anderer als der verabredeten Stelle eingerichtet hat.

Maestri ist vierundzwanzig Jahre alt, als er mit den anderen Kandidaten der geplanten K2-Expedition in Mailand zu einem medizinischen Test antritt. Er fällt durch und zerbricht daran. Denn dieser Cesare Maestri ist nicht der Kraftprotz, als der er erscheint, nicht nur der kühne Alleingänger und erfolgreiche Bergführer, er benötigt Aufmerksamkeit und Anerkennung. Ähnlich wie ein Abhängiger seine Drogen. Cesare ist sechs Jahre alt, als seine Mutter stirbt, die Schauspielerin Maria Botti. Sein Vater Toni, auch er Schauspieler, kann die Mutter nicht ersetzen. Als Halbwüchsiger sei Cesare mutig, geschickt und abenteuerlustig gewesen, wird erzählt, auch streitsüchtig. Aber nicht ohne Angst, 1949, als Bonatti den Walkerpfeiler klettert, macht Maestri mit Gino Pisoni als Lehrmeister seine ersten Kletterversuche. Er will Bergführer werden. Zum Training trägt er Lasten zur Pedrotti-Hütte in den Brenta-Dolomiten, klettert, wenn er keinen Partner findet, zwischendurch allein und erweckt damit den Eindruck, sich wichtigtun zu wollen. Zwischen November 1950 und

April 1952 leistet auch Maestri seinen Militärdienst. Dabei weist er Soldaten und Offiziere in die Grundregelen des Kletterns und Skifahrens ein. Er genießt Respekt. Niemals aber biedert er sich dabei den Vorgesetzten an, und nicht selten landet er wegen seiner Aufsässigkeit im Arrest.

1954, im K2-Jahr, hat Maestri 30 Alleingänge hinter sich, sechs davon im obersten Schwierigkeitsbereich. Der »große Berg« aber soll ihm trotzdem verwehrt bleiben. Der K2, sein kühnster Traum, wird nur noch Anlass dafür sein, sich verspottet zu fühlen. Und darin sehe ich die tieferen Wurzeln für eine lebenslange Rivalität.

Man muss sich den jungen Maestri, den bewunderten Alleingänger, vorstellen: wie er wartet und sich ausmalt, den Gipfel des zweithöchsten Berges der Welt zu erreichen, vielleicht sogar allein, weil alle anderen nicht mehr können ... er, der Stärkste von allen, ein Hermann Buhl am K2. Maestri aber wird aussortiert: Nicht tauglich! Als sich Maestri am 15. Dezember 1953 mit den anderen Aspiranten im Geologischen Institut der Uni Mailand einfand, wo Professor Ardito Desio seine K2-Expedition vorstellen will, fühlt er sich absolut fit. Drei Tage haben die Untersuchungen gedauert. Maestri, immer noch überzeugt davon, psychophysisch der stärkste von allen Anwärtern zu sein, wird in einem Brief am 7. Januar 1954 schließlich mitgeteilt, dass er nicht an der K2-Expedition teilnehmen könne. Aus gesundheitlichen Gründen. Den wahren Hintergrund – das Magengeschwür ist nicht vorhanden und damit nur ein Vorwand, um den mutigen und selbstbestimmten Maestri ausschließen zu können – wird er nie erfahren. Maestri ist wütend, weint. Enttäuscht schreibt er einen Brief an Desio: Er will die Daten, das Resultat der medizinischen Untersuchungen sehen. Das ist zu viel. »Wo kämen wir hin, wenn jeder Anwärter ein Recht auf Einblick in seine Akte oder gar auf Teilnahme hätte?« Damit ist klar: Am K2 wird nur einer bestimmen: Ardito Desio!

Auch ich bin überzeugt, dass Maestri fit, gesundheitlich auf der Höhe, also tauglich war. Ob er sich in die Mannschaft eingefügt hätte? Wer weiß. Jedenfalls hätte er sich nicht alles gefallen lassen. Seine Eigenständigkeit, die ich bewundere, hätte er auch am K2 nie und nimmer aufgegeben.

Anders Walter Bonatti. Der Stärkste im Team hat sich untergeordnet. Bis zuletzt. Auch weil er der Jüngste, der Benjamin war. Hätte er am Ende aber nicht mehr gegeben, als ein Mensch zu leisten vermag, der K2 wäre 1954 nicht bestiegen worden. Bonatti hat sich dafür zeitlebens in der Öffentlichkeit diskreditiert gefühlt, ehe der offizielle Expeditionsbericht korrigiert wurde. Rechtfertigen musste er sich nie. Seine Rolle beim Gipfelgang war der Schlüssel zum Erfolg. Ob Maestri am K2 eine wichtige Rolle hätte spielen können, bezweifle ich. Er war Dolomitenkletterer, kein Bergsteiger mit der Erfahrung eines Bonatti. Aber beide – Maestri und Bonatti – haben auf ihren ganz persönlichen »Skandal« um den K2 reagiert. Cesare mit neuen Alleingängen, Walter mit dem Dru-Pfeiler, den er 1955 solo erstbeging – eine der Sternstunden des Alpinismus im zwanzigsten Jahrhundert.

Bonatti, der bis zur Expedition am K2 anderen voller Vertrauen begegnet, wird nach 1954 ein scheuer Mensch: in sich gekehrt, zurückgezogen, ja misstrauisch. Er sucht jetzt die Einsamkeit, neigt zu Eigenbrötelei. Als müsse er sich vor weiteren Enttäuschungen schützen. In dieser seelischen Leidenszeit entdeckt Bonatti seinen ganz persönlichen Stil des Bergsteigens, jenen Alleingang, der ihn aus der großen Zahl der Spitzenbergsteiger seiner Zeit endgültig heraushebt. Am Petit Dru, wo französischen Kletterern 1952 die Begehung der großartigen Westwand gelungen ist, sieht er eine neue Herausforderung: den Südwestpfeiler. Als ob dem perfekten Berg nur noch die perfekte Route fehle. Dieser ideale und elegante Anstieg, ein letzter Mythos des Unmöglichen in den Alpen, wird zu seiner Obsession. Am 17. August 1955 steigt er allein in die Granitflucht des Dru-Pfeilers ein. Wie in einen Traum. Sechs Tage lang lebt er in jener anderen Welt, die nur Traumwandlern oder Genies offensteht. Er erreicht bald einen Zustand, »in dem es das Unmögliche nicht mehr gibt« und alles gelingt. Denn das Bewusstsein, dass er an den Grenzen des Möglichen klettert, »um seine inneren Probleme zu lösen«, gibt ihm die Kraft und den Willen, immerzu weiterzumachen. Auch wenn es nicht mehr weiterzugehen scheint.

Der erste Abschnitt des Pfeilers ist schwierig wegen der komplizierten Selbstsicherungsmanöver und des schweren Sacks, den es nachzuziehen gilt. Die Kletterei ist extrem. Bonatti klettert in absoluter Exposition, in einer senkrechten Welt. Nur von Schweigen umgeben. Den Durst stillt er mit dem Wasser, das bei Gewittern über die Felsen rinnt, die Einsamkeit mit Selbstgesprächen. Wann hat er damit angefangen, Gedanken laut auszusprechen, mit sich selbst zu reden? Er weiß es nicht mehr. Er redet auch mit dem Sack, den er nachzieht. Als sei der sein Seilgefährte.

Wenn ich mir heute die Ausrüstung Bonattis vom Dru-Pfeiler ansehe – ein Seil aus Seide, eines aus Nylon, Holzkeile, Felshaken, zwei Hämmer, rudimentäre Kletterschuhe –, kann ich nicht glauben, dass eine so große Wandflucht mit so wenig Material zu realisieren ist. Dazu die geschundenen Hände, die Müdigkeit nach vier Tagen extremster Kletterei. Mit ein paar Pendelquergängen hat sich Bonatti in Überhänge gewagt und alle Brücken hinter sich gekappt. Auch weil er das Seil nach jedem Pendler abziehen muss. Er braucht es, um weiter nach oben zu steigen. Abseilen ist jetzt so und so undenkbar: Die Wand unter ihm ist überhängend. Am Ende seiner Kräfte, völlig leer, als habe er längst keine Beziehung mehr zu sich selbst, hängt Bonatti über dem Abgrund. Zu jeder Handlung unfähig. Nur übel wird ihm nicht. Aber was will er hier? Er weiß es nicht mehr. Nach und nach aber gelingt es ihm, sich mit seiner Idee wieder zu versöhnen. Er findet aus seiner Passivität heraus, neue Energie fließt ihm zu.

Als sei er vom Leben weit entfernt gewesen, kehrt Bonatti langsam zu sich selbst zurück. Er kann das Sterben nicht zulassen, sich nicht einfach aufgeben. Rundum nur Fels, Eis, Kälte, all die Abgründe unter ihm. Er verwendet das Seil nun als Lasso, wirft es so lange nach oben, bis es sich zwischen vorstehenden Schuppen verklemmt. Jetzt kann er sich daran hochhangeln. Eine Methode, wie sie Georg Winkler mit seinem Wurfanker schon 70 Jahre zuvor angewandt hat. Getrieben vom Ehrgeiz und getragen vom Instinkt des Überlebens, schafft Bonatti Überhang um Überhang. Wiederholt gelingt ihm dabei das Unmögliche. Seine Hände hinterlassen Blutspuren am Fels. Sie sind wie betäubt. Dazu Schmerzen im ganzen Körper. Aber da ist auch etwas Majestätisches am Gipfel des Petit Dru, etwas Dauerhaftes, und er als Teil mittendrin: Mensch und Berg als untrennbare Einheit. Bonatti hat mit dem Dru-Pfeiler nicht nur den Berg bezwungen, er hat seine inneren, unsichtbaren Grenzen überschritten und damit den Knoten gelöst, den die Enttäuschung vom K2 in seine Seele geknüpft hatte. Mit diesem Alleingang eröffnet Bonatti neue Horizonte für alle Bergsteiger.

Bonatti ist 1955 seiner Zeit weit voraus. Er denkt sogar daran, den K2, den zweithöchsten Berg der Welt, im Alleingang zu besteigen, im alpinen Stil und ohne den Einsatz von Sauerstoffflaschen. Diese bahnbrechende Idee scheitert zuletzt an der Finanzierung, und das ist einer der Gründe, warum Bonatti am Cerro Torre auf Maestri stoßen wird, der seine Enttäuschung, aus der K2-Expeditionsmannschaft ausgeschlossen worden zu sein, auf seine Weise kompensiert. Im Juni 1956 ist diesem zwar die erste Alleinbegehung der Micheluzzi-Route am Piz de Ciavázes in der Sella gelungen, eine extreme Klettertour, die Hermann Buhl und Erich Abram kurz zuvor nur mit Mühe gemeistert haben, Genugtuung aber ist sie ihm nicht.

3 Ein Berg – Zwei Expeditionen

Der Cerro Torre, aus dem Helikopter
von Südosten gesehen

»Nach jahrelanger Vorbereitung, nach einer langen und zuletzt gefährlichen Anreise ist es schwieriger, auf seine Tagträume zu verzichten, als an den Problemen am Berg zu scheitern.«

Reinhold Messner

Auf dem Weg zur Fitz-Roy-Gruppe galt es vor 50 Jahren viele Schwierigkeiten zu überwinden

»War dieser Fitz Roy nicht das Urbild des idealen Gipfels, den mir weder die Alpen noch der Himalaja zu bieten vermochte?«

Lionel Terray

»Der Torre ist ein unmöglicher Berg, und ich will nicht,
dass einer von euch das Leben aufs Spiel setzt.
In meiner Eigenschaft als Expeditionsleiter verbiete ich euch,
den Torre anzugehen.«　　*Bruno Detassis nach Maestri*

»Der Cerro Torre ist unmöglich. Wenigstens für eine
Expedition wie die unsere. Es wäre also absurd, Energie
und Zeit für einen Besteigungsversuch zu vergeuden.
Vor allem auch, weil damit so viele Risiken verbunden sind.«

Bruno Detassis

Bruno Detassis

»Detassis hatte recht. Der ›Torre‹ war 1958 unmöglich. Es fehlte an der richtigen Ausrüstung, am Know-how, an Erfahrung. In Patagonien kann man nicht klettern wie in den Dolomiten.«

Reinhold Messner

Im patagonischen Sommer 1957/58 ist der Cerro Torre das Ziel zweier italienischer Expeditionen. Nicht nur weil die Herausforderung, die dieser Berg darstellt, seit der ersten Besteigung des Fitz Roy in Bergsteigerkreisen diskutiert wird, vor allem weil es in der Sektion Buenos Aires des Italienischen Alpenvereins CAI (Club Alpino Italiano) Streit gegeben hat.

Protagonisten dieser beiden Cerro-Torre-Expeditionen sind zwei K2-Anwärter, von denen der eine, Cesare Maestri, gar nicht erst ins Team genommen wurde, während sich der andere, Walter Bonatti, der jüngste und stärkste Mann am K2, anschließend mit den haarsträubendsten Anschuldigungen konfrontiert sah. So behauptete Compagnoni später, Bonatti und der pakistanische Träger hätten selbst von dem Sauerstoff genommen, sodass für ihn und Lacedelli zu wenig übrig geblieben sei. Bonatti hat immer wieder erklärt, dass das gar nicht möglich gewesen sei, da er und der Träger gar keine Sauerstoffmasken hatten. Außerdem zeigt ein Gipfelfoto Compagnoni und Lacedelli mit angeschlossenen Sauerstoffmasken, was darauf hindeutet, dass der Flaschensauerstoff zumindest bis auf den Gipfel ausreichte. Bonatti bewältigte die Enttäuschung auf seine Weise: Er zog sich zurück und bewies mit der Erstbegehung des Dru-Pfeilers, dass er psychophysisch der beste Bergsteiger weltweit war. An Cesare Maestri aber nagte die »Schmach«, »ausgemustert« worden zu sein, zumal dies mit fadenscheinigen Argumenten geschehen war. Seit 1954 also wartete er auf seine Chance. In diesen Jahren wurde der Alpinismus von Expeditionsbergsteigern bestimmt – Lionel Terray war nach Annapurna, Fitz

Die Südwestwand der Marmolada, Dolomiten

Roy und Makalu zum Star in Frankreich aufgestiegen; Hermann Buhl hatte mit Nanga Parbat und Broad Peak zwei Achttausender bestiegen; Bonatti, am K2 der Motor zum Erfolg, kam eben vom Gasherbrum IV – nur Cesare Maestri fehlte jede Expeditionserfahrung. Er war ein genialer Felskletterer, bisher aber nur in seinen heimischen Bergen aktiv und bekannt, die Solobegehung der »Soldá« (Marmolada-Südwestwand) sein Meisterstück. Was aber jetzt?

40

Die Geschichte mit Cesare Maestri und dem Cerro Torre aber beginnt schon früher, 1953, als Cesarino Fava, in Trient geboren und in Argentinien lebend, Maestri eine Einladung schickt: Zu einem Showdown am »Torre«. Denn Fava, besessen von der Idee, diesen »wunderbarsten Berg der Welt« zu erobern, erkennt in Cesare Maestri die ideale Besetzung für seine imaginierte Heldengeschichte. Ja, an seinem »Torre« sollen seine Landsleute siegen. »Dieser Berg ist Brot für Deine Zähne!«, schreibt Fava an Maestri. Und in der Tat, der Cerro Torre ist der richtige Köder für jenen nach Anerkennung hungernden Kletterer, der endlich zeigen will, was er kann. Maestri, sofort voller Begeisterung für die Sache, aber ohne Mittel, hält seinen Landsmann hin. Er bleibt mit Cesarino Fava in Briefkontakt. Eine Freundschaft beginnt, die bis zum Tod Favas 2008 andauern wird.

1955 endlich kommt eine offizielle Einladung zur ersehnten Cerro-Torre-Expedition. Der Präsident der Sektion Buenos Aires des Italienischen Alpenvereins, Manfredo Segre, ermuntert Maestri, mit einer Mannschaft seiner Wahl nach Argentinien zu kommen. Seine Sektion werde die Reise vor Ort sowohl betreuen als auch die Aufenthaltskosten tragen. Für Cesare Maestri ist damit die Chance seines Lebens und der Augenblick der Genugtuung gekommen. Es geht doch um den schwierigsten Berg der Welt und das damit verbundene Renommee, der Beste aller Kletterer zu sein. Nachdem er von der Expedition zum K2 ausgeschlossen worden ist, wartet Maestri ja auf die Gelegenheit, in außereuropäische Dimensionen des Bergsteigens einzusteigen und damit seine Überlegenheit im Klettern zu beweisen.

Ende des Jahres 1955 aber löst sich die Sektion Buenos Aires des Italienischen Alpenvereins auf. Expeditionsplan und Karten zur geplanten Besteigung des Cerro Torre gehen verloren oder bleiben unter den zerstrittenen Vorstandsmitgliedern verstreut, zum Teil liegen sie bei Fava, der Rest bleibt bei Segre. Zwei neue Klubs entstehen.

1956 ist es der Klub der Tridentiner in Buenos Aires, der Cesare Maestri zum Cerro Torre einlädt. Fava gibt also nicht auf. Wieder ist er die treibende Kraft des Unternehmens. Die heimatfernen Trentiner, obwohl selbst fast mittellos, sind wieder bereit, die Kosten für Transport und Aufenthalt Maestris in Argentinien zu übernehmen. Die Expedition selbst soll ihn also nichts kosten. Nur für Anreise und Ausrüstung müsste Maestri selbst sorgen. Cesarino Fava, der Drängler, und Tito Lucchini, Kartograf im argentinischen Marineministerium, versprechen eine einwandfreie Organisation und Abwicklung der Reise ins ferne Patagonien. Garantieren können sie natürlich nichts.

Im Frühjahr 1957 treffen sich Cesare Maestri und Cesarino Fava. Im Trentino. Erstmals. Fava, der sich unter dem Gipfel des Aconcagua die Füße erfroren hat, stakst schwankend daher. Er ist Invalide, seine schmerzhaften Amputationen sind kaum verheilt. Seine Fußstummel stecken zwar in speziell angefertigten Schuhen, dennoch scheint er beim Gehen keinen rechten Halt zu finden. Seine Einsatzbereitschaft und Begeisterung aber sind ungebremst. Es gilt jetzt, eine Expeditionsmannschaft zusammenzustellen. Auf der Brentei-Hütte trifft Fava später im Sommer die Brüder Bruno und Catullo Detassis, zwei glänzende Bergsteiger. Man spricht über die geplante Expedition. Bruno Detassis, ein Mythos unter den Kletterern der Zwischenkriegszeit, kann sich mit der Idee anfreunden. Er passt im Charakter zwar nicht zu Maestri und Fava, will aber trotzdem mitmachen. Neben seinem Bruder, einigt man sich, sollen auch Marino Stenico und Luciano Eccher mitkommen. Damit beginnt die Expedition konkret zu werden.

Bruno Detassis, auch weil älter als Maestri, soll das Unternehmen leiten. Er ist eine ausgeglichene Persönlichkeit und hat mehr Erfahrung als die anderen zusammengenommen. Jetzt scheint es keine Hindernisse mehr zu geben. Denn die Regionalverwaltung, öffentliche und private Körperschaften sponsern das Unternehmen. Die Besteigung des Cerro Torre kann endlich Wirklichkeit werden. Für Maestri geht ein Traum in Erfüllung. Per Schiff reist die Gruppe von Genua nach Buenos Aires. Die Trentiner werden dort begeistert empfangen. Freundschaften entstehen, alles ist bestens vorbereitet. Als Maestri erfährt, dass auch die Seilschaft Bonatti/Mauri zum Torre will, kann er es zuerst nicht glauben, ist bitter enttäuscht. Noch dazu haben die beiden das kartografische und fotografische Material zugesteckt bekommen, das für seine Orientierung am Berg gesammelt worden war. Maestri sieht Exklusivität und Wettbewerb auch deshalb verletzt, weil Bonatti und Mauri im Flugzeug anreisen.

Auch die Trentiner reisen, um Zeit zu gewinnen, nun im Militärflugzeug weiter, das auf Bitten der italienischen Botschaft zur Verfügung gestellt wird. Nationaler Ehrgeiz und der Geist der Trentiner in Buenos Aires beflügeln das Unternehmen. Maestri aber weiß: Die Anteilnahme in Italien gilt jetzt nicht mehr ihm allein. Trotzdem bestimmt die Natur den Fortgang der Reise. Furcht und Unruhe kommen hinzu. »Was hat Bonatti vor?« Maestri fühlt sich verfolgt. Er sieht sich in ein Wettrennen verwickelt. Detassis aber bleibt gelassen: »Wir Trentiner machen unsere Expedition, und Bonatti soll die seine machen«, ist seine Antwort. Nur, Maestri kann sich nicht damit abfinden, und unter diesem Druck wird die Reise zur Qual. Er zählt die verlorenen Minuten, die Tage bis zum Basislager, die Kilometer bis zum Ziel. Dann der Anblick des Torre! Er sieht ihn aus der Pampa emporwachsen, dann aus dem Flugzeug ganz nah. In einer Entfernung von hundert Metern gleitet der Flieger vorbei – wo lässt sich da eine Route über die senkrechten Felsen legen? –, da ist schon der Fitz Roy … wieder der Torre. Was für wundervolle Berge!

Die Expedition der Trentiner landet am Lago Argentino. Man hat gegenüber dem Team Bonatti/Mauri jetzt einen leichten Vorsprung. Zwei Tage nur. Daher darf kein Augenblick verloren gehen. Das Wettrennen geht also weiter. Im

Lastwagen, auf staubigen Straßen – Flüsse müssen gequert werden –, bis der Río de las Vueltas sie stoppt. Mit einem Holzwagen wollen sie übersetzen. Zehn Ochsen ziehen den schweren Karren, auf dem sieben Bergsteiger und 1400 Kilogramm Ausrüstung verstaut sind. Durch Stürme und Regen, Wasser und Morast kommen sie nach Nirgendwo, dorthin, wo heute die Siedlung El Chaltén liegt. Damals ein leerer Ort.

Es ist der 14. Januar 1958. Am Tag darauf wird an der Laguna Torres ein Basislagerplatz gewählt. Tage später wird dort mit Stämmen, einer Plane, Steinen und Ästen eine Hütte gebaut. Jetzt kann der Torre in Ruhe inspiziert werden. Denn Bruno Detassis, der Chef der Expedition, ist der Meinung, dass man den Torre nicht sofort angehen soll. Sein Bruder Catullo und Marino Stenico teilen diese Ansicht. Sie haben ihren Berg aus der Nähe noch nicht richtig gesehen, wissen nicht einmal, wo er steht. Die Zeit vergeht mit Erkundungen. Das Problem Cerro Torre wird zwar lebhaft diskutiert, aber nicht angepackt. Das Wetter ist zu schlecht. Einmal scheint die Sonne, dann regnet es wieder. Immerzu bläst der Wind. Maestri fühlt sich unglücklich. Er möchte irgendetwas tun, weiß aber nicht genau, was. Mit Zeitvertreib kann er nicht umgehen. Schlafen und Kartenspielen – das allein kann es doch nicht sein. Auch Morra, ein süditalienisches Fingerspiel, wird langweilig.

Beunruhigt denkt Maestri an seinen Rivalen Bonatti. Endlich, am 24. Januar spricht Bruno Detassis ein Machtwort: »In meiner Eigenschaft als Expeditionsleiter verbiete ich euch, den Torre anzugehen.«

»Warum?«

»Ich will nicht, dass einer von euch sein Leben aufs Spiel setzt.«

»Das will ja keiner.«

»Also«, sagt Detassis ruhig, »kein Versuch.«

»Wenigstens ein Versuch«, antwortet Maestri.

»Wozu?«

»Nur ein Versuch«, bettelt Maestri jetzt.

»Nein. Der Torre ist ein unmöglicher Berg«, stellt Detassis fest, und das Postulat des Chefs gilt.

Maestri, wütend und zugleich gebrochen, gibt die Diskussion auf. All seine Träume fallen damit in sich zusammen. Den Cerro Torre, an dem Maestri seine Fähigkeiten hätte beweisen wollen, gibt es nicht mehr. Ob Maestri, Eccher und Fava damals wirklich daran glaubten, dass die Besteigung des Torre von Osten her möglich ist, weiß ich nicht. Vielleicht wollte sich Maestri auch nur unterordnen, um die Legende zu entkräften, ein unverbesserlicher Rebell zu sein. Er gab damit allerdings seine beste Eigenschaft auf: Den Mut, jeden fremden Willen zu missachten.

Die anderen haben Familie – Maestri hat nur sich selbst und als Antipoden Bonatti auf der anderen Seite des Berges. Die Trentiner wollen jetzt den Cerro Grande angehen: als Ausweichziel. Als kleine Ersatzgipfel sollen Maestri, Fava, Eccher, Stenico und Catullo Detassis Cerro Grande, Adela und Cerro Doblado in der Bergkette links vom Cerro Torre besteigen. Obwohl Cesarino Fava beim Klettern Schwierigkeiten hat, macht die Gruppe weiter. Wegen seiner amputierten Füße aber behindert er das Vorankommen aller, und als Wind sowie Nebel einfallen, geben sie auf. Zurück am Fuß des Torre – welch imposanter Berg! –, sucht Maestri stillschweigend und verstohlen immer noch nach einem möglichen Aufstiegsweg. Am Fuße des El Mocho wird ein Lager errichtet. Es ist knapp 1000 Meter hoch gelegen. Wundervoll steht der Torre unmittelbar über ihnen. Jetzt sitzen die Kletterer im Herzen der faszinierendsten Berge der Welt. »Der Torre, ein unmöglicher Berg? – Nein,« schwört sich der Ausgebremste, aber gut möglich, dass er den anderen nichts sagt!

An zwei Expansionshaken hinterlassen die Trentiner zuletzt ihre Markierung: »Trentiner Expedition 1958 – Lager II.« Diese Art Nachricht ist Cesare Maestri geradezu peinlich. Er schämt sich vor allem wegen seines Anspruchs als Kletterer. Sein Hammer, der für ihn »wie für den Soldaten das Gewehr, den Chirurgen das Seziermesser und den Mineur das Dynamit ist«, kam bei dieser Expedition ja nie zum Einsatz. Dabei ist ihm dieser Hammer doch Programm: zum Angriff! Maestri steckt also in einer Krise. Sein Leben ist plötzlich ohne Ziel, ohne Richtung. »Wir sind bloß auf der Suche nach irgendeinem Berg, der sich ohne besondere Gefahren erstmals ersteigen ließe; nur um unser Gewissen zu beruhigen; nur um als Sieger über irgendetwas heimkehren zu können«, schreibt er ins Tagebuch. Wie recht er damit hat: Denn eine Expedition, die nicht weiß, welches ihr Berg ist, hat auch keine Berechtigung.

Ein letztes Mal gehen drei der Kletterer zum Cerro Grande. Maestri hat sich geweigert, ein Zelt mitzunehmen, weil er es für Unsinn hält, 40 Kilogramm Gewicht mit sich herumzuschleppen. Er ist jetzt wieder der Rebell, nimmt sein Schicksal in die eigenen Hände. Mit Marino Stenico und Catullo Detassis erreicht er den Gipfel des Cerro Doblado. Sie ruhen sich ein wenig aus, steigen ab und klettern über einen Kamm zum Gipfel des Cerro Grande weiter; in den Augen Maestris »ein bescheidener Berg«.

Am 7. Februar will Maestri mit Fava und Eccher schnell noch den Cerro Adela über das Dobladojoch angehen. Am Pass aber weigert sich Fava weiterzusteigen, wegen seiner Amputationen. Vielleicht auch weil er nicht wieder zum Bremser der Seilschaft werden will. Ich deute dieses Zögern als Zeichen seines Verantwortungsbewusstseins. Wenige Meter unter dem Gipfel des Adela Centrale kommen Maestri dann zwei Männer entgegen, die den Gipfel vor ihm erreicht haben: Bonatti und Mauri.

4 Hielo Continental –
Bis zum »Sattel der Hoffnung«

Cerro Torre von Westen

Cerro Torre von Westen und sein Gipfelaufbau von Süden

»Mein großer Augenblick war gekommen.
Nachdem ich ohne Erklärung von der italienischen Expedition
zum K2 ausgeschlossen worden war, ergab sich mir nun endlich die
Gelegenheit, an einer außereuropäischen Besteigung teilzunehmen.«

Cesare Maestri

»Um jene Wand zu meistern, braucht es viel Geduld;
es gilt, auch bei schlechtem Wetter auszuharren und nicht zu
verzweifeln, wenn der Wind dich vom Berg zu reißen droht.«

Walter Bonatti

Cordon Adela von Osten

Fitz Roy hinter der Adela-Kette

»Vor unseren Augen marschiert in Richtung Ostwand des Torre eine
Expedition aus Trient, die mit demselben Ziel wie wir von Italien aus
aufgebrochen war! Wir konnten sie nicht zu einer Zusammenarbeit
bewegen, und um weiteren Schwierigkeiten aus dem Weg zu gehen,
entschließen wir uns, den Torre auf der entgegengesetzten Seite
anzupacken.«

Walter Bonatti

»Wir sind voll Unruhe, versessen, die anderen zu verfolgen,
und zugleich in Furcht, von ihnen verfolgt zu werden.«

Cesare Maestri

Hinter den Vorbergen in der Ferne der Cerro Moreno

Walter Bonatti

»Die Rivalität Maestri versus Bonatti ist eine einseitige.
Maestri empfindet sie immer vehementer, weil Bonatti sich in
seinem unverwechselbaren Stil zum größten Bergsteiger weltweit
entwickelt. Er ist immer und überall der Erste, für Maestri eine
lebende Provokation.«

Reinhold Messner

Das Innere des Hielo Continental Sur, des südlichen Inlandeises, in Patagonien ist bis in die Fünfzigerjahre des letzten Jahrhunderts unbekannt geblieben. Als ob es jenseits aller Zugänglichkeit läge: die Gipfel mit ihren Eispanzern unbestiegen; die Geografie ein Rätsel; geheimnisvoll auch die Gletscherströme und das Wetter. Bei Südwind ist der Himmel dort klar, die Nebel verschwinden, und die Berge ragen unwirklich ins All. Diese Tage aber sind selten, denn der Glanz und die Lichtfülle über all dem Eis weichen oft innerhalb von Stunden brutalen Stürmen. Diese Gewitter in Patagonien sind gefürchtet. Sturmböen von 200 Stundenkilometern, die Schnee und Graupel mit sich tragen, überziehen die Felsen im Inneren des Hielo mit einer dicken Eisschicht. Dieser Panzer kann auch eine Dicke von mehreren Metern erreichen und phantastische Formen ausbilden. Ein Wunder, wie die Gebilde auf senkrechtem Fels halten.

Bonatti weiß wenig über die patagonischen Anden, als er 1957 mit Carlo Mauri seine Expedition zum Cerro Torre im Geheimen vorbereitet. Er hofft auf ein paar Wochen gutes Wetter und will möglichst im Windschatten operieren. Also will Bonatti, genau wie Maestri, den Cerro Torre an der Ostseite des Hielo anpacken. Er hat die atmosphärischen Verhältnisse des Torre in alten Büchern studiert. Die wenigen Kenntnisse dazu hat der Salesianerpater Alberto de Agostini, der Patagonien fast ein halbes Jahrhundert lang bereist und gründlich erforscht hat, niedergeschrieben: »Die Gipfel der patagonischen Anden sind selten höher als 3000 Meter, aber die klimatischen Verhältnisse auf Höhen von 1000 Metern entsprechen denen von 3000 Metern in unseren Westalpen.

Die erstaunliche Vereisung dieser großen Plateaus beruht im Wesentlichen auf atmosphärischen Strömungen, die südlich des 39. Breitengrades ohne Unterbrechung als Westwinde auftreten, und zwar von unerhörter Stärke. Diese Strömungen, die sich über dem Pazifischen Ozean mit Feuchtigkeit sättigen, stoßen gegen die Kordillere und sind gezwungen, an ihren Abhängen aufzusteigen. Dabei kühlen sie ab. Der Wasserdampf kondensiert und verwandelt sich in Schnee. Zu diesen außerordentlich reichen Niederschlägen, die von stürmischen Winden und heftigen Unwettern begleitet sind, gesellt sich eine fortwährende Nebelbildung und eine selbst im Sommer außerordentlich tiefe Temperatur.« Wer will schon in einer solchen Wetterhölle bergsteigen? Nur im Windschatten schien es eine Chance zu geben, den Cerro Torre zu erklettern.

Am 9. Januar 1958 sieht Bonatti den Torre zum ersten Mal. Es ist nur ein kurzes Aufleuchten: eine gigantische Nadel aus ockerfarbenem Granit. Sie ist gut 1500 Meter hoch. Aus den Gedanken an eine Besteigung wird Angst. Bei einer Schäferhütte am Ende des Fitz-Roy-Tales richten Bonatti und Mauri wenige Tage später ihr Hauptlager ein. Der Rest des Expeditionsgepäcks kommt am 13. Januar nach. Mit vier Tagen Verspätung. Dieser Umstand verschafft den Trentinern um Maestri einen kleinen Vorsprung und das Vorrecht auf die windgeschützte Ostseite. Und weil vor allem Cesare Maestri nicht mit Walter Bonatti kooperieren will, ist dieser zuletzt gezwungen, auf die Westseite auszuweichen. Bonatti und Mauri müssen jetzt den Torre über das Hielo Continental angreifen, wenn sie auf ihr Expeditionsziel nicht verzichten wollen. Natürlich wäre es unter den gegebenen Umständen nachvollziehbar, wenn sie einen der leichteren Gipfel im Inneren des Hielo versuchten. Alle Berge dort sind ja von seltener Schönheit! Bonatti und Mauri aber sind wegen des Torre nach Patagonien gekommen. Sie wollen gar keine Alternative finden. Obwohl alle Zeichen gegen sie stehen.

Weil Bonatti den Cerro Torre ursprünglich aber über die Ostflanke angehen wollte, das heißt von der Pampa her, sieht er sich jetzt mit mehreren Problemen konfrontiert. Er ist falsch ausgerüstet, hat kaum Unterlagen zur Westwand und einen Zustieg vor sich, der schwierig ist. Die Ostwand hingegen ist großteils felsig, verhältnismäßig windgeschützt und leicht zu erreichen. Die zweite Möglichkeit, über die völlig unbekannte Westwand hochzusteigen, war nur als Hypothese angedacht worden. Ob dort ein gangbarer Weg zu finden ist? Bonatti und Mauri stecken in der Zwickmühle. Eine Versorgung aus der Luft – mit Materialabwurf auf dem Hielo Continental – scheitert aus Kostengründen. Die lokalen Organisatoren ihrer Expedition, der Italo-Argentinier Folco Doro Altán und sein Bruder, der Ingenieur Vittorio Doro Altán, sowie ihre Helfer Dr. Oracio Solari, Architekt Ector Edmundo Forte, Dr. Miguel Angel García und der Anden-Bergführer René Eggmann haben zu wenig Bergerfahrung, um vom Hielo Continental aus unterstützend mitwirken zu können. Bonatti und Mauri werden am Berg also völlig auf sich allein gestellt sein.

Weite Gebiete der patagonischen Anden hatte damals noch kein Bergsteiger gesehen. Auf den Landkarten erschienen diese Flächen nur deshalb weiß, nicht etwa, weil sie vollkommen vereist sind. Wie das Inlandeis in Grönland, Teile von Alaska oder der Antarktis war auch dieser Teil der Erde ein Rätsel. Der Eismantel des südlichen patagonischen Inlandeises ist im Ganzen etwa 440 Kilometer lang und zwischen 50 und 90 Kilometer breit. Er wird im Osten von riesigen Seen begrenzt. Dahinter liegt die flache Pampa, im Westen der Pazifik. Zwischen diesem Hielo und der argentinischen Steppe steht die Fitz-Roy-Gruppe mit dem Torre. Die Westseite des solitären Berges, ungefähr 60 Kilometer Umweg vom Lager der Trentiner entfernt, war damals völlig unbekannt. Ohne sich irgendwelchen Illusionen hinzugeben, brechen Bonatti und Mauri auf, um den Cerro Torre vom Hielo aus zu erkunden. Ein großes Wagnis! Zu Pferd werden die wilden Wasser des Río Túnel überquert. Hoch oben in einem steinigen Tal, 580 Meter über dem Meeresspiegel, wird das Hauptlager errichtet. Dann soll am 1350 Meter hohen Passo del Viento das Lager I aufgeschlagen werden. Ein Zelt nur. Die Ausrüstung wird großteils auf dem eigenen Rücken weitergetragen. Schlechtes Wetter kommt hinzu, sodass nur wenige Tage für den Materialtransport genutzt werden können. Die beiden Zelte des Lagers II stehen später am Rand des Hielo Continental in einer Höhe von 1530 Metern. Endlich, am 25. Januar, errichten Bonatti und Mauri die beiden Zelte des Lagers III auf dem Sockel des Torre in 1700 Metern Höhe.

Erstmals sehen sie jetzt die Westseite des Berges, den sie besteigen wollen: Er ist vollständig vereist, die Wand senkrecht. Allerdings ist sie nicht so hoch wie die Ostwand. Bonatti ist trotzdem sprachlos: »Nie habe ich einen solchen Berg gesehen, so kühn in der Gestalt, so gewaltig und so unversöhnlich abweisend!« Aus dem Staunen sprechen Angst und Neugierde zugleich. Ist über den Pass zwischen Cerro Torre und Cerro Adela eine Besteigung möglich?! Vielleicht. Eine schwierige Aufgabe, gewiss, denn 1000 Höhenmeter sind es allein bis zum Sattel – darüber eine eisige Steilwand. Und pausenlos drängen Pazifikstürme heran.

Bonatti und Mauri beziehen Lager III, ihr Sprungbrett zum Gipfel. Ihre argentinischen Kameraden versorgen sie vom Hauptlager aus mit Lebensmitteln und Ausrüstung. Über eine Strecke von 40 Kilometern. Das anhaltend schlechte Wetter – Lawinen, Sturm und Schneefall – vereitelt jedoch den »Kampf« mit dem Torre. Trotz dieser widrigen Bedingungen aber klettern Bonatti und Mauri wiederholt bis in eine Höhe von 2300 Metern, um die Route mit Seilen zu sichern. Plötzlich, am 1. Februar, ist das Wetter schön. Am darauffolgenden Tag schon sind sie kletterfertig. Zu viert jetzt – zwei Argentinier sind als Helfer dabei – wagen Bonatti, Mauri, Folco Doro Altán und René Eggmann den Angriff. Die beiden Argentinier sollen helfen, die Ausrüstung so hoch wie möglich zu tragen.

Aufbruch um drei Uhr morgens. Die Nacht ist klar, Vollmond, das Gelände, weil vereist, wirkt taghell. Nach gut drei Stunden sind die Bergsteiger am Ende des gesicherten Weges. Bonatti und Mauri steigen an steilen Hängen weiter. An den schwierigsten Stellen bleiben für die Rückkehr Fixseile zurück. Mittags schon sind sie am Pass unter der Gipfelwand. Sie haben alles für den Gipfelgang dabei: Lebensmittel für zwei Tage, 30 Eishaken, 30 Felshaken, 25 Karabiner, Trittleitern, Hämmer, Pickel und ungefähr 500 Meter Seil. Dazu Biwak- und persönliche Ausrüstung. Auch Foto- und Filmmaterial sowie ein Zelt, das die Argentinier Doro Altán und Eggmann an der Stelle, wo sie die Rückkehr der Italiener abwarten wollen, aufschlagen. Nie und nirgendwo bisher waren Menschen höher am Cerro Torre! Von dort allerdings sieht der Berg anders aus als von unten oder von der Seite. Allerorten überhängendes Gelände, Eis, Wechten. Solche Schwierigkeiten sind nicht an einem einzigen Tag zu bewältigen! Man müsste in Etappen vorrücken und zur Belagerungstaktik übergehen, wissen die Gipfelstürmer jetzt. Bonatti sieht bald ein, dass der Gipfel unter den gegebenen Bedingungen und mit ihrer rudimentären Kletterausrüstung nicht zu erreichen ist. Er ist erfahren genug, seine Grenzen zu erkennen. Und doch, ohne ein Wort zu verlieren, knüpft sich Bonatti mit Mauri ins Seil. Stillschweigend beginnen sie in Richtung Gipfel zu klettern. Das Eis ist instabil, wie Schaum am Fels klebend, und fast senkrecht. Die Haken halten schlecht. Bonatti und Mauri, die intuitiv nach oben klettern, verstehen, dass sie auf der richtigen Route sind und trotzdem aufgeben müssen! Die Risiken sind zu hoch, die Chancen, den Gipfel zu erreichen, gleich null. Sie seilen ab. Dabei

Im Schaumeis
am Torre

ahnen sie, dass sie bald wiederkommen werden. Denn mit all
den Erfahrungen, die sie gesammelt haben, sehen sie eine
Chance, den Gipfel im zweiten Anlauf zu erreichen. Den
höchsten Pass, den Bonatti und Mauri erreicht haben, nennen sie »Colle della Speranza« (Pass der Hoffnung). Die Be-
zeichnung soll ihre Einstellung, ihren Respekt dem Torre gegenüber ausdrücken. Der Rückzug, der weitere Abstieg vom
»Pass der Hoffnung« ins Lager III ist also nur ein vorläufiger.
In den Tagtraum, in dem sich Bonatti wieder aufsteigen sieht,
mischt sich in den Ehrgeiz, der Erste zu sein, die Sehnsucht
nach jener Welt über den Wolken, wo Menschen seines
Schlages die Erlebnisse ihres Lebens suchen. Sein Traum vom
Torre ist also nur vorerst zu Ende.

Schon einen Tag später brechen die vier zum Gipfel des Cerro Mariano Moreno auf, einem Berg mitten im Eis, knapp 3500 Meter hoch. Auch er unbestiegen. Ohne Skier marschieren sie durch eine polare Welt, viele Stunden lang, ohne längere Rast, ohne Schlaf. Sie gehen über verharschten Schnee, durch eine grenzenlose Landschaft, immer dem Mittelpunkt des Hielo Continental entgegen. Über diese endlose Gletscherwüste erreichen sie zuletzt die Grenze ihrer Belastbarkeit. Diese Exposition! Sie sind auch an der Grenze zwischen Argentinien und Chile. Alles um sie herum erscheint klein, der Horizont aber springt immer weiter. Mit jedem Schritt, bis der Moreno als Koloss vor ihnen steht. 2000 Meter Höhenunterschied sind es bis zum Gipfel. Jetzt aber tauchen fischförmige Wolken auf: also so schnell wie möglich hinauf und wieder zurück. Stunden später legt sich ein Schleier um den Gipfel. Es gibt keinen Zweifel: Ein Sturm droht. Doch sie sind dem Ziel zu nahe, bereits am Gipfelgrat, um der Vernunft zu folgen. Also weiter! Zwar nehmen ihnen Nebel, Wind und Graupel die Sicht, der Wille, zum Gipfel zu kommen, aber ist stärker. Immer wenn die Sonne das Dunkel durchbricht, orientieren sie sich. Am felsigen Gipfel des Cerro Moreno hängt jetzt all ihre Selbstverpflichtung. Dann wieder White Out.

Jetzt sind sie oben: Keinerlei Euphorie, keine Aussicht, nicht einmal Zeit, sich auszuruhen. Sie müssen zurück. Ihre Kleider sind eisverkrustet, ihr Geist ist müde. Abstieg, Rückmarsch. Geplagt von Sinnestäuschungen, ausgedörrt und hungrig finden sie ihr Lager am Sockel des Torre. In 30-stündigem, ununterbrochenem Marsch haben sie mehr als 62 Kilometer Gletscherfläche durchquert und den Cerro Moreno erstbestiegen!

Nicht genug? Auch die Überquerung des Cordon Adela steht noch auf dem Programm. Der Cordon Adela, eine Kette vereister Berge südlich des Cerro Torre, ist eine Art Barriere zwischen dem Hielo Continental im Westen und der patagonischen Pampa im Osten. Der höchste Punkt dieser Fels- und Eismauer ist der Cerro Adela, damals ein unerstiegener Gipfel, 2960 Meter hoch. Zum Hielo Continental hin fällt er steil ab. 1600 Meter Höhenunterschied – Fels und Eis – sind es dort bis zum Gipfel.

Der Morgen des 7. Februar beginnt mit strahlend schönem Wetter. Diesmal brechen Mauri und Bonatti allein auf. Ein paar Stunden später traversieren sie die Gipfel des Cordon Adela. Sie gelangen so zum Cerro Nato, steigen zum Pass ab, der diesen Gipfel von Cerro Doblado trennt. Plötzlich tauchen zwei Bergsteiger unter ihnen auf. Auch sie gehen in Richtung Adela-Gipfel. Es sind die Männer aus Trient, die von der entgegengesetzten Seite kommen. Bonatti und Mauri freuen sich über die Begegnung: Es ist das erste Mal, dass sie Landsleute in Patagonien treffen, und es fehlt nicht an Unterhaltungsstoff. Maestri aber bleibt abweisend und stumm. Um 12.30 Uhr verabschiedet man sich, und jede Seilschaft setzt ihren Weg fort. Eine halbe Stunde später schon sind Bonatti und Mauri auf dem Gipfel des Cerro Doblado, der einst von einer italienischen Expedition unter der Führung des Grafen Aldo Bonacossa erstbestiegen worden ist. »Es scheint«, denkt Bonatti, »diese Welt hier ist für uns italienische Bergsteiger gemacht.«
Auch Maestri erinnert sich später an diese seltsame Begegnung: »Wenige Meter unter dem Gipfel begegnen wir Bonatti und Mauri, die bereits beim Abstieg sind. Wir begrüßen uns, tauschen einige Lebensmittel aus, und dann geht jede Seilschaft ihres Weges.« Wenig später, auf dem Gipfel, weht ein kalter Wind. Maestri: »Leere Büchsen legen Zeugnis davon ab, dass die Sieger bereits da gewesen sind. Und noch mehr Wind, noch mehr Kälte und Traurigkeit.« Maestri fühlt sich von Bonatti besiegt und herausgefordert zugleich. Auch hintergangen. Nur weil er es ebenfalls gewagt hat, den Torre anzugehen? Noch dazu mit Folco Doro Altán!

Hatte dieser doch genau wie Fava der aufgelösten Sektion Buenos Aires des Italienischen Alpenvereins angehört. Wie nur konnte er Bonatti kartografisches Material überlassen, das angeblich für Maestris Expedition gesammelt worden war. Als Orientierungshilfe war es zuletzt eine Grundlage für Bonattis Erfolge in Patagonien.

Maestri wähnt sich der Seilschaft Bonatti/Mauri gegenüber im Vorteil. Bis sie sich treffen. Statt mit Bonatti zu kooperieren, über das Scheitern am Torre oder die Erfahrung K2 zu reden, von Bergsteiger zu Bergsteiger, zieht Maestri sich in sich selbst zurück. Als wäre er wieder einmal ausgeschlossen worden. Gleichzeitig aber giert er nach einer Gelegenheit, seinem Rivalen als Sieger zu begegnen. Bonatti aber sind so großartige Erstbesteigungen geglückt, dass er auch ohne den Torre-Sieg zufrieden sein kann. Sein Respekt vor dem Cerro Torre ist groß, sein Mut aber nicht gebrochen.

Den Cerro Torre hat Maestri erst gar nicht versucht, und am Cerro Adela ist er wieder einmal zu spät gekommen. Ohne Erstbesteigung und ohne das »Unmögliche« gewagt zu haben, kehrt er mit einem »Dorn im Herzen« nach Italien zurück. Er weiß, er muss wiederkommen. Und er wird wiederkommen.

Auch Bonatti ist der Gedanke an eine zweite Expedition zum Torre Trost und Anregung zugleich. Er weiß, dass es vom »Colle della Speranza« einen Weg zum Gipfel gibt, dass der »unmögliche« Berg möglich ist. Deshalb haben Bonatti und Mauri auch einen Teil der Ausrüstung dort oben zurückgelassen. Ein Jahr später aber wird in allen italienischen Zeitungen vom Sieg Maestris über den Cerro Torre zu lesen sein. Bonatti, der auf einen zweiten Angriff verzichtet hat, reagiert großzügig: »Das Hochgebirge, die große Lehrmeisterin, lehrt uns auch zu verlieren!« Der Cerro Torre bleibt ihm als etwas Geheimnisvolles in Erinnerung. Mehr noch bewegt ihn dieses fremde, faszinierende Land. Die Sehnsucht, dorthin zurückzukehren, wird ihn viel später erst wieder packen, aber nicht mehr, um den Torre zu besteigen. Nein, er wird am knisternden Feuer sitzen, Asado – am Spieß gebratenes Schaffleisch – essen und in kleinen Schlucken Mate-Tee aus ausgehöhlten Kürbissen trinken.

5 Cesarino Fava –
Kleiner Mann mit großen Träumen

Cerro-Torre-Gipfel, ähnlich wie ihn Maestri aus dem Flugzeug sah

»Man müsste die italienische Fahne
auf dem Gipfel des Cerro Torre hissen.« (1953)

Manfredo Segre

Die Fitz-Roy-Gruppe gehört zu den spektakulärsten Bergmassiven
weltweit. Links der Torre

»Dieser Berg ist Brot für Deine Zähne!«

Cesarino Fava

»Es ist vergeblich und geradezu lächerlich, auch nur
im Entferntesten an diese Besteigung zu denken.«

Cesarino Fava

»Wir wissen, dass das Unmögliche nicht existiert.«

Cesare Maestri

Cesarino Fava

»Fava – der Träumer, der Phantast, der Fanatiker – war kein Witzbold.
Ihm fehlte nur das richtige Maß bei der Selbsteinschätzung.
Er glaubte zu wissen, was für ein großer Bergsteiger er war.«

Reinhold Messner

Cesarino Fava war kein extremer Bergsteiger wie Walter Bonatti, auch kein extremer Kletterer wie Cesare Maestri. In seiner Begeisterung für die Berge und das Bergsteigen aber glaubte er, sich als Fremder in die emotionale Welt der Extremen hineinversetzen zu können. Allein wie er Cesare Maestri für den Cerro Torre begeistert, ihn geradezu ködert, ist ein Lehrstück in Motivation!

»Dieser Berg ist Brot für Deine Zähne«, schreibt er in einem ersten Brief an die »Spinne der Dolomiten«. Es ist dieser eine Satz, der als Schlüssel zu Triumph und Tragödie am Cerro Torre passt. Als durchschaue Fava seinen Stellvertreter von Anfang an, und als brauche Maestri seinen Verführer zur Rückendeckung bis zum Lebensende.

Für Maestri wird Fava der wichtigste Mann seines Lebens. Beide haben ihre Existenz bedingungslos mit dem Cerro Torre sowie mit dem jeweils anderen verknüpft. Der eine wird dem anderen also immer beistehen; Fava Maestri das Leben retten und umgekehrt, die Ehre auch. Bis zu Favas Tod bleiben die beiden abhängig voneinander.

Maestri liebt Fava dafür, ihm die Chance seines Lebens aufgetan zu haben, und manchmal hasst er ihn auch, wie er sich und den Torre hasst. Ohne es dem Freund allerdings ins Gesicht zu sagen. Cesare und Cesarino werden mit ihren gemeinsamen Cerro-Torre-Expeditionen also zu einem symbiotischen Paar, wobei ich offenlassen muss, wer von den beiden die bestimmende Rolle spielte. Cesare oder Cesarino? Es ist, als ob sie sich in der Führung abgewechselt hätten. Der eine bestimmte oben am Berg, der andere in den Niederungen. Fava nahm sich der Vereinspolitik, der medialen Aufbereitung, der bürokratischen Hindernisse an. Auf dem Weg zum und zurück vom Berg gab er den Ton an. Am Berg kletterte Maestri voraus. Cesarino Fava, der mit dem Segen des Italienischen Alpenvereins (Club Alpino Italiano, CAI) die Sektion CAI Argentina mitbegründet hat, ist dabei, als man sich 1952 entschließt, eine Expedition zum Aconcagua zu unternehmen. Und natürlich will der gebürtige Trentiner, der in Malé, zwischen den Bergen des Val di Sole im Trentino aufgewachsen ist, am Berg mitmachen. Fava war schon immer mir Begeisterung dabei gewesen. Die Besteigung aber wird zum Horrortrip. Aus der Berichterstattung Favas ist diese Expedition kaum nachzuvollziehen. Favas Schilderung des Abstiegs aber lässt darauf schließen, dass ein starkes Bedürfnis nach Heldentum in ihm steckt. Er bewundert George Mallory und Andrew Irvine, die 1924 am Gipfelgrat des Mount Everest verschwanden; Jean-Antoine Carrel, der das Matterhorn »ganz für sich allein haben wollte«, und die frühen Pioniere des Alpenbergsteigens. Noch mehr bewundert er die Heroen der Dreißigerjahre: Anderl Heckmair, Heinrich Harrer, Fritz Kasparek, Ludwig Vörg – die erfolgreiche Seilschaft an der Eiger-Nordwand 1938; Riccardo Cassin, Luigi Esposito, Ugo Tizzoni – die Erstbegeher des Walkerpfeilers an den Grandes Jorasses; generell die Helden des Sesto Grado in Italien.

Fava bleibt mit seinen Kameraden in 6700 Meter Höhe am Aconcagua stecken: Drei Tage Unwetter halten sie fest! Als dann der Gipfelgrat erreicht ist, sieht er in den 3000 Meter hohen Abgrund nach Süden: Die Südwand des Aconcagua wird sein »Traum in den Anden«. Der Traum von der höchsten Wand der Neuen Welt aber, damals noch undurchstiegen, zerfällt beim Abstieg über den leichten Normalweg: Eine Tragödie beginnt, die Fava so wirr erzählt, dass ich dem Geschehen nicht im Detail folgen kann. Während dieser lebensgefährlichen Situationen am Berg erinnert er sich an die »Helden vom Nanga Parbat«, die 1934 den Rückzug nicht überlebt haben, und an Robert F. Scott vom Südpol, der mit seinen Leuten in der Antarktis gestorben ist. Favas Kommentar dazu: »Der Tod ist Teil des Ganzen, er gehört zur Ordnung dazu.« Leider gelingt es auch Fava nicht, einem überforderten Gipfelaspiranten, einem Amerikaner, das Leben zu retten, und am Ende eines chaotischen Abstiegs hat Fava selbst schlimme Erfrierungen an seinen Füßen. Später verliert er beide Vorderfüße durch Amputationen.

Cesarino Fava gibt das Bergsteigen nach dieser dramatisch abgelaufenen Aconcagua-Expedition nicht auf. Als seine Füße verheilt sind, wagt er einen Alleingang an einer noch gefährlicheren Bergflanke in der Nähe des Aconcagua. Und wieder wird der Abstieg zum Wettlauf mit dem Tod. Fava tröstet sich jetzt damit, dass die »Großen des Alpinismus« – Paul Preuß, Georg Winkler, Emilio Comici und Hermann Buhl – auch beim Abstieg oder im einfachen Gelände umgekommen sind. Was so gar nicht stimmt, als Ausrede für den eigenen Dilettantismus aber gut klingt.

Fava fragt sich immer wieder, wo die Passion, sein Idealismus also, aufhört und der Wahn beginnt, und kommt dabei zu seinem Schlüsselthema: »Sind wir Bergsteiger oder alle Pseudobergsteiger?« Nicht die Antwort, die Frage verrät Favas Einstellung. Macht in seinen Augen doch die Leidenschaft den Bergsteiger zu einem besonderen Menschen! Ja, er möchte zum Kreis der Extremen gehören. Aber es sind weder die spirituellen und ethischen Werte, wie sie Fava, der Moralist, als Schild vor sich her trägt, noch Können und Geschick, die ihn als Bergsteiger ausweisen. Alles ist nur Hybris, sein Wunschdenken. Ihm fehlen auch Erfahrung und die Disziplin, am Limit zu klettern. Vielleicht steckt der Wunsch, etwas schier Unmögliches zu wagen, wie der Hunger nach Anerkennung in ihm, die Gabe zur Selbsteinschätzung fehlt ihm gänzlich. Sicher, Fava ist wegen seiner Amputationen gehandicapt, geht unsicher, löst wegen seiner Behinderung sogar Mitleid aus. Als er im Frühjahr 1957 in Italien erstmals auf Maestri trifft, erschrickt dieser. Der Trentiner humpelt dem Trentiner mit seltsam schwankendem Gang entgegen. Maestri: »Die Fußstummel waren in spezielle orthopädische Schuhe geschnürt, und der Mann schien auf ihnen keinen rechten Halt zu finden.« Maestri ist gerührt, Fava begeistert. Sie umarmen sich wie alte Freunde, die sich seit langer Zeit nicht gesehen haben. Später sieht Maestri die amputierten Füße Favas: Der Anblick der Verstümmelungen spottet jeder Beschreibung. Trotzdem will Fava bei der geplanten Cerro-Torre-Expedition selbst mitmachen. Er verspricht Geld, hilft bei der Organisationsarbeit. Seine Einsatzbereitschaft und Begeisterung scheinen keine Grenzen zu kennen.

Auch in Argentinien ist Cesarino Fava höchst aktiv. Die Anreise von Buenos Aires bis ins Basislager schafft er mit den Trentinern in nur zwölf Tagen. Sie sind damit schneller als alle Expeditionen vor ihnen. Nachdem aber Bruno Detassis, der Leiter der Expedition, sein Verdikt »Der Torre ist unmöglich« – und damit ein Verbot eines Besteigungsversuchs ausgesprochen hat, zerfällt die Expedition. In Maestris Tagträumen bricht Chaos aus. Aber nicht nur Maestri, auch Fava, der als Argentinier, als Italiener und Trentiner zugleich denkt und fühlt, ist enttäuscht. Was sollen all die Trentiner jetzt von ihnen denken, die nach Argentinien ausgewandert sind und sich mit ihren alten Landsleuten identifizieren sowie ihre Expedition unterstützen? Vor allem von ihm, der die Expedition angeregt, ja erst möglich gemacht hat? Wollten doch alle seine Landsleute und Freunde, dass der Cerro Torre auch ihr Berg, ihr Erfolg wird! Es war Fava, der dem Cerro Torre den Reiz der Herausforderung gegeben hat, und deshalb fühlt er sich auch in der Pflicht: seinem Helden, seinen Leuten, seinem Land gegenüber. Aus Nationalstolz, vielleicht sogar aus Trotz, feuert er Maestri an, einen ernsten Versuch zu wagen. Haben nicht Franzosen mit der Annapurna den ersten Achttausender und mit dem Fitz Roy den schönsten Berg Patagoniens gemeistert? Auch seine Landsleute sollen stolz sein dürfen auf den Cerro Torre, auf die Trentiner, die den schwierigsten Berg der Erde besteigen können, den Gipfel, den sogar Lionel Terray »unmöglich« genannt hat.

Cesarino Fava will nicht glauben, dass er sich getäuscht hat. Er ist nach wie vor davon überzeugt, dass Cesare Maestri, in seinen Augen der beste Felskletterer der Welt, den Cerro Torre schaffen kann. Wenn er nur dürfte! Sie dürfen sich also nur nicht geschlagen geben.

Drei Jahre lang haben die beiden dem Moment des Sieges entgegengefiebert, Geld gesammelt und Leute gesucht – und nun soll alles umsonst gewesen sein! Nach 20 000 Kilometern Anreise und angestauter Hoffnung durfte nicht einmal ein Versuch gewagt werden! Fava ist sich sicher: Nur das Veto des Expeditionsleiters hat Maestri von einem Versuch abgehalten. Auch hat ein gleichwertiger Partner für Maestri bei dieser ersten Expedition gefehlt. Fava selbst konnte Maestri am Berg ja nicht folgen. Er weiß, dass er kein Extrembergsteiger ist, er möchte es nur gern sein. Vielleicht käme Armando Aste aus Rovereto infrage?

Adela-Kette südlich des Torre

Als Cesare und Cesarino, der Held und sein Bewunderer, an der Adela-Kette klettern, sieht Maestri über die Mängel seines Nachsteigers großzügig hinweg, aber er merkt von Anfang an, dass Fava in die vertikale Welt, in der sich Maestri als »Spinne der Dolomiten« souverän bewegt, keinen Einblick hat. Maestri: »Als es gilt, einen steilen Hang zu queren, ergeben sich für Cesarinos amputierte Füße ernstliche Schwierigkeiten.« Fava aber läßt sich nicht entmutigen. Obwohl er außerordentlich müde ist und dichter Nebel einfällt, steigt er wie blind hinter seinem »Heroen« her. Als ob er zusammen mit ihm bis in den Himmel kommen möchte.

6 Maestri / Bonatti – Eine Fehde am Torre

Cerro Torre von Norden, hinter der Kette von Vorbergen

»Unter dem Gipfel begegnen wir Bonatti und Mauri, die bereits auf dem Abstieg sind. Jede Seilschaft geht ihres Weges.«

Cesare Maestri

Cerro Torre mit Ost- und Nordwand (Gipfelwand)

»Auf dem Gipfel weht ein kalter Wind. Leere Büchsen legen Zeugnis davon ab, dass die Sieger bereits da gewesen sind.«

Cesare Maestri

1959 kehrt Maestri zum Torre zurück. Mit der rudimentären Ausrüstung seiner Zeit, nicht wie Kletterer heute (Bild)

»Wir sind nicht allein auf fremder Erde, die Anteilnahme des italienischen Volkes gilt nicht nur uns allein. Ungewollt sind wir in ein dummes und unsinniges Wettrennen verwickelt worden.«

Cesare Maestri

Moderner Kletterer in der Gipfelwand des Torre

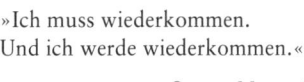

»Ich muss wiederkommen. Und ich werde wiederkommen.«

Cesare Maestri

Verloren an den Granitplatten der Ostwand

Walter Bonatti vor dem Matterhorn

»Bonattis Weg in die Berge ist eine einzige Respektbezeugung.
Maestri stellte sich über den Berg, Bonatti ordnete sich ihm unter.
Darin ist Letzterer Meister geworden, unübertrefflich.«

Reinhold Messner

Der Cerro Torre gehört niemandem und damit als Spielfeld allen. Das gilt für ihn wie für alle unbestiegenen Gipfel. Weil dieser »unmögliche« Berg aber von lokalen Bergsteigern, die in die Kunst des extremen Bergsteigens der Fünfzigerjahre nicht eingeweiht waren, zur Herausforderung gemacht wurde, beginnt seine Besteigungsgeschichte mit Legenden. Denn dieser unverwechselbare Gipfel steht in Patagonien zwar auf argentinischem Territorium, aber weit weg von der zivilisierten Welt.

Von Anfang an, noch bevor die ersten beiden Expeditionen 1957 zum Cerro Torre reisten, fiebern die Trentiner in Buenos Aires dem Erfolg entgegen. Noch weiß weder die Bergsteigergemeinde in Argentinien noch jene in Italien, dass es am Cerro Torre zu einem Showdown kommen soll. Wie knapp hundert Jahre zuvor am Matterhorn? Der Anblick der schlanken, mit Eis gepanzerten Felsnadel ist ja auch ohne Vergleich. Wie der des »Horu« von Zermatt aus. Auf Fotos wirken beide Gipfel eigenwillig. Aus dem urwaldähnlichen Wäldchen nahe der Laguna Torre wirkt der Berg besonders unnahbar. Nicht so mächtig, aber abweisender als der benachbarte Cerro Fitz Roy. Im Tal dazwischen treffen sich 1958 Walter Bonatti und Cesare Maestri. Obwohl beide es erwartet haben, ist es für beide eine Überraschung. Beide haben den Cerro Torre zum Ziel. Eine ungute Situation. Hier Bonatti und Mauri, dort die Alpinisten aus Trient. Obwohl beide Gruppen angereist sind, ohne Details von der jeweils anderen zu kennen, ist sofort klar, dass es keine Gemeinsamkeit gibt. Rivalität liegt in der Luft. Die Begegnung ist nicht von Bergkameradschaft getragen, und es scheint auch nicht möglich, ein Einverständnis zu finden. Bonatti sieht ein, dass ein Wettlauf zum Gipfel nicht sinnvoll ist, und wechselt auf die andere Seite des Berges. Mit diesem Ausweichmanöver aber finden Bonatti und Mauri die Schwachstelle am Torre, jene geheimnisvolle, eisbepackte Flanke, über die der Berg gut 15 Jahre später erstbestiegen wird. Sie müssen dafür aber auf das patagonische Inlandeis jenseits der Bergkette umziehen. Ein gewaltiger Umweg. Dort stehen sie dann vor einer ganzen Reihe schwieriger Aufgaben. Wegen der Polemik zwischen den lokalen Organisatoren – beide Expeditionen hängen ja von einem italo-argentinischen Koordinator ab – fehlen die zuerst versprochenen finanziellen Mittel für eine Versorgung aus der Luft. Der Erfolg ist infrage gestellt, noch bevor Bonatti und Mauri am Torre klettern. Ihr endgültiges Scheitern aber zeichnet sich erst ein paar Hundert Meter unter dem Gipfel ab. Zuletzt kommen beide Gruppen zurück, ohne das gesteckte Ziel erreicht zu haben. Im Gegensatz zu Bonatti, der wichtige Erfahrungen aus dem patagonischen Inlandeis mit nach Hause bringt, empfindet Maestri sein Scheitern als fremdverschuldete Niederlage. Mit dem Gefühl des Versagens, beschämt, ja verzweifelt kommt er zurück in die Dolomiten. Er ist entschlossen, bald wieder aufzubrechen.

Die Zeit am Torre ist für Maestri jetzt wie ein Mantel, unter dem er sich versteckt und der ihn gleichzeitig zu ersticken droht. In seiner Erinnerung ist diese Zeitspanne leer, verloren, zum aus der Haut fahren. Oft ist es deshalb nur ein nichtiger Anlass, der Depressionen in ihm auslöst: eine Tour, die nicht gelingt; schlechtes Wetter; sogar glückliche Umstände ärgern ihn. Irgendetwas in ihm ist zerbrochen. Es ist, als habe sich seine Kletterleidenschaft ins Gegenteil verkehrt. Er hasst jetzt den Fels. Ihn schaudert, alles dreht sich, wenn er eine Felswand nur emporschaut. Diese Leere über sich! Abneigung, Ekel überkommt ihn, die Hände beginnen zu zittern;

die Füße werden schwer. Als wären sie am Boden festgeklebt. Cesare Maestri steckt in einer Lebenskrise. All sein Denken, seine Bewegungen, sein Tun haben etwas Nervöses. Schlägt er einen Haken, fehlt ihm das vertraute Singen. Als hätte das Leben einen fremden Ton. Maestri ist ständig zum Weinen zumute. Nach Monaten des Grübelns und der Verbitterung aber kommt seine »Freude am harten Kampf und am Siegen wieder zurück«, wie er später schreibt. Cesare Maestri ist wieder der Alte. Die Frage aber ist: Ist er in der Krise gereift?

»Früher, wenn man zu Cesare sagte, dass eine Sache unmöglich ist, wagte er sie genau deshalb«, beschreibt Luciano Eccher seinen genialen Kletterpartner. Die Expedition zum Cerro Torre, ihre erste, war für die beiden jungen Trentiner zuerst wie eine kleine Reise zum Mond gewesen. Bald aber, nach einem Erkundungsflug, bei dem Eccher einen möglichen Aufstieg zum Gipfel zu erkennen glaubt, spricht Detassis sein »Unmöglich« aus: »Die letzten paar hundert Meter sind der reine Wahnsinn«, erkennt das geschulte Auge des großen Sestogradisten von unten. Zuletzt haben wohl alle – auch Cesare Maestri? – die Entscheidung des Expeditionsleiters respektiert: »Der Aufstieg ist nicht möglich, und ich glaube, es war gut so«, sagt Eccher später, »die Sache war noch nicht reif.« Ob nun der verletzte Stolz des Verlierers oder vielmehr der Einspruch des viel erfahreneren Expeditionsleiters Detassis die Rivalität zwischen Maestri und Bonatti explodieren lässt, ist nicht wichtig. Bonatti, der Selbstbestimmte, entschied sich, nachdem er den Trentinern ihre Ostwand nicht streitig machen wollte, für die Westwand. Er wählte seine Route sowie den Umkehrpunkt selbst. Maestri fügt sich der Entscheidung des Expeditionsleiters und lässt die Hände vom Cerro Torre. Seine Ausbeute an sekundären »Erstbegehungen« im Rahmen der Expeditionen ist dann viel bescheidener als die der Seilschaft Bonatti /

Jean Couzy

Mauri. Viel wichtiger in diesem Zusammenhang aber sind seine Hintermänner, jene Italo-Argentinier um Cesarino Fava, die in Cesare Maestri ihren Helden, ihren Star, ihren Erlöser sehen. Bis zuletzt. Es gibt für Cesare Maestri also keine Ausflucht. Will er sein Renommee, das ihm dank Fava nach Buenos Aires vorausgeeilt ist, nicht verlieren, muss er wiederkommen. Er muss den Cerro Torre besteigen! Die Erwartungshaltung, die Fava geschürt hat, ist bald so groß, dass sie Maestri wie auf einer Woge emportragen wird oder aber ihn zu verschlingen droht. »Hosianna« oder «Kreuziget ihn« – dazwischen gibt es nichts für seine Jünger.

1958 bereitet der Franzose Jean Couzy eine Expedition zum Cerro Torre vor. Maestri gibt seine Sache keineswegs verloren. Er wartet ab. Auch Bonatti und Mauri wollen mit ihrem Logistiker Folco Doro Altán wiederkommen. Weil sie den Berg von allen Seiten studiert haben, wissen sie inzwischen, dass sie die besten Chancen haben. Über die von ihnen begonnene Route. Alle wittern den Erfolg. Auch Maestri? Wieder ist Rivalität im Spiel. Bonatti und Mauri, die viel mehr Erfahrung und landeskundige Führung haben, könnten Maestri den Rang ablaufen, sorgt sich Fava.

Maestri ist zuerst wie gelähmt. Er kommt mit der Situation überhaupt nicht zurecht. Denn er will den Torre für sich allein. Sein ehrgeiziger Antreiber Fava will noch mehr. In Bergsteigerkreisen in Italien werden nicht Wetten abgeschlossen, sondern Urteile ausgesprochen, und die beiden Bergsteigergruppen in Buenos Aires, die mehr noch als bei den Expeditionen 1957/58 die Konkurrenz schüren, stehen unter Erfolgsdruck. Dabei sind sie keineswegs erfreut über die Konkurrenz, haben doch beide Probleme damit, die Besteigung des Torre zu unterstützen. Alles kostet auch Geld.

Ähnlich wie 1865 bei der Erstbesteigung des Matterhorns in den Alpen oder bei jener am Uschba, dem Matterhorn des Kaukasus, tritt jetzt am Cerro Torre der Wettbewerb offen zutage. Es gibt Konkurrenz, Geheimniskrämerei und Ehrgeiz. Warum auch, frage ich mich, sollten Ehrgeiz und Wettbewerb beim Bergsteigen ausgeklammert werden? Wer Entwicklung und Geschichte des Alpinismus mit der notwendigen Skepsis verfolgt, erkennt, dass in der fortschreitenden Erschließung der Hochgebirge gerade diese beiden Momente eine wichtige Rolle gespielt haben. Ehrgeiz wird auch weiter dabei sein. Schließlich sind beim Bergsteigen alle Motive legitim. Große Taten erfordern nun einmal Leidenschaft und Können. Wenn man sieht, wie die eine Expedition die andere zu übertrumpfen sucht, wie der eine den anderen zu übertreffen strebt, wie Vereine ihre Mitgliederzahlen, Städte, Länder und Nationen ihre jeweilige Lebensqualität miteinander vergleichen, kann Wettbewerb nie und nirgendwo geleugnet werden. Eine Wurzel dafür ist der Ehrgeiz – der des Einzelnen und noch mehr der Ehrgeiz der Gruppe.

Der Drang, sich auszuzeichnen, ist etwas, das die meisten Menschen bewegt, und ein Teil allen Fortschritts, welchen die Menschheit macht oder gemacht hat, beruht gerade darauf. Der alpine Ehrgeiz ist und bleibt also eine wesentliche Triebfeder des Bergsteigens. Die Lust an Abwechslung, der Drang nach Naturerkenntnis, der Sinn für die Großartigkeit der Gebirge, der Hang zum Abenteuerlichen kommen dazu. Ohne ihre Leidenschaft und ohne diesen Ehrgeiz hätten weder Bonatti noch Maestri den Cerro Torre zu ihrer Herausforderung gemacht. Gewiss, es bestanden große individuelle Unterschiede in ihren Beweggründen, auf Berge zu steigen, der Ehrgeiz aber gehörte für beide wesentlich dazu. Maestris Auftreten war im Gegensatz zur Zurückhaltung von Bonatti reklamehaft, der Trentiner renommierte gern. Seine Leistungen aber verdienten viel Aufmerksamkeit, die er genoss. Leichtsinnig waren beide nicht. Vielleicht war Maestri unbewusst getrieben von den Erfolgen Bonattis, der kaum oder gar nicht auf Maestris theatralische Gesten reagierte.

Bonatti und Mauri haben im Sommer 1958 mit dem Gasherbrum IV, fast 8000 Meter hoch, einen der schönsten Berge im Karakorum bestiegen und wieder einmal bewiesen, dass sie zur Weltelite der Bergsteiger gehörten. Besonders für Bonatti, dem 1954 am K2 nach dem Sauerstofftransport ins letzte Lager der Gipfelgang unmöglich gemacht worden war, ist diese Erstbesteigung eines Giganten in Hochasien eine willkommene Möglichkeit, seine legendäre Ausdauer unter Beweis zu stellen. Aber auch Genugtuung nach den versteckten Vorwürfen, am K2 egoistisch gehandelt zu haben. Haben doch Desio und Compagnoni, der verantwortliche Expeditionsleiter und der Erstbesteiger, versucht, seine Leistung und Integrität am K2 in Abrede zu stellen. Riccardo Cassin, der erfolgreichste Bergsteiger der Zwischenkriegszeit und Expeditionsleiter am Gasherbrum IV, adelt Bonattis Können, indem er ihm beim Gipfelgang die ganze Verantwortung und Entscheidungsfreiheit lässt.

1958 aber ist nicht nur das Jahr der Gasherbrums – Amerikaner schaffen die Erstbesteigung des mehr als 8000 Meter hohen Gipfels des Gasherbrum I –, es wird ein Jahr des Umbruchs auch beim Felsklettern: Warren Harding gelingt nach zahlreichen Versuchen endlich die Erstbegehung der »Nose« am El Capitan im Yosemite Valley und die Deutschen Lothar Brandler, Dietrich Hasse, Jörg Lehne und Sigi Löw meistern mit der »Direttissima« an der Nordwand der Großen Zinne ein Problem, das die Kletterszene in den Dolomiten seit Jahren umtrieb. Bereits am 7. Juli, einen Tag nach Beginn ihrer Unternehmung, berichtet die italienische Presse, die Deutschen seien mit elektrischen Bohrern ausgerüstet, was nicht stimmt. Das Vorgehen der Deutschen – das Verhalten ihrer beiden Seilschaften also – mit einer Lüge als »unsportlich« abzutun ist unfair. Wer aber streut die falschen Informationen und warum? Die Verwendung von 180 Normal- und 14 Bohrhaken für die 550 Meter hohe, zum Teil überhängende Wand, die die berühmten »Scoiattoli« aus Cortina nicht geschafft haben, ist allein ihre Sache. Am Berg können doch alle vorgehen, wie sie es für richtig halten. Während sich die vier Deutschen in der Große-Zinne-Nordwand einer neuen Dimension des Dolomitenkletterns stellen, sieht eine gebannte Öffentlichkeit zu. Für Dietrich Hasse, den Ideator der »Direkten«, wird es die Tour seines Lebens. Als sie es schaffen, ist er für kurze Zeit ein Star.

Durch ein Fenster eines kleinen Flugzeugs beobachtet Cesare Maestri das Geschehen in der Zinnen-Wand. Die »Spinne der Dolomiten« plant also die erste Wiederholung der »Direttissima«, noch bevor sie vollständig erschlossen ist. Aber Michael Happacher, ein Sextener Bergführer, den Maestri als Partner anspricht, hat Angst, und so wird vorerst nichts aus dem Plan. Dann opfert sich Bepi Holzer, ein junger Führeranwärter aus Sexten, als Seilzweiter. »Bestimmt wird bis zur zweiten Begehung keine lange Zeit vergehen«, weiß der Alpinjournalist Toni Hiebeler. Denn »viele junge

Bergsteiger werden ihre Felsabenteuer an den gewaltigen Überhängen der Direkten Nordwand der Großen Zinne suchen«.

Maestri und Holzer steigen wenige Tage nach der inzwischen gelungenen Erstbegehung ein. Am Morgen des 14. Juli 1958 klettert Maestri am Wandfuß los. Von Anfang an als Seilerster. 55 Stunden verbringen die beiden in der Wand. Zweimal wird biwakiert. Wie die Erstbegeher versorgen sie sich dabei mittels einer Reepschnur von unten. Maestri muss zu den vorhandenen Haken noch 40 dazuschlagen und verausgabt sich in den Überhängen völlig. Vielleicht auch weil er ohne Versuche sowie unvorbereitet in die Wand geht und die Erstbegeher offensichtlich nicht alle ihre Haken stecken gelassen haben. Dietrich Hasse, der seinen kühnen Weg von mehreren Versuchen her kannte, darf auf Maestri hinabsehen. Dieser zollt ihm und den drei Deutschen trotzdem höchstes Lob: »Ehre, Ruhm und höchste Anerkennung für Zähigkeit, Widerstandskraft, Gemeinschaftsgeist und die ausgefeilte Technik – sei es in freier Kletterei, sei es im Gebrauch von künstlichen Hilfsmitteln – jenen vier Burschen, die eine der schönsten Seiten unseres Alpinismus in diese gelbe Mauer geschrieben haben.«

Die »Spinne der Dolomiten« ist offensichtlich immer noch auf der Höhe der Zeit. Dennoch, Maestri ist unzufrieden.

Als die Nachricht von der »Direttissima« wenig später Chamonix erreicht, brechen René Collet, Jean Couzy, René Desmaison und Pierre Mazeaud sofort zu den Drei Zinnen auf. Von Cortina steuern sie zur Auronzo-Hütte, wo ihnen Piero Mazzorana, der Pächter, von Maestris zweiter Begehung erzählt. Schon am 27. August sind Couzy und Desmaison in der Wand. Sie folgen zuerst einer Hakenreihe 100 Meter links der »Direttissima«, die wohl Cortineser Kletterer bei ihren früheren Versuchen zurückgelassen haben. Am 28. August dann sind die Franzosen am Einstieg der richtigen

Route. Es geht »Direttissima« durch eine Serie gelber Überhänge. Couzy und Desmaison sind beeindruckt: »Noch nie habe ich eine derartig überhängende Wand mit einer so bodenlosen Leere gesehen!«, sagt Desmaison, der junge Kletterstar aus Frankreich. Auch die Franzosen, sie führen abwechselnd, müssen zusätzliche Haken schlagen. Sie sind drei Tage in der Wand. Das Fazit von Desmaison lautet: »Eine Neubemessung der Schwierigkeitsgrade scheint mir notwendig zu sein.« Die Aufregung unter der Zinnen-Wand bleibt. Wer wird die nächste, die vierte Begehung der »Hasse-Brandler-Führe« schaffen?

Maestris Stolz ist immer noch verletzt. Trotz seines Erfolgs an der Zinnen-Direttissima – er ist Couzy zuvorgekommen – bleibt Maestri zurückhaltend. Im Herbst 1958 fühlt er nur Leere in sich. Er ist immerzu niedergeschlagen. Er weiß nun, er wird Italien verlassen. Er muss zurück zum Cerro Torre! Gilt es doch, »das bei der ersten Patagonien-Expedition begonnene Werk fortzusetzen«. Auch wenn alles dagegen spricht, der »unmögliche« Berg ist sein Berg, und nur dort kann er sich seine Autarkie zurückholen – eine Lebenshaltung, die ihm andere immer wieder wegnehmen wollen. Er will sich dagegen wehren »wie eine verwundete Katze«.

Die »Zinnen-Direttissima« war 1958 nicht »unmöglich«. Wenigstens nach Hasse und Kameraden nicht mehr. Der Cerro Torre, von Terray und Magnone mit diesem Verdikt versehen, ist jetzt zum Maß aller Dinge geworden. Für Cesare Maestri gibt es kein Halten mehr. Auch weil sein Rivale Bonatti mit Mauri bis auf wenige Hundert Meter unter den Gipfel vorgestoßen ist. Und er, die »Spinne der Dolomiten«, ausgerechnet er, der es gewohnt ist, nur dort Hand anzulegen, wo alle anderen scheitern müssen, hat es nicht einmal versucht! Auch daher die Kränkung? Der Cerro Torre ist ihm zur Obsession geworden. Hat er doch seinen Eispickel dem Circolo Trentino von Buenos Aires überlassen mit der festen Zusicherung, im Jahr darauf wiederzukommen.

Die Finanzierung und Organisation einer zweiten Expedition zum Cerro Torre gestaltet sich schwierig. Obwohl Cesarino Fava drängt und größtmögliche Hilfe in Buenos Aires und Patagonien zusichert, ist in Trento kaum Geld aufzutreiben. Allerorten macht sich Skepsis breit. Das »Unmöglich« von Bruno Detassis scheint immer noch mehr zu zählen als die Hilferufe des Cerro-Torre-kranken Cesare Maestri. Erst nach dem tödlichen Absturz von Jean Couzy im Herbst 1958, der seine unübertroffene Bergsteigerkarriere mit dem Cerro Torre krönen wollte, steht Maestri als Cerro-Torre-Anwärter plötzlich allein da. Denn auch Bonatti hat seine Expedition abgesagt, teils aus wirtschaftlichen Gründen – solche Reisen kosteten damals viel Geld –, teils weil er den Franzosen den Vortritt hatte lassen wollen. Unerwartet sind Maestri damit all seine Rivalen abhandengekommen. Der Cerro Torre aber bleibt seine fixe Idee. Mit dem Pathos eines verzweifelten Rächers kündigt er seine neue Reise an: »Genugtuung!« Warum sonst kehrt er zu diesem Berg zurück? »Auch weil ich ein Mensch mit Grundsätzen bin«, schreibt er, und weiter: »Ich werde auf dem Torre sterben! Es kann nicht anders sein… Ich werde zum Torre zurückkehren und mich mit der Kraft der Verzweiflung an seinen Wänden festkrallen.« Maestris Mut zum Pathos ist eine Sache, das Leben zu opfern eine andere: Es entspricht nicht unserem Instinkt. Aber nur indem er diese seine innere Verpflichtung von sich wälzt, kann er es wagen, selbst der Gipfel zu werden. Also wird er ihn erreichen. Mit oder ohne Partner. Eines steht für ihn fest: Ohne Erfolg wird er nicht zurückkehren. Das ist gewiss. »Soll mich der Torre, der mich derart behext hat, doch behalten!«, schreit er sich selbst an. Maestri nimmt das Risiko, am Torre zu sterben, an. Er muss hin! Aus Stolz! Und als Mann. Woher diese Blindheit? Der Gedanke an den Torre schnürt ihm die Kehle zu. Das Bild des Berges überlagert vor seinem inneren

Auge alles andere. Er hat für die Reise sein Auto verkauft, Geld von Freunden erbettelt, Verpflichtungen unterschrieben. Auch all seine geopferten Ersparnisse sind ihm Verpflichtung. Und Bonatti natürlich.

Wie viele Bergsteiger sind aus bloßem Stolz in den Tod gegangen? Und welche sind es? Immer nur die fremdbestimmten! Maestri weiß es, fühlt sich aber trotzdem zur Rückkehr nach Patagonien gezwungen. Allein schon wegen der »dummen« Behauptung, der Torre sei ein »unmöglicher« Berg. Er will den Gipfel um jeden Preis ersteigen. Es ist nicht nur ein Versprechen sich selbst gegenüber. Obwohl er vorgibt zu wissen, dass das Leben nicht für so banale Dinge wie Stolz und Eitelkeit aufs Spiel gesetzt werden will, muss er es tun. Bis ein Brief Zuversicht und Ordnung zugleich in sein Chaos bringt: »Lieber Cesare, ich würde Dir gerne meine Mitarbeit an Deiner Expedition anbieten. Sie dürfte ein großer Erfolg werden. Lass mich Näheres wissen. Toni Egger«, liest Maestri mit glänzenden Augen. Mit seinem verkauften und für eine letzte Fahrt wieder geliehenen Lancia »Aurelia« fährt er Richtung Lienz in Osttirol. In der Nähe von Innichen aber rast er in einen abrupt bremsenden Lastwagen.

Rotwand im Rosengarten

Maestri bleibt unverletzt, der Wagen aber ist ein Wrack. Maestri fährt mit der Bahn weiter und trifft in Osttirol Toni Egger.

»Hast du Geld?«, sind Cesares erste Worte.

»Ich nicht, du?«

»Ich hatte drei Millionen Lire beisammen. Bis vor ein paar Stunden. Jetzt sind es nur noch zweieinhalb.« Maestri erzählt beiläufig vom Autounfall und von der geplanten Expedition. Egger hat 250000 Lire. Das ist all sein Erspartes. »Genug«, befindet Maestri. In Buenos Aires würden sie schon weitere Mittel auftreiben. Sie entscheiden, es gemeinsam zu versuchen. Cesare will sofort fahren, Toni soll später nachkommen.

Toni Egger, der Erstbegeher des Sechstausenders Jirishanca in den Anden Perus, Drittbegeher des Bonatti-Pfeilers an der Petit Dru, einer der besten Dolomitenkletterer wird also Maestris Partner bei dessen zweiter Cerro-Torre-Expedition sein. Wenige Wochen vor dem Zusammentreffen mit Maestri hat er noch die fünfte Begehung der Zinnen-Direttissima und die zweite des »Buhl-Gedächtnisweges« an der Rotwand im Rosengartengebiet geschafft. Der Tiroler Hermann Buhl ist ein Jahr vorher an der Chogolisa im Karakorum mit einer Wechte abgestürzt. Nun ist Toni Egger, zwei Jahre jünger als Buhl, der Stern an Tirols Kletterhimmel.

Maestri und Egger haben ein hohes gemeinsames Ziel! Auch eine gemeinsame Sprache. Der zähe, feingliedrige Egger spricht wie Maestri auch Italienisch. Er hat seine Kindheit in Südtirol verbracht. Und er gilt ob seiner positiven Lebenseinstellung in jedem Team als Hoffnungsträger. Als Holzfäller und Bergführer bringt er viel mehr mit als die Erfahrung und Willenskraft des extremen Bergsteigers. Zweifellos ist er die ideale Ergänzung in einer Seilschaft, in der der eine mit seinem Leben, der andere mit der Kunst des Überlebens spielt. Fragt sich nur, wie das Spiel ausgeht.

7 Toni Egger –
Ein Mann der Sehnsucht

Der überwechtete Gipfelgrat des Cerro Torre

»Couzy schrieb an Bonatti, was er denn am Torre vorhabe, aber niemand erinnert sich daran, dass auch ich mein Anrecht am Berg hatte.«(1959)

Cesare Maestri

»Die Fanfaren beim Aufbruch sind meine Sache nicht, lieber sind mir die Hymnen beim Ankommen.«

Cesare Maestri

»Ich danke meinem Gott dafür, dass er mich mein ganzes Leben einen Mann der Sehnsucht sein lässt.«

Toni Egger

»Lieber Cesare, ich würde Dir gerne meine Mitarbeit an Deiner Expedition anbieten. Sie dürfte ein großer Erfolg werden.«

Toni Egger

»Wäre Couzy, der beste Bergsteiger der Welt, 1958 zum Cerro Torre aufgebrochen, wäre ich zu Hause geblieben.«

Cesare Maestri

»Bonatti und Mauri haben verzichtet; Couzy ist tot, und die Franzosen haben ihre Expedition abgesagt.«

Cesare Maestri

Toni Egger am Gipfel (Jirishanca) und im Fels (Dolomiten)

»Der Torre ist ein phantastischer Berg, ein riesengroßer Granitturm, dessen Wände wie mit dem Käsemesser geschnitten aussehen. Der obere Teil ist mit Eis überzogen, ein Turm, der mit seinen senkrechten Wänden von den Gletschern auf 1000 Meter Höhe bis zum Gipfel 3128 Meter hoch in den Himmel Patagoniens ragt.«

Toni Egger

»Egger war ein guter Eiskletterer, mit den Pickeln von damals aber ist es sicher nicht möglich, auf den Eispilz zu klettern.«

Alexander Huber

Toni Egger

»Toni Egger war in seiner Sehnsucht unschuldig. Sein Genie und
seine Träume entsprangen seinem Instinkt, seiner Erfahrung und
einer guten Portion handwerklichen Geschicks.«

Reinhold Messner

Toni Egger, am 12. September 1926 in Bozen geboren, ist dreizehn Jahre alt, als er mit seiner Familie im Rahmen der Umsiedlung der Südtiroler Optanten nach Debant bei Lienz übersiedelt. Osttirol wird seine zweite Heimat. Diesen beiden Teilen Tirols aber sind die Berge gemeinsam, und die Berge werden Eggers Welt.

Mit fünfzehn schon wandert er in die Lienzer Dolomiten hinauf, steigt allein und ohne Kletterschuhe durch den Alpenrautenkamin. Er klettert in Socken, die Straßenschuhe in der Hand. Seine eigentliche Kletterkarriere beginnt nach dem Krieg, in den Dolomiten: 1950 ist Toni Egger erstmals an den Drei Zinnen, in den Sextener Dolomiten. Er ist auf Schmugglerwegen über die Tiroler Grenze gekommen, weil er keinen Reisepass besitzt. Und er ist fasziniert: »Zum ersten Mal in den Dolomiten und von der Schönheit dieser mächtigen Berge begeistert; immer wieder sehne ich mich dorthin zurück, um einmal größere Touren zu machen«, schreibt er in sein Tourenbuch. Drei Monate später klettert er mit Franz Rienzner in der Nordwand der Großen Zinne. Heini Heinricher ist ein anderer begeisterter Kletterer und häufig Seilgefährte von Toni Egger. Eine gemeinsame Winterbegehung der Laserzkopf-Nordwand und eine Erstbegehung in der Roter-Turm-Nordwand in den Lienzer Dolomiten gelingen ihnen. In den Karnischen Alpen folgt die Kellerturm-Nordwand. Toni Egger gilt in Osttirol bald als Klettergenie. Eine einzigartige bergsteigerische Laufbahn liegt vor ihm.

Im Juli 1951 lernt Toni auf der Stüdlhütte im Glockner-Gebiet Franco Mantelli kennen. Gleich am nächsten Tag durchsteigen die beiden die Pallavicini-Rinne am Großglockner. Toni Egger macht gerade die Bergführerausbildung und arbeitet zwischendurch als Holzfäller. Im Sommer ist er oft auch als Vermessungsgehilfe unterwegs. Meist im Gebirge. Zwischendurch reicht die Zeit für einen Abstecher in die Dolomiten. Immer wieder. Dabei gelingt ihm mit Heini Heinricher die Gelbe Kante an der Kleinen Zinne. Die Überschreitung der Spitzkofeltürme wagt Toni im Alleingang. Im Herbst dieses Jahres ist er Bergführer und glücklich.

1952 gelingen weitere Erstbegehungen in den Lienzer Dolomiten. Immer wieder zieht es ihn dort hinauf: Roter Turm-Südostkante und -Ostwand. Ellerturm-Nordwand. Dann ist er wieder an den Drei Zinnen: »Gelbe Kante«, »Cassin« an der Kleinsten Zinne und Nordwand an der Großen gelingen. Mit Franco Mantelli – sein Freund Rienzner ist am 1. Mai 1951 tödlich abgestürzt – ersteigt er das Matterhorn über den Furggengrat. In diesem Jahr wird Egger auch Mitglied der »Alpinen Gesellschaft Alpenraute« in Lienz. Mit Gottfried Mayr klettert Toni jetzt durch die Nordwand der Westlichen Zinne und in der Civetta-Wand den Sollederweg. Nach dem Klettersommer arbeitet er als Holzarbeiter in der Schweiz.

1953, während der zwei Jahre ältere Hermann Buhl seinen größten Erfolg feiert, die Erstbesteigung des Nanga Parbat, schlägt sich Toni Egger als Bergführer, Holzarbeiter und Vermessungsgehilfe durch. Die Berge, seine geliebten Berge, scheinen ihm versagt zu bleiben. Nicht die Begeisterung, die Freizeit ist ihm abhandengekommen. 1954 aber ist Egger wieder in Hochform. Er turnt in wenigen Stunden über die Mazzoranakante auf die Kleine Zinne, meistert die Laserz-Südwand und schließlich mit Gottfried Mayr das berühmte Doppel: Westliche-Zinne- und Große-Zinne-Nordwand hintereinander in nur elf Stunden Kletterzeit. Erstmals klettert eine Seilschaft damit zwei Nordwände an einem Tag, eine Sensation! Dazu kommen Alleingänge: Guglia di Brenta,

Gelbe Kante an der Kleinen Zinne, »Cassin« an der Kleinsten Zinne, Aufstieg Große Zinne, Mazzoranakante, Abstieg Dibonakante. Egger klettert jetzt sicher und schnell. Er klettert oft allein wie Cesare Maestri und im Granit so schwierige Touren wie Walter Bonatti. In der Nordwand der Kleinsten Zinne gelingt ihm die Eisenstecken-Route, im Bergell die berühmte Badile-Nordostwand, im Mont-Blanc-Gebiet die Grand-Capucin-Ostwand. Schon zirkulieren in Insiderkreisen Gerüchte über den »kompromisslosen Freikletterer« Egger. Ehrennamen wie »Wiesel« oder »Weltmeister Toni« machen die Runde. Toni Egger aber ist kein Ehrgeizling, auch kein Schausteller. Er ist eher still, überlegt und neugierig. Auch religiös. Auf der ersten Seite seines Tourenbuchs von 1956 ist zu lesen: »Das heurige Bergsteigerjahr soll eines der erfolgreichsten werden. Gott möge mich beschützen und auf all meinen schweren Wegen begleiten. Wir sind nun einmal Geschöpfe unseres Schöpfers und Bewunderer seines unvergleichlichen Werkes, der Natur.«

Das Jahr 1956 beginnt mit der ersten Winterbegehung der Hochstadl-Nordwand in den Lienzer Dolomiten, einer der höchsten Wände der Ostalpen. Es folgen die Südwand des Roten Turms, der Südgrat auf die Aiguille Noire, Süd- und Ostwand auf den Dent du Géant und dann der Dru-Pfeiler. Mit Herbert Raditschnig gelingt mit nur einem Biwak die dritte Begehung von Bonattis Meisterstück. Nur zwei Tage nach Gaston Rébuffat ist er dann in der Aiguille-du-Midi-Südwand und verbucht die Zweitbegehung. Zufällig lernt er nach einer Alleinbegehung der Nordwand der Großen Zinne – in nur vier Stunden – Maestri kennen. Noch ahnt keiner der beiden, dass sie bald gemeinsam zum schwierigsten Berg der Erde aufbrechen werden.

Nach Klettertouren im Gebiet des Kackar Dai in der Türkei folgt 1957 eine Expedition in die Kordilleren Südamerikas. Die Leitung hat Dr. Heinrich Klier, ein ebenso geschulter Bergsteiger wie erfolgreicher Schriftsteller. Die Seilschaft Toni Egger / Siegfried Jungmair besteigt dabei erstmals jenen Jirishanca, »einen der schwierigsten Gipfel der Anden in Peru«, das »Matterhorn Südamerikas« genannt. Zu diesem Erfolg kommt die Erstbesteigung des Toro, wieder ein Sechstausender, wobei Egger und Jungmair einer Eislawine nur knapp entkommen. Zum bergsteigerischen Erfolg kommt, wieder daheim, auch der berufliche: Toni Egger soll die Leitung der Hochgebirgsschule Tirol in Innsbruck übernehmen. Er nimmt die Aufgabe an und widmet sich ab jetzt voll und ganz dem Beruf

Toni Egger in der Aiguille-du-Midi-Südwand

des Bergführers. Für Neutouren bleibt dabei wenig Zeit. Patteriol-Südostpfeiler im Verwall und Cima-Bois-Südwestkante in den Dolomiten sind die karge Ausbeute 1958. Dazwischen aber wiederholt er die neuen »Direttissimas« am Predigtstuhl und an der Rotwand im Rosengarten. Letztere sogar als Zweitbegeher, die Direttissima an der Große-Zinne-Nordwand hat er mit dem Bozener Bergsteiger-Ass Erich Abram auch im Jahr der Erstbegehung wiederholt. Wie Cesare Maestri ist Toni Egger als Felskletterer 1958 immer noch auf der Höhe seiner Zeit. Kein Wunder also, dass in seiner Phantasie die Granitnadel im fernen Süden Südamerikas Platz greift – als Ziel seiner Sehnsucht: ein Berg noch steiler als der Jirishanca. Und Cesare Maestri will ihn dabeihaben. Toni Egger ist glücklich, nur noch Sehnsucht sein zu dürfen.

Mich hat neben dem Bergsteiger immer auch der Mensch Toni Egger interessiert. Wie war er, wie ist er geworden, was er 1958 war? Die Aussiedlung aus Südtirol, der Krieg, Gefangenschaft, die Arbeit als Holzfäller haben ihn geprägt. Er hatte ein hartes Leben hinter sich, als er 1951 Bergführer wurde. Im Reich des Wilden Kaisers ist er mit Hermann Buhl geklettert, war bald ein begehrter Bergführer und hielt später viele Vorträge. Der Naturbursche konnte auch von seinen Erlebnissen in den Bergen erzählen. 1957 dann jene Kordillerenfahrt, bei der Toni zusammen mit Siegfried Jungmair den Weg auf den Toro, 6121 Meter, und den Jirishanca, 6126 Meter, fand. Dieser Berg ist es auch, das Matterhorn von Südamerika!, der in seiner Erinnerung auftaucht, als er ein Bild vom Cerro Torre sieht: Egger möchte noch einmal etwas Ähnliches erleben! Als ob ein Meisterwerk im Leben eines Bergsteigers nicht genug wäre.

Damals, am 10. Juli 1957, standen alle Bergsteiger und Träger für den zweiten Jirishanca-Vorstoß bereit. Noch am gleichen Abend gelingt es, das Hochlager II am oberen Jirishanca-Gletscher neu einzurichten.

Diesen zweiten und letzten Vorstoß am Nevado Jirishanca, dem »strahlendsten Ziel der südamerikanischen Hochgebirge«, beschreibt der Expeditionsleiter Heinrich Klier so detailgenau, dass Können und Charakter Toni Eggers daraus lebendig werden: »Da das Schönwetter zu Ende zu gehen drohte, mussten wir rasch handeln. Für eine Belagerung fehlte diesmal die Zeit. Nur persönlicher Schneid konnte noch zum Ziel führen: biwakieren statt zelten; knabbern statt essen; und im Übrigen klettern, nach oben drücken; keine Abstiege in die vorbereiteten Lager, um am nächsten Morgen gleich dort fortsetzen zu können, wo man am Vorabend hat aufhören müssen. Es ist die härteste Art, die sich an einem so schweren und hohen Berg denken lässt – und von spielenden Menschen kann niemand solchen Einsatz heischen; aber Egger und Jungmair gingen von sich aus drauflos. Schon in aller Frühe stiegen sie am anderen Morgen vom Hochlager II aus nach oben, wobei alle Ausrüstung und Verpflegung selbst zu tragen war. Ihr Vordringen auf dem von früher bekannten Weg – Eisflanke, erster Pfeiler, Eisfelder I bis III – gelang trotz der 25 Kilo schweren Rucksäcke. Der Eistunnel unter dem ersten Eisfeld war teilweise zugeeist, und die beiden mussten ihn erst wieder freihacken. Sie erreichten schon mittags das Eisfeld II, wo sie die Biwakausrüstung zurückließen. Nachmittags bereiteten sie Eisfeld III und die kleineren Eisfelder oberhalb sowie den schwierigen zweiten Pfeiler vor, wobei ihnen die vom ersten Durchstieg zurückgebliebenen Seile wertvolle Dienste leisteten. Abends seilten sie sich zum Biwakplatz ab. Als Nebel und Schneetreiben aufkamen, schlüpften die beiden Bergsteiger mit dem schalen Gefühl in den Biwaksack, die ungeheure Anstrengung der beiden vergangenen Tage könnte umsonst gewesen sein. Sie verbrachten eine kalte Nacht unter dem Eiszapfenüberhang des dritten Eisfeldes.

Schneidend und klar zog der Morgen des 12. Juli herauf. Die beiden Bergsteiger auf ihrer weltfernen Kanzel saßen über dem Nebelmeer, das die Täler und tieferen Lager deckte. Der Nordostwind kündete nichts Gutes und trieb Toni und Siegfried zur Eile. Sie mussten jedoch zuerst ihre Schuhe über dem Benzinkocher auftauen, denn alle Sachen waren bei minus 15 Grad Celsius hart gefroren. Um sieben Uhr früh brachen sie auf. Dank der Vorarbeit des vergangenen Tages erreichten sie den Kopf des zweiten Pfeilers (die Umkehrstelle des ersten Versuchs) schon um acht Uhr früh. Von hier bis zum Gipfel blieben nur noch sechs 50-Meter-Seillängen. Aber dieser Gang über zerbrechliche Riffelfirnrippen, senkrechte Aufschwünge in brüchigem Zapfen- und Stangeneis und schließlich über den letzten Wechtenfirst gehört wohl zum Kühnsten, was in den Kordilleren je begangen wurde. Vom Pfeilerkopf querten die beiden, in der Führung wechselnd, zunächst eine Seillänge am Pfeilerabbruch nach Norden hinaus unter die hausgroße Schneewalze des Gratfirstes. Da die Verhältnisse in der Südseite so schlecht wie früher waren und der Grat selbst unbegehbar ist, mussten die beiden in der Nordflanke, knapp unter den drohenden Wechtengebilden des Grates, aufsteigen. Bis auf den kleinen Absatz unter der Gipfelwechte konnten wir von den tieferen Lagern aus mit dem Fernglas die beiden verfolgen. Dann fiel Nebel und Schneetreiben ein. Aber unablässig dauerte das harte Ringen

Jirishanca in Peru

in der Riffelfirnflanke des Gipfeldaches fort. Gegen 14.30 Uhr erreichten Toni Egger und Siegfried Jungmair knapp neben dem Ansatz der Gipfelwechte den höchsten betretbaren Punkt, den Gipfel der Jirishanca (6126 m). Die Gipfelwechte selbst hing etwa 30 Meter frei über die Westwand hinaus. Für ein paar kurze Minuten flatterten die Wimpel im Nordoststurm und verkündeten, dass Menschen ihren Fuß auf den letzten Sechstausender der Cordillera Huayhuash gesetzt hatten. Auch der Abstieg gestaltete sich ungemein schwierig. Mit wenigen Ausnahmen (Quergänge) mussten sich die beiden vom Gipfel bis zum Hochlager II abseilen. Der Berg ist so steil, dass ein freies Abklettern unmöglich ist. In 5800 m Höhe hatten die beiden nochmals ein Biwak auf sich zu nehmen. Da sie im Aufstieg das Letzte aus sich herausgegeben hatten und da in dieser Nacht schwere Schneestürme über das Gebirge herfielen, bedurfte es äußerster Willensanstrengung, um diese Freinacht lebendig zu überstehen. Beide Bergsteiger trugen leichte Erfrierungen an den Füßen davon, konnten sich aber am folgenden Tag mit eigenen Kräften bis zum Hochlager II abseilen.«

Fünfzig Jahre später habe ich das Glück, den Menschen vor mir zu sehen, der den Jirishanca erstbestiegen hat – wenigstens im Geiste. Während Lore Stötter von Toni Egger erzählt, wird zuerst sein Geist wieder lebendig, dann sein Charakter begreiflich und schließlich seine Sehnsucht nachvollziehbar. Lore Stötter, inzwischen zweiundachtzig Jahre alt, erzählt mir ausführlich vom jungen Toni. Sie hat ihn sehr gut gekannt, ist sogar mit ihm geklettert. Nein, er hat ihr keine Karte geschrieben aus Patagonien, auch keinen Brief. Sie hat Toni aber so in Erinnerung behalten, wie er zum Cerro Torre aufgebrochen ist. Sie braucht keine Bilder, weiß sie doch, wie er ausgesehen hat mit zwanzig, fünfundzwanzig und dreißig Jahren. In ihrer Erinnerung ist er auch nie älter geworden.

»Warum keine Post vom Cerro Torre?«, will ich wissen.

»Das war damals furchtbar für mich. Da gab es Probleme mit der Post in Argentinien …«

»Du hast also keinen einzigen Brief bekommen aus Patagonien, auch keine Postkarte?«

»Es hat mich weiter nicht gestört. Wir hatten ja eine so unglaublich feine Freundschaft. Das Ganze kam so. Als mein Mann verunglückt ist, in den Lienzer Dolomiten, hatte ich zwei Kinder und war schwanger. Ich bin 1926 geboren … der Toni am 12. und ich am 18. September. Ich war ja noch so jung, und der Toni war ein Kletterkamerad meines Mannes gewesen. So habe ich ihn kennengelernt. Über die Alpenraute. Schon mein Vater war bei der Erbauung der Hütte, der Alpenrautenhütte, dabei gewesen.«

»Zwei Jungfrauen also?«

»Ja, mein erster Mann ist am 17. September geboren. Ja, lauter Jungfrauen!«

»Wo hat er gearbeitet?«

»Toni hat Holz gefällt: in Tirol, in Bayern, in der Schweiz.«

»Und die Eltern?«

»Den Vater habe ich nie kennengelernt.«

»Ist er in Südtirol geblieben?«

»Da müsste ich die Schwester fragen. Sie lebt noch. In Debant. Die Mutter aber habe ich sehr gern gehabt. Sie lebte in Debant, war sehr religiös. Aber Toni war wenig da. Er hat ganze Partien Holz übernommen, einmal in Bayern, dann im Gailtal.«

»Mit ein paar anderen Burschen?«

»Ja, und er hat alles organisiert.«

»Er war also Unternehmer? Er hat Holzschlägerungen übernommen.«

»Ja, er ist in die Schweiz und nach Kärnten, und als ich Witwe geworden bin, 1951 – ich habe ihn nur ganz flüchtig gekannt, so wie ich alle ›Alpenrautler‹ gekannt habe –, hat er sich informiert, wie es mir und meinen Kindern geht.«

»Du hast dann mit ihm Klettertouren unternommen?«

»Ja, ich bin auch allein gegangen. Mein Vater hatte mich schon mit zehn Jahren auf den Glockner gebracht. Es war damals nicht wie heute, man konnte nicht so weit fahren. Wir sind auf die Stüdlhütte gegangen und dann auf den Glockner und drüben runter über den Hofmannsgletscher zum Glocknerhaus, wo der Alpenverein Klagenfurt die Hütte hatte. Mein Vater war in Lienz Magazineur.«

»Den Toni hast du 1951 also besser kennengelernt?«

»Ja, alle haben damals über ihn gesprochen. Unter den ›Alpenrautlern‹ war er der Beste. Mein erster Mann ist auch ein ›Alpenrautler‹ gewesen, er ist mit Toni geklettert. Beide sind erstklassige Bergsteiger gewesen. Und plötzlich war ich allein. Toni war der Erste aus dem Verein, der sich nach dem tödlichen Unfall um mich gekümmert hat. Er ist zu mir gekommen…«

»…und hat gefragt, wie es dir geht?«

»Ja, wie es geht, wollte er wissen.«

»Du hast zwei Kinder gehabt?«

»Damals schon drei.«

»Wie und wo ist dein Mann verunglückt?«

»Er ist abgestürzt. Nur weil er meine Ski genommen hat… Am 1. Mai sind sie rauf auf die Hütte, und da war 1951 so viel Schnee… sogar herunten beim See lag noch viel Schnee. Er hat also meine Ski genommen, die waren nicht so schwer und gut zum Gehen. Sie sind zuerst geklettert, obwohl alles vereist war, und alles ist gut gegangen. Dann zurück. Abstieg. Dort, wo der Rudl-Eller-Weg entlangführt, lag besonders viel Schnee. In der Westschlucht schaut mein Mann in der Querfahrt nach hinten, da war aber ein Felsen, und er bricht ein, fällt sieben Meter kerzengerade in die Westschlucht und bricht sich das Genick.«

Wir schweigen eine Weile. Dann erzählt Lore weiter:

»Im November ist dann der Bub gekommen. Der Toni hat sich ungefähr ein Jahr später gemeldet.«

»1952?«

»Ohne sich anzumelden, hat er nachgefragt, wie's mir geht. Auch hat er für die Kinder etwas mitgebracht. Und er ist dann immer wieder gekommen. Wir sind in dieser Zeit ab und zu auch auf den Berg gegangen, wir haben gemeinsam die Seekofel-Nordwand gemacht, eine Erstbegehung…«

»Den Seekofel? In den Dolomiten?«

»Nein, drüben in Valentin.«

»Sag mir, wie war er menschlich?«

»Ruhig, sparsam, trotzdem lustig. Er war tüchtig, nie auffällig, und er hat viel geleistet. Er war als bescheidener Südtiroler zu uns gekommen und ist so geblieben, wie er als Bub war. Sogar ich hab manchmal schimpfen müssen, dass er einmal eine andere Hose anzieht oder sich ein Gewand kauft. Arm war er ja nicht.«

»Hat er das Leben genossen?«

»Ja, er hat es auch mit den Mädchen gekonnt.«

»Die Frauen haben ihn gern gehabt?«

»Ja, er hat in der Debant einmal eine Liebe gehabt. Er war aber auch besorgt um uns. In meiner Witwenzeit war ich ja froh, dass er gekommen ist. Ich bin nicht mit allen klettern gegangen, mit ihm immer.«

»Kannst du dich erinnern an die Zeit, als er den Bonatti-Pfeiler gemacht hat?«

»Bonatti-Pfeiler?«

»Im Mont-Blanc-Gebiet.«

»Nein, davon weiß ich nichts.«

»Und die Zinnen-Direttissima?«

»Das schon.«

»Hat er davon erzählt?«

»Ist da nicht auch Maestri dabei gewesen?«

»Maestri hat die Zweitbegehung gemacht und Toni die vierte oder fünfte…«

»Wie er Maestri kennengelernt hat, weiß ich noch. Als Witwe damals war ich Aushilfe in einem Kaffeehaus in Lienz. Am Hauptplatz. Ein vornehmes Kaffeehaus: Da waren die

Holzhändler, die Bezirkshauptmannschaft, die Geschäftsleute. Die einfachen Leute haben sich da gar nicht hingetraut. Ein Holzhändler hat einem Offizier von der Aosta-Schule Toni als Bergführer vermittelt. Mantelli oder so ähnlich hat der geheißen. Toni ist etwas an der Südseite der Zinnen, an der äußersten Kleinen Zinne, mit ihm geklettert. Toni hat ja sehr gut Italienisch gekonnt.«

»Eine Erstbegehung?«

»Die ›Gelbe Kante‹ vielleicht.«

»Ein Offizier von der Aosta-Schule hat also Toni als Führer genommen.«

»Irgendwie hat er Maestri gekannt, der Holzhändler hat vermittelt.«

»Hat nun Egger die Idee gehabt, Maestri wegen des Torre anzusprechen, oder hat Maestri Egger eingeladen?«

»Maestri hat ihn...«

»Maestri hat also Toni gefragt?«

»Ja, die beiden haben ihn vorgeschlagen, und der Toni hat sich sehr gefreut, bei der Expedition mitzumachen. Das war alles.«

»Hat er davon erzählt: Ich gehe zum Cerro Torre, zum schwierigsten Berg der Welt, mit Cesare Maestri?«

»Ja, aber da war noch etwas. Toni war damals schon Chef der Hochgebirgsschule Tirol. Er hatte Verpflichtungen, Vorträge... Er hat dann zwei Versicherungen abgeschlossen. Ich habe das alles in Lienz organisiert, wie er mir aufgetragen hatte. Und einmal hat er ein Telefongespräch geführt mit Maestri, von einem Alpenraute-Kollegen aus. Maestri ist voraus nach Buenos Aires geflogen, und hat Toni pünktlich vom Flughafen, war's Rom oder war's..., angerufen. Als Toni von diesem Telefonat zurückkam, war er deprimiert, niedergeschlagen. Da hab ich gesagt: ›Was ist denn passiert? Fährst du nicht?‹, hab ich gefragt! Und er: ›So, wie der sich äußert – wenn du willst, kannst du kommen –, sollte ich besser dableiben.‹«

»Das Ticket für Toni, wer hat denn das Ticket nach Südamerika bezahlt?«

»Er selbst. Er hatte gespart. Er hat die Reise bezahlt.«

»Und Cesare?«

»Dieses Telefonat, so kurz es auch war, geht mir seit damals nicht mehr aus dem Kopf. Toni hat sich geärgert und gesagt, er kenne sich nicht mehr aus.«

»Er ist trotzdem gefahren?«

»Ja, aber Toni hat gut Italienisch gesprochen und gewusst, dass da etwas nicht stimmen kann. Was soll das auch heißen: Wenn du willst, kannst du kommen. ›Weißt, Toni‹, hab ich gesagt, ›er wird erfahren haben, wie gut du bist. Der Zinnenwirt wird's ihm erzählt haben und alle anderen.‹ Er ist also draufgekommen, was für ein brillanter Kletterer Egger war…«

»Nein, Maestri hat von Anfang an gewusst, wie gut Toni ist…war…im Eis…im Granit.«

»Ich aber habe trotzdem den Verdacht…«

»Umgekehrt, glaube ich: Maestri hat den Toni gesucht. Sicher, Maestri war in Italien ein Star, er wusste von den Wiederholungen und Erstbegehungen Eggers, auch vom Jirishanca. Er hat gesehen, dass Toni vielleicht sogar besser als er selbst klettert.«

»Aber irgendjemand muss ihm doch eingeredet haben, Egger würde nur ehrlich raufkommen wollen.«

»Allein konnte damals niemand auf den Gipfel des Cerro Torre wollen. Maestri hätte also in jedem Fall einen Partner gebraucht…«

»Maestri und der erwähnte Offizier sind nach der Tragödie zu mir gekommen. Noch bevor sie zu Tonis Mutter gegangen sind. Toni muss also auf der Reise von mir erzählt haben. Sonst wäre Maestri ja nicht zu mir gekommen. Er hat sogar gemeint, die Kinder gehören Toni. ›Wir waren oben‹, hat er mir gedeutet. Es war so ein Sturm und sehr viel Eis, habe ich verstanden.«

»Aber der Offizier hatte nichts mit dem Cerro Torre zu tun?«

»Nein, er hätte dolmetschen sollen, deshalb hat ihn Maestri wohl zu mir mitgenommen nach Lienz.«

»Jedenfalls ist Cesare Maestri nach dem Unglück zu dir gekommen ...?«

»Ja, und er hat gesagt, sie waren beide oben, am Nachmittag, drei Uhr. Aber es war so ein Sturm, dass sie sofort runtermussten. Unten dann, in der Eisschlucht, hat sich Maestri geweigert weiterzugehen. Sie hätten noch gut 100 Meter runtermüssen, über versichertes Gelände. War's zu finster oder hatte Maestri Angst ... ich kann mich nicht mehr erinnern. Auf alle Fälle wollte Toni hinunter ...«

»Dann ist das Unglück passiert ...«

»Maestri ist oben geblieben. Zuerst hat er gar nicht gemerkt, dass Toni verunglückt ist ...«

»Maestri sagt, er hat schon gewusst ...«

»Er ist wohl oben gestanden und hat geschaut.«

»Er hat irgendwie gesichert.«

»Hat er ihn gesichert?«

»Toni hat noch versucht, tiefer zu kommen.«

»Es waren nur noch 100 Meter.«

»Dabei ist er abgestürzt. Das alles ist nachvollziehbar. Es war ein Unglück«, tröste ich Frau Stötter.

Lore sieht mich fragend an. Bevor sie antwortet, kommt ein tiefer Seufzer aus ihrer Brust. »Mir bleibt das Gefühl, dass Toni oben war. Ob Maestri auch oben war?«

»Wenn schon, waren sie beide oben, zu zweit, das geht gar nicht anders am Cerro Torre.«

»Vielleicht doch, nur ganz kurz, es war ja ein fürchterlicher Sturm. Deshalb haben sie doch so schnell runtermüssen.«

»Darüber brauchen wir nicht zu hadern. Alles war wahnsinnig schwierig damals. Schon die Anreise, die ersten 200 Meter Fels an der Grenze des Machbaren ...«

»Sicher, auf der Schulter lag viel mehr Schnee als heute…
und Toni hat Eisgehen können. Er hat auch seine Eishaken
selbst geschmiedet. Und als Holzhacker hatte er ganz andere
Kräfte als diese Bergsteiger aus der Stadt.«

»Sicher, ja, und Toni war sehr geschickt.«

»Ruhig und geschickt. Ich bin mit vielen Bergsteigern gegangen, keiner war so gut wie er.«

»Er hat ja auch den Jirishanca in Südamerika erstbestiegen, ein ganz schwieriger Berg…«

»Der Jirishanca! Ja, das war zu meiner Zeit.«

»Hat er Postkarten, hat er einen Brief aus Peru geschrieben?«

»Ja, er hat geschrieben. Wo habe ich die Briefe wohl hin-
getan?…ich muss diese Post suchen. Aber vom Cerro Torre
habe ich nichts bekommen, sonderbar, nur vom Jirishanca.
Noch etwas: Nach dem Jirishanca wäre er liebend gerne drü-
bengeblieben…wenn seine Mutter nicht gelebt hätte, wäre
er in den Anden geblieben. Wir beide haben uns wahnsinnig
gut verstanden. Er hat mir schon nach der Jirishanca-Expe-
dition von seiner Sehnsucht erzählt.«

»Hat es ihm in Peru so gut gefallen?«

»Er war ein Naturmensch, war auch Hirte gewesen. Er sei
nur wegen seiner Mutter heimgekommen, hat er zu mir gesagt. Meine Freundschaft habe ich ihm ja nie so gezeigt. Er
hätte lieber drüben gelebt. Die Leute im Hauptlager wollten
ihn irgendwie verkuppeln. Toni war zuallererst Bergsteiger
und dann Bergmensch. Erst als er dann Maestri in Buenos
Aires bei den Zwillingsbrüdern getroffen hat.«

»Bei wem?«

»Maestri ist etwas früher rübergefahren, und Toni ist nach-
gekommen…Maestri war ja schon ein Jahr vorher am Cerro
Torre gewesen…mit den Zwillingen…«

»Ja richtig, mit den beiden Detassis…Bruno und Catullo.
Die beiden haben aber nichts mehr mit der zweiten Torre-
Expedition zu tun.«

»Mit dem Telefongespräch, das Toni von Lienz aus mit Maestri geführt hat, haben sie ausgemacht, wo sie sich in Buenos Aires treffen.«

»Wo ist Toni weggeflogen?«

»Geflogen sind sie nicht... die Post und die Flugzeuge haben damals gestreikt, ich habe es selbst gesehen. Die sind auf einen Laster gestiegen und gefahren. Bis runter zum Cerro Torre. Bei der Frau Egger, bei der Mutter, hab ich Fotos gesehen.«

»Ja schon, in Argentinien. Aber wie ist Toni nach Buenos Aires gekommen?«

»Das weiß ich nicht.«

»Von Buenos Aires jedenfalls sind sie dann mit dem Lastauto weitergefahren.«

»Ich habe später zwei Fotos gesehen, und seither ist da ein ungutes Gefühl.« Lore greift sich an die Brust: »Da sitzt Toni abseits, eine Stimmung, einen Gesichtsausdruck, den ich nie an ihm gekannt habe.«

»Vielleicht weil er weit weg war... Heimweh vielleicht?«

»Dazu das Telefongespräch, das alles hat mir nicht gefallen. Und dieser Schwadroneur, dieser Fava.«

»Dein Gefühl, dass da die Begeisterung gefehlt hat...«

»Ja, die Einstellung... Trotzdem, mir bleibt der Trost, dass sie oben waren... Vielleicht wollte Maestri nur nicht, dass Toni als Erster oben ist.«

»Nein, das glaube ich nicht. Ob Toni oder Cesare zuerst am Gipfel steht, spielt keine Rolle. Sie waren eine Seilschaft. Keiner hätte da oben allein rumklettern können, das geht nicht, die Wand ist von Anfang an viel zu schwierig: Wer weiß, wie hoch sie gekommen sind.«

»Am Jirishanca in den Anden war Toni mit einem Kärntner. Es gab auch Schwierigkeiten. Auf der Gipfelkuppe war sehr viel Eis, Toni musste die Wechte durchbohren. Toni war ein praktischer Mensch, ein Bergsteiger und Naturmensch durch und durch.«

»Richtig, viele Bergsteiger, die aus den Städten kommen, können gut klettern, sonst nicht viel.«

»Toni hat mir auch erzählt, wie der Gipfelerfolg in den Anden zustande gekommen ist. Sie haben ja eine Überschreitung gemacht. Über die Ostseite hinunter.«

»Das weiß ich gar nicht. Hat Toni darüber geschrieben?«

»Wenn, muss die Schwester die Unterlagen haben, Stefi, es lebt ja nur noch die Stefi … Sie war Kellnerin, hat den Toni gern gehabt. Die beiden haben sich gut verstanden …«

»Seine jüngere Schwester?«

»Ja.«

»Hat Toni einen Bruder gehabt?«

»Ja, der war älter, hat nach dem Unfall – Toni hatte ja zwei Versicherungen abgeschlossen – ein Transportunternehmen angefangen.«

»Hat Toni auch für den Jirishanca eine Versicherung abgeschlossen?«

»Weiß ich nicht. Für die Expedition am Cerro Torre jedenfalls hat er zwei Versicherungen abgeschlossen. Das kann ich bestätigen.«

»Und wen begünstigt?«

»Keine Ahnung. Aber die Schwester hat ein Haus gebaut.«

»Mit der Versicherungssumme?«

»Keine Ahnung, ich weiß es nicht. Sie hat in Debant ein Haus gebaut, und Hans hat später sein Haus umgebaut. Beide waren brave Leute. Auch Toni war sparsam, keiner hat gewusst, dass er Geld hat.«

»Er wird es gebraucht haben. Für die Expeditionen.«

»Sicher: die Türkei-Expedition, Peru, Cerro Torre …«

»Wo war er noch?«

»Die erste Reise in die Osttürkei … ich habe vergessen, wohin und mit wem … ich habe ihm aber die Dias eingerahmt für den Vortrag, und er hat mir mit Begeisterung davon erzählt …«

»Hat er viele Vorträge gehalten?«

»Ja, der erste war in Vintl im Pustertal, der zweite in Bozen. Ich bin selber mit nach Südtirol gefahren. Oft hat er auch in Lienz gesprochen.«

»Jirishanca-Vorträge?«

»Könnte ich nicht mehr sagen.«

»Hat er auch als Bergführer mit Kunden genug Geld verdient.«

»Nicht so viel.«

»War er lieber privat unterwegs?«

»Er hat sich nie wichtiggetan, ist gern klettern gegangen, allein, mit Partnern oder Kunden. Er hatte was Angenehmes an sich, war nicht unintelligent und hat gut Italienisch gesprochen.«

»War er herzlich, gütig, hat er aufgepasst auf andere?«

»Ich bin überglücklich, dass ich ihn kennengelernt habe. Zu mir war er immer gut. Nur, die Leute auf dem Lastwagen in Patagonien passten nicht zu ihm.«

Toni Egger, der die Solleder-Führe in der Civetta-Nordwestwand allein – in viereinhalb Stunden! – geklettert, den Bonatti-Pfeiler an der Petit Dru wiederholt und das »Matterhorn der Anden« erstbestiegen hat, war ohne Zweifel der richtige Mann für die Eroberung des Cerro Torre. Vom 26. bis 28. September 1958 gelingt ihm und Erich Abram die fünfte Durchsteigung der Zinnen-Direttissima. Es ist die letzte Begehung in diesem Jahr. Die Kälte macht den beiden zu schaffen und die Tage sind kurz. Bevor es dann zum Cerro Torre geht, wiederholt Egger die Rotwand-Direttissima, auch sie von Brandler und Hasse 1958 erstbegangen und Hermann Buhl gewidmet, der ein Jahr zuvor an der Chogolisa im Karakorum umgekommen ist. Toni Egger ist dabei, seiner Spur jenseits des bis dahin Möglichen zu folgen.

8 Gipfel oder Tod –
Die zweite Expedition

Cerro Torre von Osten und dahinter das Inlandeis

»Für mich gibt es
weder Bedenken noch
Kompromisse.
Entweder bezwinge
ich diesen Berg,
oder ich lasse mein
Leben in seinen
Wänden.«

Cesare Maestri

»Als ob ich den Tod
betrogen hätte.«

*Cesare Maestri
(beim Gipfelgang 1959)*

Die Ostwand aus der Froschperspektive (oben),
Ost- und Nordwand (rechts)

»Maestris Zorn, sein Ekel begann auf dem Gipfel des Cerro Torre, der doch das Ziel aller seiner Träume gewesen war. Er hatte gesiegt, und doch war er unglücklich. Warum? Weil er die große und seltene Gabe besitzt, sich hin und wieder demütigen zu können.«

Dino Buzzati

Maestris Hammer
mit Meißel

»Im darauffolgenden Jahr (1959), als Mauri und ich gerade wieder mit allem Nötigen aufbrechen wollten, um die Kletterei am Cerro Torre weiterzuführen, erfuhren wir aus einer Zeitung, dass uns Maestri und Egger zuvorgekommen waren. Egger kam beim Abstieg ums Leben. Der Überlebende kehrte dagegen einige Jahre später an den Cerro Torre zurück, um, ich weiß nicht was, zu beweisen. Aber er fand nichts Besseres, als sich bis zum Gipfel mit einem Kompressor durchzubohren und so Bohrhaken anzubringen. Es ist eine wahre Sünde, dass man vor der Eroberung dieses Berges, der vielleicht das Symbol der Reinheit schlechthin darstellte, so wenig Respekt hatte.«

Walter Bonatti

Toni Egger

»Was 1959 am Cerro Torre möglich war, haben Egger und Maestri getan. Der Granit ist hart, das Wetter meist schlecht, die Dimensionen des Berges übertreffen all unsere Vorstellungen. Sie haben den Aufstieg wenigstens versucht. Allein dieser Versuch verdient unsere Anerkennung.«

Reinhold Messner

Abschied in Trient. Cesare Maestri ist mit wenigen Freunden am Bahnhof. Sie sehen, wie er sich zusammenreißt, um nicht in Tränen auszubrechen. Weiß er doch genau, wie groß, schwierig und gefährlich sein Cerro Torre ist. Wird er zurückkehren? Seine Nerven sind aufs Äußerste gespannt, sein Mund ist trocken. Vor seinem geistigen Auge steht nebelhaft der Gipfel jenes Torre, von dem er vielleicht nie mehr zurückkehren wird. Er denkt jetzt in der Einzahl. Als ob er im fernen Patagonien im Alleingang klettern würde. Auch zu zweit ist der Einsatz hoch. Ist er zu hoch? Diese Art Vabanquespiel – entweder den Gipfel zu erreichen oder sein Leben zu lassen – hat mit Kletterkunst und Leidenschaft wenig zu tun. Sogar beim heroischen Bergsteigen der Dreißigerjahre spielten solche Heldenposen kaum eine Rolle. Maestris Motivation aber ist nicht nur von Ehrgeiz und Kreativität getragen, sie setzt sich aus Stolz, Eitelkeit, Misstrauen und Rechthaberei zusammen. Sie ist nicht zuallererst Neugierde. Deshalb sollte es niemand wagen, ihm am Cerro Torre zuvorzukommen; es ist sein Berg, sein Ziel. Ist es auch allein seine Sache, sein Leben aufs Spiel zu setzen? Solange er allein ist, vielleicht. Aber mit Partnern? Maestri aber will nicht nur im Recht sein, er will beweisen, dass es kein »Unmöglich« gibt. Ohne dabei den Berg selbst als etwas Unberechenbares zu respektieren. Er will ein Mann sein, die Welt unter ihm mit seinem Tun ganz oben beherrschen. Nichts als italienischer Machismo also!

Zehn Stunden Bahnfahrt sind es nach Rom, 30 Stunden lang sitzt er im Flugzeug nach Buenos Aires. Viel Zeit, das Für und Wider abzuwägen, nachzudenken über den Sinn seines Einsatzes: Wie viel Mühe, welchen Aufwand hat allein die Vorbereitung dieser Expedition gekostet! Dazu das Training. All die Quälerei! Nicht einmal das Klettern machte Maestri dabei glücklich. Sogar die wunderbaren Gipfel der Dolomiten ließen ihn kalt. Jetzt geht es aber um etwas anderes als Spaß, Kletterkunst oder einen neuen Weg. Es geht um viel mehr als um einen Berg, es geht um Sein oder Nichtsein. Auch um kalte Berechnung. Um zum Berg seiner Sehnsucht zurückzukönnen, hat Maestri ein Jahr lang gespart, um Geld gebettelt, alles verkauft, was es zu veräußern gab, und zusätzlich ein Darlehen aufnehmen müssen. Trotz alledem hat er sein geliebtes Auto verkaufen müssen. Alles nur um sich seinem Berg noch einmal stellen zu können, den Gefahren dort, dem Leiden. Alles nur, um dabei noch umzukommen? Ziemlich verrückt, das Ganze.

Nur weil Claudio Baldessaris Ausreiseerlaubnis widerrufen wird, nimmt Maestri im letzten Augenblick Toni Egger in die Expeditionsmannschaft. Beide wissen, dass sie am Cerro Torre zu zweit allein sein werden. Denn alle Konkurrenten sind aus dem Spiel, und die Argentinier sind zu unerfahren, um mitklettern zu können. Maestri ist zu allem entschlossen. Es ist seine letzte Chance. Auch Egger glaubt, dass der Cerro Torre bezwingbar ist. Toni wird also in einem Monat nachkommen. Sie werden beim Gipfelgang zu zweit sein: die bestmögliche Seilschaft am schwierigsten Berg der Erde! Diesmal werden keine Rivalen aufkreuzen, betet Maestri sich vor: Bonatti und Mauri haben verzichtet; Couzy ist tot, und die Franzosen haben ihre Expedition ja abgesagt.

In Buenos Aires, dieser gewaltigen Stadt, die Maestri nur wenige Monate zuvor beschämt und niedergeschlagen verlassen hat, umarmt er zuerst seinen Kompagnon Fava wieder. Dann lernt er die vier jungen Burschen kennen, die ihm zum Torre begleiten sollen: Juan Pedro Spikerman, Geologiestudent; Gianni Dalbagni, Ingenieurstudent; Angelo Vincitorio,

Medizinstudent; und Augusto Dalbagni, Chemiestudent. Zuerst aber gilt es einzukaufen: Proviant, allerlei Lebensmittel, Holz für die Expeditionskisten; Eishaken müssen angefertigt werden. Maestri wohnt in Favas Haus, und Cesarino fährt ihn in seinem kleinen Fiat 500, der sich im Verkehrschaos der Großstadt glänzend bewährt, herum. Wochen später reisen Maetsri und Egger auf einem Lastwagen nach Patagonien. Über eine Distanz von 3000 Kilometern geht die Reise zum Cerro Torre. Sieben Tage lang. Mit fünf weiteren Personen und 1000 Kilogramm Expeditionsgepäck, Material für sechs Wochen Überleben in der Wildnis. Dieser Transport – eine einzige Qual – bringt die Expedition zuerst zur Estancia Santa Margarita. Dann geht es weiter bis zum Río de las Vueltas, wo eine Schwebebahn installiert wird, um die Ausrüstung über den Fluss zu schaffen. Von seinem Ufer bis zum Río Fitz Roy transportiert wieder ein Lastwagen das Expeditionsmaterial, und von dort schaffen es Pferde zur Estancia Fitz Roy. Cesare Maestri ist glücklich und stolz, es geschafft zu haben. »Bis hierher«, schreibt er, »hätten uns die verschiedensten Missgeschicke aufhalten können: ein durchlöcherter Pneu, ein nicht zu bewältigender Flussübergang, das Fehlen von Bargeld. Aber von diesem Gehöft weg kann uns nur noch die freiwillige Aufgabe des Unternehmens von der Ersteigung des Torre abhalten. Die noch zu erwartenden Beschwerlichkeiten haben keine Bedeutung mehr.« Sonderbar, nie sorgt sich Maestri um unüberwindliche Schwierigkeiten am Torre. Als wären solche nicht der Rede wert.

Am Silvestertag 1958 begibt sich die Expedition mit fünf bepackten Pferden zur Laguna Torre. Am alten Lagerplatz herrscht Trostlosigkeit: Das Blockhaus von 1957 ist eingestürzt, der Müll in alle vier Winde verteilt. Nur die Landschaft ist unverändert. Wundervoll steht der Cerro Torre über allem. Zelte werden errichtet, Feuer wird entfacht. Das Lager steht diesmal in einem Wald aus Krüppelbäumen. Bald ist das Blockhaus als Lagerraum wieder aufgebaut. Und zwischen

Estancia Madsen und Laguna wird ein Pendelverkehr mit Pferden eingerichtet. Dieser bleibt bestehen, bis alles Material ins Basislager geschafft und das Lager vollständig ausgebaut ist. Jetzt können die ersten Vorstöße bis zur Moräne, teils mit Pferden, beginnen. An einem großen Stein unter dem Mocho, einem vorgelagerten klotzartigem Berg, steht am 3. Januar 1959 Lager II, wo Fava und Maestri als Vorhut zurückbleiben. Toni Egger ist wegen einer Fußentzündung im Basislager geblieben. Und schon am 4. Januar stehen Fava und Maestri an dem Platz, wo sie Lager III errichten wollen, 1650 Meter hoch und nur 200 Meter vom Wandfuß des Torre entfernt. Maestri sieht in der Südostkante des Berges eine mögliche Aufstiegslinie. Die Gipfelwand aber ist unmöglich. Also hält er auf die große Schlucht zu – eine Verschneidung links davon, die auf einen Hängegletscher und weiter nach rechts in die Scharte zwischen Cerro Torre und kleineren Nebelgipfeln führt. Dieser Weg scheint von unten begehbar. Aus der Froschperspektive erscheint diese Route geneigt, der Fels gegliedert. Dieser Weg schlüsselt sich, von unten gesehen, bis zum Gipfel des Torre auf. Auch scheint diese Seite vom Wind geschützt zu sein.

Froh, eine Möglichkeit entdeckt zu haben, den Cerro Torre zu knacken, wartet Cesare Maestri am Wandfuß auf Toni Egger, dem es nicht gut geht. Er kann nicht problemlos auftreten, klettern schon gar nicht. Ansonsten scheint Maestris Expedition ideal besetzt: vier junge Studenten, die Trägerdienste leisten; Fava, der ihnen vorsteht; Egger, der Eisspezialist, der leider an einem Furunkel laboriert, ausgerechnet am Fuß, dem wichtigsten Kletterinstrument der Extremen. Alle sieben erfüllen ihre Aufgaben sonst so gut sie können. Fava ist wegen seiner Amputationen zwar behindert, zugleich aber das ideale Verbindungsglied zwischen den Studenten und der Seilschaft Maestri / Egger. Ohne seinen zweiten Mann aber kommt Maestri nicht weiter, er wird ungeduldig.

Am 8. Januar wird auf einem Schneerücken am Wandfuß eine Schneehöhle gegraben: Lager III. Sechs Stunden lang arbeiten Fava und Maestri. Sie höhlen den Hang aus, eine Doppelgrotte mit rechtwinklig gebrochenem Zugang entsteht, die Tür im Windschatten. Eingang gegen Südosten. Eine der beiden Höhlen dient als Küche, die zweite als Schlafraum, wo zusätzlich ein Zelt aufgestellt wird.

Endlich ist Toni Egger gesund und kann zu den anderen aufschließen. Er bleibt mit Maestri und Fava im »Adlerhorst« am Fuße des Torre. Zu dritt wird am 12. Januar ein erstes senkrechtes Stück der Verschneidung am Beginn der Ostwand des Torre mit fixen Seilen ausgestattet. Egger ist auf der Höhe der Aufgabe. Das zwölf Millimeter dicke Hanfseil, an Haken festgemacht, wird in der Wand belassen. Diese erste Verschneidung aber ist nach oben hin überhängend und nass, sodass Maestri an einem weiteren Tag nur 30 Meter in ihr höherkommt. Am Abend steigen die drei längs der fixen Seile ab. Sie sehen aus wie Arbeiter, die nach getanem Tagwerk in ihre Baracke, hier eine Eishöhle, zurückkehren. Drinnen wird gerastet, gekocht, gegessen und geschlafen. Draußen erstreckt sich eine unermessliche Fels- und Eiswüste, horizontal und vertikal ausgebildet.

Am anderen Tag – es muss nachts sehr kalt gewesen sein – sind die fixen Seile an der Wand festgefroren. An speziellen Klemmknoten gesichert, Prusikknoten genannt, steigen die drei an den Verankerungen vom Vortag hoch. Mit schweren Rucksäcken ist die Kletterei schwierig, denn der Fels bleibt unter der Eisschicht versteckt und rutschig. Am Ende der Fixseile steigt wieder Maestri vor. Fava ist inzwischen zurück ins Lager gegangen. Egger sichert den Seilersten.

Jeder Meter der Wand ist äußerst schwierig, das Gelände oft überhängend und glatt. Viele Holzkeile, Normalhaken und Expansionshaken müssen eingesetzt werden. Maestri kommt an diesem Vormittag wieder nur eine Seillänge, also 40 Meter weit, voran: Einem Quergang folgt zunächst ein

Dachüberhang, dann noch ein längerer Überhang und schließlich eine mit Eis gefüllte Nische. Maestri klettert technisch, mit künstlichen Hilfsmitteln, also auch an Expansionshaken. Das Ganze ist eine ungemein kraftraubende und langwierige Arbeit. Maestri: »Mit dem Meißel schlage ich ein kleines Loch in den harten Granit. Um zweieinhalb Zentimeter auszumeißeln, benötige ich 35 bis 40 Minuten.« Etwa 500 Hammerschläge auf den kleinen Handmeißelkopf sind notwendig, um den Bohrhaken ansetzen zu können. In die Bohrung, zwei Fingerbreit tief und sieben Millimeter breit, wird ein kleiner Vierkanthaken von etwa sechs Millimeter Durchmesser getrieben, der sich mit den Kanten am Fels festbeißt. An die Haken gebunden, kann Maestri zweihändig arbeiten. Dann werden die Seile und das Material nachgezogen: Mit Krämpfen in den Armen, die Hände zerschunden, arbeiten die Männer bis zum Abend weiter. Dann seilt sich einer ab und fixiert gleichzeitig das Hanfseil an verbliebenen Haken. Der Aufstieg bis zum obersten Materialdepot soll so später ohne große Schwierigkeiten zu schaffen sein. Am Abend gilt es längs der fixen Seile bis zum Wandfuß abzusteigen. Wieder und wieder. Am Einstieg zurück, beziehen die Kletterer ihre Eishöhle, wo sie von Fava verwöhnt werden. Mitte Januar endlich sind 300 Meter Wand, ein Sechstel nur, überwunden und mit fixen Seilen für den Wiederaufstieg präpariert. Als Depot bleibt auf einer kleinen Terrasse unter dem Eisfeld ein Großteil der Kletterausrüstung zurück.

Maestri ist völlig ausgelaugt. Nach eigenen Aussagen ist er jetzt schon mit seinen Kräften am Ende. Das Schneefeld aber und der Weiterweg über ein Verschneidungssystem bis in die Scharte unter der Gipfelwand scheinen, von unten, nicht allzu schwierig zu sein. Das ist zu schaffen, denkt Maestri, während er mit Egger vom höchsten Depot absteigt. Von Kälteschauern geschüttelt, ohne etwas zu essen, kriecht Maestri sofort in den Schlafsack. Er ist erschöpft und fiebert. Ahnt er jetzt, dass seine Expedition scheitern muss? In dieser

Nacht fängt es an zu schneien, und es stürmt Tage lang, ohne Unterlass. Solche Winde, Nebel und Schneefälle lassen Hoffnungslosigkeit aufkommen. Die großen Träume werden unterbrochen von Angst. Wie Felspartien von Nebelfetzen. Maestri: »Wie oft habe ich von diesem Gipfel geträumt! Wie oft haben wir beide von ihm geträumt, in unseren Briefen, in den Hütten der Dolomiten, in den kalten Biwaks des vergangenen Jahres!« Glaubt er immer noch, den Nordsattel erreichen zu können, den Torre zu bezwingen? Sicher, Bergsteiger sind Optimisten, sonst würden sie gar nicht erst zu ihren Expeditionen aufbrechen. Maestri ist zudem im Zugzwang. Er hat seinen »Sieg« am Torre ja angekündigt wie eine Prophezeiung. Vom Sattel, weiß er, sind es nur 600 Höhenmeter bis zum Gipfel, und von unten gesehen wirkt das Gelände dort geneigt. Von der Schulter bis zum Gipfel ist nur Eis. Maestri ist sich nicht sicher, aber er redet sich ein, mit Toni Egger, dem Eisspezialisten, dort eine Chance zu haben. Ob auch Toni daran glaubt? Dieser hat den Cerro Torre nicht oft zu Gesicht bekommen, und er weiß inzwischen, dass ihnen vor allem Sturm und schlechtes Wetter einen Strich durch die Rechnung machen können. Die Schwierigkeiten im Eis wie im Fels sind weit höher als erwartet. Dagegen helfen all die in die Zukunft geschmiedeten Pläne wenig. Oder gar nichts.

Weil vorerst keine Aussicht auf besseres Wetter besteht, steigen alle ins Basislager ab. Dann weiter, bis zur Estancia Madsen ins Grüne. Hier nur, zwischen Wiesen, Wäldern und Flüssen, ist das Dasein Leben. Oben war alles tot. Sie wollen sich erholen, wohnen im Schuppen, der für die Schafschur gebaut ist, essen ausgiebig: gesottenes Schaffleisch am Morgen, gebratenes Schaffleisch zu Mittag und abends Schaffleisch als Schmorbraten. Schaffett nährt die Lampe am Abend. Nachts liegen sie auf Schafwolle. Über den Torre aber jagen mit dem Sturm immerzu graue, schaffellfarbene Wolken. Immerzu.

Am 24. Januar – die Sonne ist wieder da! – steigen alle zum Lager I auf. Anderntags im Lager II ist es so warm, dass sie am liebsten ein Sonnenbad nähmen. Nur, sie dürfen sich die Haut nicht verbrennen, keiner darf jetzt krank werden. Die Berge um sie herum sind voller Schnee, der Torre eine weiße Säule, wundervoll weiß. Am Nachmittag schon folgt der Aufstieg ins Lager III. Maestri: »Jetzt oder nie!«

Cesare wirkt melancholisch: »Die Jungen schauen uns an, als ob sie uns … zum letzten Male sehen würden. Wir umarmen uns, und gemächlich nehmen wir den Weg über die Hänge zum Lager III unter die Füße. Langsam und bedächtig steigen wir dem Torre entgegen, während uns die jungen Helfer bedrückt und traurig nachwinken.« Weil das Wetter noch unbeständig ist, graben Cesarino, Toni und Cesare am Fuß des Torre nach Eishaken, die sie in einer künstlichen Eishöhle deponiert haben. Sie graben einen Stollen und noch einen und stoßen erst am Abend auf das Hakendepot. So viel Neuschnee! Alles ist so unendlich tief und groß hier oben: die Entfernungen, die Wände, die Schneemassen! Umgekehrt gehen jetzt Zeit und Vorräte rasch zu Ende. Sie haben nur noch Lebensmittel für zwei bis drei Wochen. Kein Grund zu überstürztem Handeln, aber zögern dürfen sie auch nicht mehr.

Ob der viele Schnee in der Wand von Vorteil ist? Vielleicht beim Aufstieg? Für Maestri steht jedenfalls fest: Morgen schon soll der entscheidende Angriff auf den Torre gestartet werden. Cesare gebärdet sich jetzt wie sein Namensgeber: »Wenn ihr glaubt, dass dieser Berg nicht zu besteigen sei, dann lasst mich hier allein, allein bis zu dem Augenblick, in dem ich gesiegt oder endgültig verloren habe.« Weder Angst noch Mut scheinen ihn zu bewegen. Nur der Gedanke an den Sieg treibt ihn an! Alles andere wird ausgeklammert. Maestri: »Morgen steige ich auf den Torre! Da ist gar nichts Besonderes dabei. Und bald werde ich auf dem Torre stehen!«

28. Januar. Der große Augenblick ist also gekommen: Im Leben Maestris gibt es jetzt nichts anderes mehr als das

Bemühen, endlich das gesteckte Ziel zu erreichen. Es sind die Momente, in denen der Wille zur Tat an die Stelle der bloßen Hoffnung tritt. Und was wird, wenn es nicht gelingen sollte? »Wenn ich nicht wiederkehren werde, so sagt den Leuten, dass ich dort oben auf dem Torre den ›Sinn meines Lebens‹ gesucht habe.« Griechisches Heldentum!

Erster Bericht von der Maestri-Expedition, 1959

Zu dritt, erzählt Cesare Maestri in einem ersten Bericht für das *Bollettino* der Societá Alpinisti Tridentini, erschienen in der März/April-Nummer 1959, erreichen sie nach nur elf Stunden die schmale Scharte unter der Gipfelwand, die sie »Colle della Conquista« taufen. Fava seilt allein ab, Maestri und Egger steigen nach einem ersten Biwak aus der Scharte geradeaus gipfelwärts. Über schneebeschichtete Granitplatten. Ihre Kletterausrüstung: 200 Meter Perlonseil; 40 Eishaken; 50 Felshaken; 100 Bohrhaken; Holzkeile und Reepschnüre. Dazu Proviant für vier Tage und die komplette Biwakausrüstung: eine Menge Material! Egger führt, Maestri versucht als Seilzweiter schnell zu sein. Es gilt, Zeit zu sparen. So, erzählt Maestri, erreichen sie nach 300 Metern Wandhöhe stabiles Eis, wo die Haken besser halten. Sie graben eine Höhle, biwakieren ein zweites Mal, klettern anderntags in abwechselnder Führung weiter. Am Abend sind sie auf einer Flachstelle, 250 Meter unter dem Gipfel. Wieder Biwak in einer Eishöhle. Das Wetter ist schlecht, und es ist warm. Trotzdem klettern sie am Morgen weiter. Es geht um alles!

Am 31. Januar 1959, nachmittags um drei Uhr, erinnert sich Maestri, sind sie am Gipfel. Gesichert an den Eispickeln, die sie in den Schnee gerammt haben, fotografieren sie die fünf Wimpel, die im Wind flattern: den italienischen, den österreichischen, den argentinischen, den der Stadt Trient und die Flamme der Societá Alpinisti Tridentini. Sie bleiben nur kurz, um dann, wie auf der Flucht, abzusteigen. Den Tod im Nacken, eilen sie abwärts, erleben dabei Angst, Orientierungslosigkeit und Wut. Sie können im Sturm, der die Eisschicht vom Fels gerissen hat, nicht direkt in die Scharte hinab. Der »Colle della Conquista« ist bei diesem Unwetter die Hölle. Sie müssen in den Windschatten ausweichen, nach Osten hin abseilen. Ist es möglich, direkt auf die Rampe unter die mächtigen Überhängen zu kommen? Die Fläche, die von einer riesigen Verschneidungswand gebildet wird, die den rechten Teil der Ostwand markiert, ist glatt und senkrecht. Wie mit dem Messer geschnitten die Kante zwischen Nordwand und Ostwand. Unmöglich! Wo also hinab?

Am Abend, sie sind noch 100 Meter über den Fixseilen, versucht Maestri am rechten Rand des markanten Eisfeldes ein Loch in den Firn zu graben, an einer Stelle, die Toni Egger aber nicht sicher erscheint. Toni will weiter unten nach einem besseren Biwakplatz suchen oder besser ganz hinab. Maestri lässt ihn am Seil ab. Dabei geschieht das Unglück: Vom Gipfelfelsen muss sich ein großes Eisstück gelöst haben, es fällt, der Lärm ist ohrenbetäubend. Dann wird es dunkel. Cesare schreit, um Toni zu warnen … Egger, 20 Meter unter Maestri am Seil hängend, wird von der Eislawine erfasst und verschwindet. Maestri – an die Wand gekauert – spürt nur, dass er ein leeres Seilende in seinen Händen hält. Ist Egger, vielleicht von einem Eisstück am Kopf getroffen, vom Druck mitgerissen worden, tot? Das Seilende ist ganz leicht, ja, Toni fehlt. Ängstlich, leise, so als ob Toni neben ihm stünde, ruft Cesare »Toni!« in die Stille der Nacht. Niemand antwortet. Maestri hört nur das Heulen des Windes und das Getöse niedergehender Schneerutsche. Jetzt merkt er, dass auch sein Rucksack fehlt. Alles ist von der Wucht der Lawine in die Tiefe gerissen worden. Maestri besitzt nur noch sein nacktes Leben. Weder Kletterzeug noch Biwakausrüstung sind ihm geblieben. Zusammengekauert verbringt er an der Stelle, wo er Egger verloren hat, eine fürchterliche Nacht. Hunger hat er nicht, aber Durst quält ihn, und er friert bis ins Innerste seines Wesens. Auch weil er allein geblieben ist. Da ist kein Trost. Er kann nicht einmal mehr weinen! Kein Zweifel. Cesare Maestri: »Nicht du, sondern ich hätte sterben sollen. Ich, der ich frevlerisch mein Leben aufs Spiel gesetzt habe. Aber morgen schon werde ich bei dir sein, denn es ist ausgeschlossen, dass ich heil aus dieser Hölle herauskomme. Sicher wird auch mich der Tod am Rücken fassen, wie er es bei dir getan hat.« Am Morgen kommt mit dem Licht Maestris Überlebenswille zurück. Er kann sich nicht aufgeben. Selbst wenn er wollte. Er wird die Zähne zusammenbeißen und weiter absteigen. Er muss weitermachen, bis er erschöpft aus den Seilen fällt oder eine Lawine ihn mitreißt. Es verbleiben ihm 120 Meter Abstieg bis zum Depot. Er seilt sich am von der Lawine gekappten Seil ab. Ganz langsam. Bis zu den fixen Seilen. Lawinen sausen über das Schneefeld, Schneeblöcke springen über seinen Kopf hinweg in die Tiefe, der Schnee fällt in dichten Flocken. Verbissen seilt Maestri weiter ab. An den verbliebenen Seilstücken. Sein Lebenshunger hat ihn bis hierhin gerettet. Am Wandfuß, zehn Meter über dem Lawinenkegel, gleiten seine Füße ab, die Hände greifen ins Leere – ein Seilende in der Hand, die Augen weit aufgerissen, stürzt er. Maestri dreht sich und fällt mit einem dumpfen Aufprall in den wolkenverhangenen Himmel. Sein Mund ist voll Schnee, die Sinne schwinden …

Cesarino Fava, der seit fünf Tagen in der Eishöhle unmittelbar am Fuße der Ostwand wartet, sieht, als er ins Freie tritt, um in die unteren Lager abzusteigen, einen schwarzen Punkt am Einstieg. Ja, da liegt etwas im Schnee. Seit Tagen wartet er auf Maestri und Egger, die längst zurück sein müssten. Seine Sorge um die Kameraden ist längst einer dumpfen Hoffnungslosigkeit gewichen, und alles andere – die Familie, die Freunde – ist ausgeblendet. Die Ahnung, die beiden Kameraden hätten ihren Wagemut mit dem Leben bezahlt, ist Fakt geworden. Es ist der 3. Februar, und Fava ist endlich bereit, sich die Katastrophe einzugestehen. Weiter zu hoffen hat wenig Sinn. Es gilt, den Studenten, die weiter unten warten, die traurige Nachricht zu überbringen. Nur eins scheint Fava noch zu narren: dieser schwarze, unbewegliche Fleck am Wandfuß! Der dunkle Punkt gehört dort nicht hin. Oder ist alles nur Einbildung? Fava steigt auf, um nachzusehen. Das Dunkle ist eine Windjacke, darunter findet er einen halb toten Körper im Schnee. Fava legt den Mann frei und sieht, dass es Maestri ist. Von Egger keine Spur.

Ein gebrochener Mann liegt jetzt vor Fava.
»Toni, Toni?«, bringt Maestri hervor.
Mit gequälter Stimme fragt Fava: »Wo ist Toni?« »Toni ist gestürzt!« Das Alleinsein, das wie ein einziger Monolog aus ihm hinausbricht, nennt er jetzt »Toni«.
Maestri weiß, ohne es glauben zu wollen, dass auch sein Leben zu Ende geht. Fava reagiert schnell. Er gibt seinem Freund Aufputschmittel, zerrt den Bewusstlosen in die Eishöhle und versucht ihn wiederzubeleben. Mit allem, was er hat. Er übertreibt dabei die Dosierung der Medikamente, und Maestri fällt in tiefen Schlaf, Bewusstlosigkeit vielleicht. Später schleppt Fava den willenlosen Körper den Gletscher hinunter, lässt ihn liegen, eilt zu den Jungen, die ihn ins Lager unter dem großen Stein schaffen. Jetzt wissen es alle: Nur einer hat überlebt.

9 Maestris Trauma –
Der ferne Mythos des Cerro Torre

Torre – Phantom oder Gipfel?

Die Ost- und Nordwand des Cerro Torre, wo 1959 kein Weg war.
Die Kante links davon markiert die Route von 1970.

»Die freimütig und vorbehaltlos geschriebenen Seiten, die Maestri
dieser Tragödie gewidmet hat, werden als unvergängliche Dokumente
in die alpine Literatur eingehen.«

Dino Buzzati

Rechts vom großen Schneefeld der Südostgrat, wo Maestri 1970 hochgestiegen ist. Die Gipfelwand steckt im Nebel.

»Warum kehre ich überhaupt auf jenen Berg zurück?
Weil ich ein Mensch mit Grundsätzen bin.«

Cesare Maestri

Cesare Maestri

»Mit seiner Cerro-Torre-Besteigung 1970 erst löste Maestri bei mir
Zweifel aus an seiner unbeweisbaren ›Besteigung‹ mit Toni Egger.«

Reinhold Messner

Wie oft gehe ich im Herbst 1961 an dem Schaufenster vorbei, in dem Cesare Maestris Buch steht? *Arrampicare é il mio mestiere* (»Klettern ist mein Beruf«) ist der Titel, und Cesare, mein Held, ziert die Titelseite, ganz in Schwarz. Anfang der Sechzigerjahre, ich bin Oberschüler in Bozen, reicht mein Taschengeld gerade einmal für ein Extra im Monat: einen Karabiner, eine Wochenendtour im Rosengarten oder ein Buch. Nach ein paar Wochen des Zögerns entscheide ich mich dann doch für das Buch. Ich lese – in italienischer Sprache – von einem Mann, der es wagt zu leben, wie ich es nicht einmal zu träumen wage. Er hat das Klettern zu seinem Beruf gemacht, in den Dolomiten die schwierigsten Touren allein geklettert, einige davon auch im Abstieg, viele Erstbegehungen gemeistert, zuletzt in direkter Linie die Rotwand im Rosengarten, die ich von Bozen aus sehen kann. Die Bilder dazu – mit blutigen Fingern Bohrhaken setzend, im Überhang an Strickleitern baumelnd – und sein Charakter beflügeln meine Phantasie. Dazwischen die Kapitel über die beiden Expeditionen zum Cerro Torre, die irgendwie fremd klingen, wie eine Sage aus einer anderen Welt. Ich weiß, ich werde so oder so nie nach Patagonien reisen können, und überblättere diese Seiten zuerst. Mir imponiert Cesare Maestri, der Rebell, der bedingungslose Freikletterer, der allein und in nur acht Stunden durch die Civetta-Nordwestwand turnt, der Anarch, der sich von niemandem vorschreiben lässt, wo oder wie er zu klettern hat, der Mann, der das Klettern zu seiner Ausdrucksform gemacht hat: kurz, sein selbstbestimmtes Leben.

Civetta-
Nordwestwand

Maestris Eindruck auf mich hatte damals, 1961, nichts zu tun mit dem Cerro Torre, auch nicht mit dem Tod des Osttirolers Toni Egger, den ich zwar nicht so sehr bewunderte wie Hermann Buhl, aber dessen Namen ich kannte. Meine Begeisterung für Maestri hing zusammen mit Cesares Mut, das Klettern zu seinem Beruf zu machen. Nie und nimmer hätte ich damals den Mut gefunden, den Eltern, Brüdern, Lehrern und Mitschülern zu sagen: Das war's. Ich bin für immer weg, denn das Klettern ist mein Beruf. Obwohl genau dies mein intimster Wunsch gewesen wäre: auf und davon klettern, die Schule, das enge Tal, die kleinliche Provinz hinter mir lassen, tun, was ich immer schon tun wollte! Wie Cesare Maestri das Klettern zum Beruf machen! Maestris Buch gefiel mir, und zuletzt las ich deshalb auch die Kapitel über die Cerro-Torre-Expeditionen: Zeile für Zeile. Ich las über die Vorbereitungen, die umständliche Anreise, das ewige Auf und Ab beim Einrichten der Route und den Gipfelgang, den ich nicht nachvollziehen konnte. Zu weit weg, zu verwirrend, nicht meine Sache. Vor allem aber viel zu schwierig für mich. Nicht, dass ich Maestris Bericht in Zweifel gezogen hätte, nein, ich konnte ihm nicht folgen.

Der Aufbruch am 28. Januar 1959, in aller Stille, wie ein Ritual. In ihrer Eishöhle am Wandfuß wärmen Kerzen und Petrolöfen die Nacht. Die Rucksäcke stehen draußen im Schnee, ein letzter Blick – ob sie etwas vergessen haben? –, und sie brechen auf. Sie seilen sich an und steigen mit schweren Rucksäcken zum Fuß des Torre auf. Das Knirschen ihrer Schritte, die Schatten der Wolken im Morgengrauen und der geheimnisvolle Torre über allem beruhigen irgendwie. Schritte und Atem werden gleichmäßiger. Maestris Einstellung bei diesem Berg – »Kampf auf Gedeih und Verderb« – ist mir fremd. Dass er weder »Bedenken noch Kompromisse« kennt, kann ich nicht glauben. Maestri: »Entweder bezwinge ich diesen Berg, oder ich lasse mein Leben in seinen Wänden.« Viel zu viel Pathos und all diese Sprüche! Beides widerspricht meiner Lebenshaltung.

Anders Toni Egger. Er hat kein Trauma zu bewältigen und sich nichts zu beweisen. Er denkt anders als Maestri: Nie würde er sein Leben für einen Berg geben. Ob er den Cerro Torre für besteigbar hielt oder nicht, wissen wir nicht. Weil er aber den Angriff gewagt hat, nehme ich an, dass er an einen möglichen Aufstieg glaubte. Wenn er dabei auch »zu gefährlich« dachte, er wollte den Versuch wagen.

Am Wandfuß tauschen die drei ihre Rucksäcke. Maestri steigt mit einem leichteren Rucksack als Erster in die Wand ein. Fava folgt als Zweiter mit einem schweren Sack, und Egger bildet den Schluss der Seilschaft, ebenfalls schwer bepackt. Die drei gehen hintereinander, bis zum Beginn der Verschneidung also gleichzeitig. Dann steigt Cesare vor, sichert Cesarino und dieser Toni. Langsam nur kommen sie an den fixen Seilen höher. Nach drei Stunden eine erste Rast auf einer kleinen Terrasse am Ende der Verschneidung. Sie klettern von hier eine Seillänge weiter und steigen dann, das dreieckige Schneefeld querend, schräg nach rechts aufwärts. Toni wechselt jetzt an die Spitze der Seilschaft, Cesare bildet den Schluss. Oberhalb des Schneefelds folgen sie dem größten der Risse und kommen bei mittleren Schwierigkeiten gut voran. Der Tiefblick ist überwältigend, über ihnen hängen die erdrückenden Überhänge der Ostwand. Die gewaltige Verschneidung, die nach links hin verläuft, kommt als Weiterweg nicht infrage, also halten sie wie geplant auf den Sattel zwischen den beiden Eisgipfeln zu und steigen immer weiter nach rechts aufwärts. Sie lassen ein Fixseil hängen, es soll Cesarino den Abstieg erleichtern. Den anschließenden Quergang beschreibt Maestri als extrem schwierig. Zudem weht es jetzt immer mehr Schnee von oben herab, Schneestaub, der mit atemberaubender Geschwindigkeit über die Wand wirbelt. Oft ist nichts mehr zu sehen, und ich habe beim Lesen Mühe, dem geschilderten Horrortrip zu folgen. Wie sollte ich die Geschichte also anzweifeln.

Warum soll ich als Siebzehnjähriger Maestri nicht glauben? Er ist für mich immer noch der beste Felskletterer der Welt und der Cerro Torre auch nur ein Berg. Ich lese also weiter:

Endlich sind sie in der Einsattelung angekommen: im Rücken der Fitz Roy, vor sich die Nordwand, tief unten das Inlandeis. Ihre Welt scheint verbarrikadiert. Rechts steigen senkrechte Wände auf, glatt, ohne jede Ritze. Links der

Torre, beängstigend steil, hoch oben glänzt das Eis in der Abendsonne. Maestri: »Ich starre wie gebannt auf diese Wände, und es will mir scheinen, als ob der Tod in jeder Ritze, in jeder Rinne auf der Lauer liege.« Toni prüft derweil den Schnee, den der Wind an den Fels gepresst hat. Er werde halten, meint Egger. Cesare staunt. Cesarino schweigt.

In der Nordwand des Torre war nach Maestris Schilderung Eisklettern angesagt: an angewehtem Schnee, der am Fels festgefroren war, sodass man mit modernen Eisgeräten höher hätte steigen können. Dieses Gelände aber ist nichts für Fava, also muss er zurück. Gegen 15.00 Uhr beginnt Cesarino abzusteigen, zuerst an einem 200 Meter langen Seil von den anderen gesichert. Fava, obwohl Anfänger, seilt und steigt also allein über die ungeheuer exponierte Wand ab. Er hat Angst, stecken zu bleiben, das Doppelseil aber lässt sich nach jeder noch so prekären Situation abziehen, und am Abend, die Sonne trifft nur noch die Spitze des Fitz Roy, ist er unten – auf dem Gletscher – in Sicherheit. Eine unglaubliche Leistung! Selbst als Gesunder würde ich dort allein nicht abseilen wollen, als Fußamputierter schon gar nicht. Am anderen Tag – die Jungen sind im Lager II – sonnt sich Fava vor der Eishöhle und sieht immer wieder zum Torre hinauf. Maestri und Egger biwakieren jetzt oben in einer Eishöhle, und am Morgen erwacht in Maestri die ultimative Wut, sein »Drang nach Kampf und Sieg«. Sie knoten sich an ihr Seil – doppelt genommen, ist es 100 Meter lang –, beladen sich mit 25 Kilogramm schweren Rucksäcken, dazu zehn Trittleitern, 30 Fels- und dreimal so vielen Expansionshaken, 30 Eishaken, Holzkeilen, 30 Meter Reepschnur und steigen weiter. Wie kann einer, fragte ich mich, mit so viel Gewicht extrem klettern? Inzwischen hatte ich selbst einige große Felstouren hinter mir und wusste, dass schon der kleinste Rucksack die Kletterei hemmt. Am oberen Ende der Nordwestkante steigen Egger und Maestri in die Nordwand ein. Schwindelerregend steil fällt die Wand unter ihnen ab: gefrorener Schnee auf Platten, in Rinnen und Spalten. Er hält, und Toni steigt, den Schnee ausnützend, über weniger geneigte Platten, wobei jeder seiner Tritte an der Eiskruste einen dumpfen Klang abgibt. Zur Sicherung setzen sie regelmäßig Expansionshaken, eine harte Arbeit, denn jede Sicherungsstelle, je zwei kleine Löcher, in die sie winzige Haken setzen, kostet tausend Hammerschläge. »Kreuz und quer durch die Nordwand« kletternd, hängen sie nach zwölf Stunden unmittelbar unter den Eispilzen, die nach allen Seiten überhängen. Wieder Biwak. Über Eiswände, Wechten, die sie durchbohren, klettern sie am dritten Tag in abwechselnder Führung gipfelwärts. Nach 13 Stunden nervenaufreibender Kletterei beziehen sie auf einer letzten Terrasse am Fuße des Gipfelaufbaus ihr drittes Biwak. Sie sind wenige Meter vom Ziel entfernt.

Cesarino ist an diesem Morgen wieder zum Fuß des Torre aufgestiegen. Als er im Lager zurück ist, liegt ein Zettel in der Eishöhle. Die Jungen sind da gewesen! Er freut sich, sieht keinen Grund zur Sorge. Erst für den 31. Januar erwartet Fava das Gipfelteam zurück. Aber jetzt schlägt plötzlich das Wetter um, es schneit. Wolken jagen am finsteren Himmel dahin, Lawinen donnern von den Wänden. Fava weiß: Auch höher oben, unterm Gipfel, scheint jetzt keine Sonne mehr. Dort oben sind Wetterstürze viel schlimmer. Dicke Wolken und Windstöße lassen das Klettern am senkrechten Eis nicht nur heikel werden, es wird höllisch gefährlich. Deshalb lassen Maestri und Egger ihre Haken jetzt stecken.

Toni überklettert einen letzten Eisüberhang und schreit wie von Sinnen: »Ja, Cesare, der Gipfel!« Diesen einen Moment hat Maestri beschworen: in seinen Träumen, in vorauseilenden Gedanken, in vielen Gesprächen. Unzählige Male hat er geschworen, den Torre zu erobern, um alles auf der Welt, jetzt aber ist er oben und bleibt enttäuscht. Maestri quält dabei nicht die hypothetische Schuld, mit der Gipfelbesteigung ein letztes Geheimnis zerstört zu haben, er hat das

Unmögliche nie respektiert. Anders als der Entdecker Wilfred Thesiger, der beklagt, dass eine Welt, die »durch und durch erkundet ist, kein Betätigungsfeld mehr für den Abenteuerlustigen auf der Suche nach dem Unbekannten bietet«, ist Maestri nur ein Eroberer und Tabubrecher: ein zweifelhafter Sieger, der jetzt nur noch seinen Anspruch auf Aufmerksamkeit ins Tal retten will. Was uns hingegen am Berg damals antrieb, waren die Neugierde und das Wissen, es zuletzt geschafft zu haben.

Das Unbekannte wird heute vor allem durch das Verbreiten von Nachrichten im globalen Informationsnetzwerk durchdrungen. Es wird nicht mehr erkundet, sondern besetzt. Ausgerechnet damit hat Maestris Torre-Besteigung gar nichts zu tun. Kein Expeditionstagebuch im Netz, keine Satellitenkommunikation. Seine Eitelkeit nach dem »Gipfelsieg am Torre« ist also befriedigt, die Situation aber gespenstisch.

Die Wucht der Windstöße droht Egger und Maestri von jeder Kuppe des Torre zu reißen. Sie rammen die Eispickel in den Schnee, hocken verkrampft vor Angst im Westwind und wissen, dass ihre Posen lächerlich sind. Ob der Abstieg noch möglich ist? Für Maestri aber geht es am Torre um sein Gesicht, sein Bild in der Öffentlichkeit. Also muss er den Sieg ins Tal retten. Das gilt für Egger nicht. Er ist ausschließlich aus Begeisterung mitgekommen, weiß nichts von der fatalen Vorgeschichte, den Rivalitäten und Schwüren Maestris. Es ist, als habe Maestri einen so großen Berg von Idealen und Werten noch oben auf den Torre draufgepackt, dass er kaum noch davon herunterkommt. Eine schwierige Situation also. Maestri: »Wenn Toni die Entwicklung der Dinge vorausgesehen hätte, wäre er gar nicht erst in diese Wände eingestiegen. Ich dagegen schon, denn ich wollte den Torre um jeden Preis, also auch um den meines Lebens.« Das alles ist leicht gesagt, aber nicht lebbar. Es wäre gegen die eigene Natur. Maestri ist also ein Angeber oder ein Lügner? So etwas aber will ich über meinen Helden nicht denken. Hat er doch bewiesen, dass nicht Millionen nötig sind, um das Unmögliche zu schaffen, sondern nur der Wille dazu.

Wind und Wolken rasen über die Sieger beim Abstieg dahin, und plötzlich erkennt auch Maestri, dass kein Berg ein Menschenleben wert ist. Er hatte sich zwar in den Kopf gesetzt, dort durchzukommen, wo andere gescheitert sind, jetzt aber will er nur noch überleben. Warum aber fühlt sich Maestri beim Abstieg schon lächerlich? Warum überfällt ihn am Gipfel Ekel? Warum, frage ich mich, soll jetzt alles vergebens gewesen sein. Nur weil am Ende nichts bewiesen ist?

Zurück am dritten Biwakplatz, graben die beiden ›Gipfelsieger‹ den Eingang zur Eishöhle frei und verbringen die Nacht im Windschatten. Maestri, der mit Widerwillen und Wut aufgestiegen ist, steigt mit noch mehr Bitterkeit und Groll ab. Alles nur, weil ihn andere verletzt haben? Er hat in der Öffentlichkeit gereizt darauf reagiert, und jetzt sieht er den Zeitpunkt für die Rache gekommen. Maestri: »Hätte ich alle die Beleidigungen mit mehr Gelassenheit hingenommen und hätte ich mich nicht derart in meine Idee verrannt, so wäre ich nicht hier, oder ich befände mich jetzt in einer anderen Gemütsverfassung. Dann hätte ich mein Leben nicht schon vor der Abfahrt abgeschrieben, als hätte ich den Preis für den Torre im Voraus zu entrichten gehabt.« Maestri outet sich mit seiner Erzählung nicht nur als widersprüchlicher Denker, mehr noch als emotional verwirrter Mensch. Anders Fava. Der hat diesen Tag wartend am Einstieg verbracht. Auch er wartet auf seinen Sieg. Indem er auf seine Sieger wartet.

Das Abseilen ist schwierig und zeitraubend. Am 1. Februar müssen für jeden Abseiler zwei Expansionshaken in den Fels gesetzt werden. Lawinen gehen über die Verzweifelten nieder, die Wucht des Windes ist schier unerträglich. Dazu kommt die Furcht, von einem Schneerutsch erfasst zu werden. Das fünfte Biwak beziehen Maestri und Egger mitten in der Steilwand, etwas tiefer als das zweite während des Aufstiegs. Ihre Nerven, seit Tagen unter dauernder Anspannung, sind wie ihre Körper gemartert.

Am 2. Februar, einem finsteren Tag, verliert Fava am Wandfuß alle Hoffnung. Trotzdem will er noch einmal, ein letztes Mal, zum Einstieg aufsteigen. Er kann nicht anders. Aber es ist unmöglich: Viel zu viel Schnee! Es ist ihm nicht möglich, den Wandfuß zu erreichen. Die Nordwand nach Osten hin querend, steigen und gleiten Egger und Maestri derweil am Doppelseil ab, bis sie die Terrasse am Fuß der großen überhängenden Verschneidung erreichen. Nun sind sie endlich im Windschatten, können sich endlich wieder verständigen, ohne zu schreien. Am Abend, während Maestri am Biwakplatz die Löcher für die Expansionshaken meißelt, schaut Egger sich noch einmal um. Es ist bald 19.00 Uhr. Egger will weiter unten nach einem Biwakplatz suchen, vielleicht ein weiteres Biwak sogar vermeiden. Maestri will aber bleiben. Sein Platz ist nicht schlecht und mit drei Bohrhaken gesichert. Egger bittet Maestri, ihn ein Stück weit abzuseilen. Um sich weiter unten umsehen zu können. Maestri führt das Sicherungsseil dabei über die Schulter und lässt es zusätzlich durch einen Bremskarabiner gleiten. Alles läuft normal ab: »Toni macht sich zum Abgleiten bereit. Er fährt ab, die linke Körperseite gegen außen gewendet. Mit der Rechten hat er das Seil gefasst, um sich im Gleichgewicht zu halten.« Als Egger knapp 30 Meter weiter unten ist, ist plötzlich lautes Getöse in der Luft. Maestri: »Ich lehne mich hinaus und blicke nach oben, indem ich gleichzeitig das Durchgleiten des Seils bremse. Auch Toni muss etwas verspürt haben, denn einen Augenblick lang schaut auch er in die Höhe. Dann aber gleitet er langsam weiter ab, während ich gemessen Seil nachgebe. Ich kann den Blick nicht mehr von der unheilschwangeren Wolke lösen, die die Wand des Torre über uns verhüllt. Eine unerklärliche Beklemmung erfasst mich. Dann schießt, ungeheuer und völlig unerwartet, ein Berg von Schnee aus dem Gewölk heraus.«

»Achtung, Toni!«, schreit Maestri, blockiert das Seil und drückt sich an die Wand. Egger macht schnell noch einen vergeblichen Versuch aufzusteigen. Dann ist nichts mehr zu sehen, alle Sicht, alle Wahrnehmung weg. Maestri spürt einen starken Luftzug, dann fallende Schneemassen, hört dumpfes Grollen. Die Eisstücke, die ihn treffen, spürt er nicht. Es ist Chaos. Aber »plötzlich ist alles wieder still«. Während er das leicht in der Luft baumelnde Seil einzieht, hört er nur noch das Heulen des Windes, der unvermindert über ihm in der Höhe tobt. Maestri weiß, dass er allein ist; der einsamste Mensch der Welt. Aber er will es nicht glauben. Tage später erst wird ihm bewusst, was geschehen ist. Nach und nach erkennt er die Gesichter seiner Kameraden wieder, taucht aus seiner Bewusstlosigkeit auf und fällt wieder in sie zurück. Oft starrt er ins Leere. Wann erholt er sich endlich von seinem Schock? Die furchtbare Nacht allein am Torre und der Absturz haben ihn so verwirrt. Ob ihm sein Erinnerungsvermögen abhandengekommen ist?, denken die vier Studenten aus Argentinien. Maestri weiß offensichtlich, dass Toni tot ist, und doch redet er mit ihm. Als wäre da etwas, das von Toni lebendig geblieben ist! In Maestri tobt ein großer Schmerz. Und er muss davon erzählen. Seine Stimme ist krächzend und klingt dabei so leise, als käme sie aus weiter Ferne. Er erzählt von dieser anderen Welt, vom Siegen wollen und Sterben müssen, von einer Tragödie, die er beim Erzählen ein weiteres Mal erlebt: So viel Angst, diese Kälte, dann die Einsamkeit, der Sturm. In der Summe war das viel zu viel für einen allein. Maestri ist völlig durcheinander. Es ist, als fände er nicht in sein Gedächtnis zurück. Fava und die Jungen steigen ein letztes Mal zum Fuß des Torre auf, um nach Egger zu suchen. Es bleibt vergebens, es ist nichts zu finden.

Maestri verlässt mit seiner Expedition Tage später Patagonien, als ob er vor etwas Ungeheuerlichem fliehen wollte.

Rotwand im
Rosengarten
(Dolomiten)

Zurück bleiben »eine nackte, leere Wüste, Wind und Schnee,
ein ›besiegter Gipfel‹ und ein verlorener Gefährte«. Wenige
Monate später durchklettert Maestri die Rotwand in Gipfel-
falllinie. Wieder eine Erstbegehung!

Maestri, der seit 1963 in Madonna di Campiglio lebt, soll
bald zur Legende werden: der begnadete Kletterer, der Dick-
kopf vom Cerro Torre; nachtragend, störrisch, unversöhnlich. Dieser Cesare Maestri hat nie Kompromisse gemacht;
auch ließ er sich nichts vorschreiben: keine Ziele, keinen Le-
bensweg. Sein Bergsteigen und Klettern, auch die Geschichte

vom Cerro Torre werden in seiner eigenen Erinnerung ein Mosaik aus Visionen, Handgriffen und Emotionen. Zur vagen Wirklichkeit, zur Legende zuletzt, wie sie überall erzählt und nacherzählt wird. Ob in der Tat, im Vorausvollzug oder in der Überlieferung erlebt, als Tragödie bleibt sie haften. Dazu Erinnerungsfetzen, Traumata und all das, was Fava Maestri ergänzend dazu erzählt haben mag. Das alles, seine Wahrheit vom Cerro Torre, gehört nun noch Maestri allein, was nicht heißt, dass die Besteigung genau so stattgefunden haben muss, wie Maestri sie erzählt. Unser Hirn speichert schließlich Erinnerungen nach einem komplexen Selektionsverfahren. Was verdrängt wird, ist weg, aus der Welt, wertlos.

Im Gegensatz zum menschlichen Gedächtnis aber ist der Berg nicht manipulierbar. Und am Cerro Torre steckt heute jede junge Klettergeneration die Grenzen des Möglichen neu ab. Sie zeigt damit, was wann wie möglich war oder bleibt – je nach Können, Motivation und dem festen Willen zu siegen. Auch was zu verschwinden hat an menschlicher Hybris, den Berg zähmen zu können. Denn der Torre beherrscht uns und unsere Sehnsucht, wir aber beherrschen ihn nie. Alpingeschichte baut zuallererst auf den Abgleich von erzählten Geschichten mit der unverwechselbaren Natur des Berges. Die Menschennatur outet sich zwischen den Zeilen, der Berg ist Teil der Erdgeschichte und immer auch Gefahr. Der Cerro Torre mit seiner Steilheit, der Struktur seiner Granitwände, seiner wechselnden Vereisung, dem meist miserablen Wetter ist gerade deswegen ein unbestechlicher Schiedsrichter, weil nicht manipulierbar. Wegen seiner geringen Meereshöhe aber auch ein bleibendes Maß für allzu menschliche Gebärden. An seinen Kanten und Flanken lässt sich dann jede Tat und die Geschichte dazu auf ihre Tatsachen hin überprüfen und, wenn nötig, zurechtrücken. Immer wieder von Neuem.

10 Ungereimtheiten – Widersprüche in der Berichterstattung

Der Gipfelaufbau des Cerro Torre

In der Einstiegswand (links unten) und in der Gipfelwand
(links oben) des Cerro Torre
Oben: Nordwand (Ausschnitt)

»›Die Besteigung des Cerro Torre ist die größte alpinistische
Herausforderung aller Zeiten‹, urteilte der große Lionel Terray 1959.
Als ich ihm 1965 von unserer bevorstehenden Cerro-Torre-
Expedition erzählte, fügte er seinem Verdikt augenzwinkernd hinzu:
›Wenn er denn bestiegen worden ist.‹«

                                              Martin Boysen

»Als ich, gerade 14-jährig, Cesare Maestris *Spinne der Dolomiten*
gelesen hatte, wurde dieser Cesare Maestri zu einem der Helden meiner
Jugendzeit. Er hatte zusammen mit Toni Egger den schönsten Berg
der Welt erstbestiegen, sein Freund starb während des Abstiegs ...«

                                              Andreas Kubin

In der Nordwestwand am Cerro Torre

»Maestri liefert mit seiner genauen Beschreibung des ›Gipfelganges‹ die Unterlagen zur Überprüfung seiner Tat: Bergnatur und Zeitaufwand, Wetterbedingungen und Tat, Schwierigkeiten und hinterlassenes Material passen nicht zusammen.«

Reinhold Messner

Maestri ist mit Fava also vom Berg zurückgekommen, und Egger ist tot. Beweise für den »Gipfelsieg« gibt es zwar nicht, das Wort Maestris aber gilt. Wenigstens vorerst. Die Besteigung wird zunächst nicht angezweifelt. Auch die Schilderung der Tragödie nicht: Wie, wo und wann Toni Egger abgestürzt ist, kann ja nur Maestri wissen. Könnte ihm der Schock die Erinnerung getrübt haben? Nein, denn Fava, der Maestri vom Fuße des Berges ins Leben zurückgebracht hat, weiß es ebenso. Er hat den völlig verstörten Maestri zuerst geborgen und dann gesund gepflegt. Er ist derjenige, der Maestris Plan und Tun bis zuletzt mitgetragen hat.

Was in den sieben Tagen zwischen dem 28. Januar und dem 3. Februar 1959 am Cerro Torre genau geschah, beschäftigt erst 1968 wieder ein paar Bergsteiger. Trotz all ihrer Erfahrung und Durchschlagskraft müssen sie scheitern. Sie kommen aus England und sind spätestens seit ihrem Versuch am Südostgrat des Torre skeptisch. Dougal Haston, Martin Boysen und der Argentinier José Luis Fonrouge gehören zum Team. Nicht nur der Torre, auch Maestri ist ihr neues Thema. Die Engländer finden Widersprüche in den Berichten Maestris, dann auch in Favas Erzählung vom Abstieg vom »Colle della Conquista«. Es ist klar, die beiden Geschichten stimmen nicht überein. Dabei gibt es am Berg so viel Erinnertes, wie es Erzähler gibt. Dieser Cesarino Fava hatte von Anfang prophezeit, dass ihnen kein Unglück geschehen könne. Weil der Berg selbst sie beschütze. Er sah den Torre als Freund, nicht als Feind an, sagt er. Nicht sein »Respekt«, seine »Liebe« für den Berg stand über allem. Als ob es bei dieser Expedition um eine religiös-spirituelle Erfahrung gegangen wäre. Diese Haltung steht zwar im krassen Gegensatz zur jener Maestris, der den Cerro Torre erobern und dabei über seine Widersacher triumphieren wollte, die Geschichten, die sie darüber erzählten, sollten trotzdem wie eine gemeinsame Erfahrung klingen. Das hört man ihnen auch an. Favas Cerro-Torre-Bericht beruht nicht auf einem Komplex, er sollte von Anfang an Ausdruck sein für ein einzigartiges Abenteuer, und Beweis, dass es für seinen Schützling Maestri das Unmögliche nicht gibt. Fava: »Toni Egger ist ums Leben gekommen, nachdem er den schwierigsten Berg der Erde in perfektem Alpinstil gemeistert hat.« Wer sollte oder wollte dem widersprechen? Maestri hingegen beschreibt die Nordwand als Schneeflanke: gefährlich, aber leicht.

In ihrer Sachlichkeit fragen die englischen Bergsteiger zuerst, wo genau an der Ost- und Nordwand des Cerro Torre Maestris Route verläuft, die sie im reinen Alpenstil erklettert haben wollen und als relativ leicht beschreiben. Alles zu steil, zu glatt, das Eis zu schwierig für das Kletterkönnen jener Zeit. Vor allem für Dolomitenkletterer. Und wenn sie die Besten sind.

Auch ich wäre inzwischen als extremer Dolomitenkletterer erfahren genug gewesen, um mir Fragen zu stellen. Hatte ich doch einige Routen, die Cesare Maestri solo geklettert hatte – die »Micheluzzi« am Piz de Ciavazes zum Beispiel –, allein wiederholt, dazu schwierigste Eiswände solo gemeistert. Trotzdem war ich weit davon entfernt, Maestris Cerro-Torre-Abenteuer zu kritisieren. Im Gegenteil, mein Respekt für Egger und Maestri war zu groß, um auch nur an eine eigene Patagonien-Reise zu denken. Meine Herausforderungen damals blieben die schwierigsten Touren in den Alpen, frühe Wiederholungen, Winterbegehungen, Alleingänge. Dazu träumte ich von Erstbegehungen in reiner Freikletterei, wobei nur Normalhaken und diese ausschließlich zur Sicherung geschlagen werden sollten. Ich war zu der Zeit Romantiker und wagte es nicht, die Ideale, hinter denen sich verschworene Bergsteigerzirkel wie hinter Schutzschilden verschanzten, infrage zu stellen. Bergsteigen durfte nie Selbstzweifel sein. Im Stillen also bewunderte ich die Haltung Cesare Maestris. Er stand zu seiner Leidenschaft, zu seinem Ehrgeiz, zu seinem Beruf. Bergsteigen war für ihn Brotberuf und Kunst zugleich. Er war Bergführer, am liebsten aber wäre er immerzu auf Expedition gewesen. Herausforderungen gab es damals schließlich genug zwischen Feuerland und Aconcagua, in Alaska, in der Antarktis, im Karakorum und im Himalaja. Diejenigen aber, die im Rahmen nationaler Expeditionen damals an die Ränder der Erde vorstoßen wollten,

  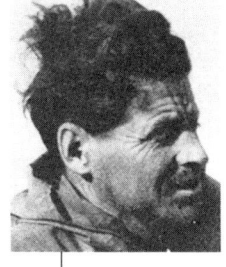

| Cesare Maestri | Toni Egger | Cesarino Fava

mussten bereit sein, sich unterzuordnen, nicht nur einer oft autoritären Expeditionsleitung, auch einem genau definierten Wertekatalog, der jeden Individualismus verbot. Walter Bonatti, der in Selbstaufopferung den »Gipfelsieg« am K2 gerettet hatte, sollte für seinen Einsatz ein halbes Leben lang angefeindet werden. Alles nur, weil »Gipfelsieger« und Expeditionsleiter den Ruhm im Nachhinein nicht teilen wollten.

Cesarino Fava aber betete viele dieser überlieferten Ideale aus den Fünfzigerjahren nach. Sicherlich hatte er einige Probleme damit, dem Anarchen Maestri, der sich weder moralischen noch anderen Verboten beugen wollte, zu folgen. Trotzdem ist es ihm gelungen, dem Trentiner Landsmann Maestri Aussagen anzudichten, die in krassem Widerspruch zu dessen Lebenseinstellung stehen. Maestris Cerro-Torre-Geschichte von 1959 ist widersprüchlich, pathetisch und zum Teil fragwürdig, seine Emotionen und Motivationen aber kommen darin so hemmungslos naiv daher, dass ich ihn für seine Ehrlichkeit umarmen möchte. Im Gegensatz zu Cesarino Fava, der sich in kleinbürgerlichen Denkmustern verstrickt, war und bleibt Maestri ein selbstbestimmter Mensch, der sich seine Regeln selbst macht. Ja, Cesare und Cesarino waren ein seltsames Team, durch die Umstände in Patagonien und die Tragödie am Ende aber wie durch einen unlösbaren Knoten miteinander verbunden: für Außenstehende eine undurchschaubare Zweckgemeinschaft, die kein Ganzes ergibt. Der eine, Maestri, war auf die Hilfe Favas angewiesen, um zu seinem Berg, zum Cerro Torre, seiner Siegerchance, zu kommen; der andere, Fava, brauchte den Erfolg Maestris, um selbst als Sieger in seine kleine, lokale Welt in Buenos Aires zurückkehren zu können. Beide hatten also etwas zu gewinnen und später etwas zu beweisen. Die Ideale dazu, von Fava geliefert und von Maestri stillschweigend nachgebetet, verbinden die beiden über den Tod hinaus. Der Cerro Torre war also für beide wie eine Initiation, eine Berufung zum Priestertum am Berg. Über das gemeinsame Geheimnis hinaus hat man sich wohl nur mit einem ›Gipfelsieg‹ dulden gelernt.

11 Ein Wintermärchen –
Alte Rivalität und neue Zweifel

Cerro-Torre-Gipfel mit Maestri-Route von 1970

»Ich habe die Mittel beisammen, um eine großartige Expedition zu machen. Dabei will ich nicht nur zeigen, dass der Cerro Torre, dieser enorme und extrem schwierige Berg, nicht unmöglich ist, ich will beweisen, dass es sogar möglich ist, ihn im Winter zu besteigen.«

Cesare Maestri (in einem Brief an C. Fava)

»Ich weiß, dass im Winter die Stürme weniger sind, und das ist ein großer Vorteil.«

Cesare Maestri

»Diese jungen Burschen haben die Fähigkeit, den Torre zu besteigen, sie hatten sich von den Ängsten befreit, die mich nach zwei gescheiterten Versuchen umtrieben.«

Carlo Mauri

»Ich werde den Berg bezwingen, im tiefsten Winter; ich werde beweisen, dass es keine Berge gibt, die man nicht besteigen kann, sondern nur Menschen, die dazu nicht in der Lage sind.«

Cesare Maestri

»Nun denn, Torre, wir sind da! Mit Haken, Bohrern, Seilen und Trittleitern. Aber auch mit dem unerschütterlichen Willen zu siegen. Von dieser Absicht werden uns diesmal weder Wind noch Schnee, noch kleinliche Befürchtungen abhalten können.« (1970)

Cesare Maestri

Fitz Roy (links) und Cerro Torre (oben)

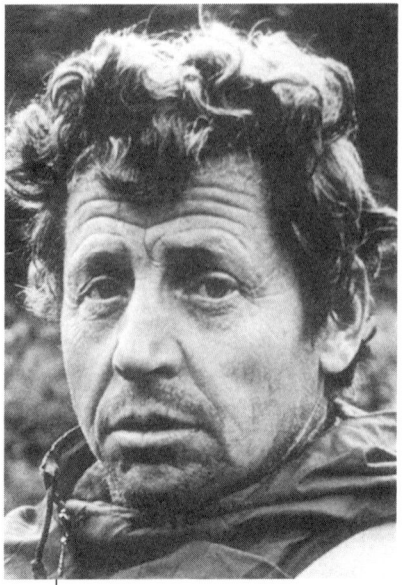

Cesarino Fava

»1970 ist der Cerro Torre wieder im Mittelpunkt des bergsteigerischen Interesses. Wieder sind es Fava und Maestri, die ihren Clou dort planen. Wieder gilt es, etwas zu beweisen. Am Ende aber wird nur bewiesen, dass nichts bewiesen ist.«

Reinhold Messner

Der Cerro Torre ragt 1969 unverändert in den Himmel über dem Hielo Continental Sur im südlichen Patagonien. Wie ein zu Stein gewordener Schrei. Kein besonders hoher Berg, auch nicht so bekannt wie das Matterhorn oder der K2. Er sei aber schwieriger zu besteigen, wird immer noch erzählt, wenn nicht gänzlich unmöglich.

Nach dem Versuch der Engländer 1968 am Südostgrat nähert sich 1970 wieder ein Team der schmalen Felsnadel, die die Einheimischen einfach »El Torre« nennen. Wieder kommen die Bergsteiger aus dem Norden Italiens. Und wie der Trentiner Bruno Detassis, der die Süd-, Ost- und Nordwand des Berges 1958 als »unmöglich« bezeichnet hatte, spricht auch Carlo Mauri nach dem Scheitern mit seinen »Ragni di Lecco« vom »unmöglichen« Berg. Er weiß, wie rudimentär die Kletterausrüstung 1959 war: Steigeisen, Pickel, Haken und Seile, alles primitiv und schwer. Mauri hat ja damals selbst erfahren, in einer eingespielten Seilschaft mit Bonatti, wie schwierig es ist, am Torre zu klettern. Mauri und die Ragni versuchten es trotzdem wieder: an der weniger steilen, aber stark vereisten Westflanke, die nur über das Inlandeis des Hielo Continental zu erreichen ist. Bonatti und Mauri hatten damals gut die Hälfte des angepeilten Weges zum Gipfel geschafft. Oberhalb eines tief verschneiten Felsvorsprungs, den sie »Helm« nannten, hatten sie aufgeben müssen. In der Hoffnung wiederzukommen hatten sie einen Teil ihrer Ausrüstung am »Col der Hoffnung« zurückgelassen.

Damals gab es keinen Streit. Weil auch die Trentiner mit Maestri 1958 gescheitert waren, gab es keine Notwendigkeit, über das Scheitern der jeweils anderen Expedition zu lästern oder mit der eigenen zu hadern. 1970 aber steht das »Unmöglich« von Carlo Mauri im Raum, und Cesare Maestri gräbt das Kriegsbeil aus. Die Geschichte »der ersten Besteigung«, die 1959 geglückt sein soll, findet gut zehn Jahre später also ihre Fortsetzung.

Maestri hat inzwischen geheiratet und lebt als Bergführer und Vortragsredner im Trentino. 1963 zieht er mit seiner Familie nach Madonna di Campiglio um. Er residiert jetzt am Fuße der Brenta-Gruppe in den Dolomiten. In den Wintermonaten arbeitet er als Skilehrer, im Sommer ist er viel unterwegs: als Kletterer, Naturlehrer und als Bergführer. Sein Leben als Familienvater ist ausgefüllt. Er ist zur Ruhe gekommen. Ende Februar 1963 aber wiederholt sich auf seltsame Weise eine Situation wie 1958 am Cerro Torre. Wenn auch nur in psychischer Hinsicht. Drei sächsische Bergsteiger – Siegert, Uhner und Kauschke – haben in 17 Tagen und tiefstem Winter eine neue Route durch die Nordwand der Großen Zinne gelegt: Die »Superdirettissima«, auch »Sachsenweg« genannt. Walter Bonatti ist mit Cosimo Zapelli in den Walkerpfeiler an den Grandes Jorasses eingestiegen. Maestri aber sitzt daheim. Tag für Tag liest er von den Heldentaten der »Kolibris«, wie die Sachsen der »Superdirettissima« in den Medien getauft worden sind, und von seinem Rivalen Walter Bonatti, der längst zum Superstar der Berge aufgestiegen ist. Die Situation wird unerträglich. Für die »Spinne der Dolomiten« gibt es nur eine Reaktion: die erste Wiederholung der »Superdirettissima«. Also steigt er mit Baldessari in die Route ein. Mit der zweiten Begehung will er beweisen, dass er schneller und damit besser ist als die bewunderten Sachsen, die bei schlimmster Winterkälte erfolgreich gewesen sind.

Es ist nicht mehr so kalt, und die Route der »Kolibris« ist mit 450 Haken ausgestattet. Aber Maestri scheitert. Dass die Haken schlecht sitzen und der »Sachsenweg« nicht genau der

Die Nordwand
der Großen Zinne

Linie des fallenden Tropfens folgt, sind Ausreden, die ihm nichts als Häme einbringen. Er sei ja kein Kamikaze, antwortet Maestri seinen Kritikern. Und er, wohl wissend, dass er sein Gesicht verliert, wenn er kneift, versucht es ein zweites Mal. Lieber würde er sein Leben als sein Gesicht verlieren. Es ist immer noch Winter, und wieder ist Baldessari sein Kletterpartner. In nur vier Tagen meistern die beiden jetzt die »Superdirettissima«. Dino Buzzati widmet seinem Helden Maestri eine ganze Seite im *Corriere della Sera*. Dabei gelingt ihm jene Charakterstudie Maestris, die all die nächsten Taten der »Spinne der Dolomiten« zwingend erscheinen lässt. Maestri würde, wie Buzzati schildert, sich selbst an die Felswand nageln, bevor er aufgibt. Sein Wille, sein Durchhaltevermögen seien der eigentliche Triumph des Trentiners. Wenn es gilt, Mut, Können und Ausdauer unter Beweis zu stellen, sei Cesare Maestri zu allem bereit, zu allem …

Maestri, der Kamikaze aller Kamikaze, könnte zwar umkommen, sagt uns Buzzati, aber nicht verlieren. Sein Heroismus bestünde darin, dass er sich seinen Rivalen und dem Berg stellt. Dass er dabei immer gewinnt, sei das Unverwechselbare! Und damit sind wir wieder im Jahr 1970.

Im Februar 1970 ist es plötzlich vorbei mit Idyll, Dolomiten und Familie. Die Cerro-Torre-Expedition unter der Leitung von Carlo Mauri scheitert 250 Meter unterhalb des Gipfels. Der »Ragno« schickt ein Telegramm in die Heimat: »Unser Sieg liegt darin, dass wir alle gesund und unversehrt vom unmöglichen Torre zurückkehren«, schreibt Mauri. Die Nachricht ist eindeutig, sie wirkt wie Sprengstoff. Mauri, einer der Rivalen Maestris, wagt es also, sein eigenes Scheitern in Häme zu kleiden. Wohl wissend, dass die Engländer an Maestris Erfolg zweifeln, spricht er das Verdikt »unmöglich« aus. »Der Torre unmöglich? Was für eine Frechheit!« Keiner der »Ragni« hat auf dem Gipfel gestanden, und Mauri, der Gescheiterte, wagt es trotzdem, den »Gipfelsieg« Maestris in Zweifel zu ziehen?

Dieses »Unmöglich« ist für Maestri wie eine Kriegserklärung. Ausgesprochen von einem, der nicht oben war, nicht am Gipfel, klingt sie in seinen Ohren wie eine Beleidigung. Damit aber ist öffentlich geworden, was in Bergsteigerzirkeln in England, Frankreich und Italien seit zwei Jahren diskutiert wird.

Seit 1968 gibt es Zweifel am Erfolg Maestris, auch Eggers

Rolle wird hinter den Kulissen hinterfragt, Mauri aber hat nun die Mauer des Schweigens also durchbrochen. Die Bergsteigergemeinde, damals noch klein, ist sich völlig uneins, und Maestri leidet unter der Debatte. Er hat Freunde, viele Bewunderer. Wer nur wagt es, den Erfolg ihres Helden am Cerro Torre infrage zu stellen? Mauri, dieser Dilettant, dieser Versager? Alles nur, weil er selbst zweimal am Cerro Torre gescheitert ist? Maestri lässt, statt abzuwarten und zu schweigen, seinem Erzfeind Mauri eine Nachricht zukommen: »Der Cerro Torre ist nur für diejenigen unmöglich, die ihn nicht besteigen können.« Es ist eine Aufforderung. Maestri aber erhält keine Antwort. Mehr noch, Mauri will ihn beleidigen, ja verletzen. Und die Zweifel werfen Maestri tatsächlich aus der Bahn! Maestri wird nervös und windet sich. Er weiß: Es gilt, Beweise vorzuzeigen. Denn die Zweifel werden immer Gehör finden, wenn er seine Besteigung nicht untermauern kann. Der Cerro Torre ist also »mit der Wucht von tausend Lawinen« in sein Leben zurückgekehrt. Warum, frage ich mich, lässt Maestri Mauri in dieser Situation nicht auflaufen? Wenn in der Nordwand des Torre auch nur zehn Bohrhaken stecken, ist das Beweis genug. Soll Mauri doch nachsehen!

Maestri will, nein, er muss noch einmal zum Cerro Torre fahren. Eine Überreaktion? Muss er? Nochmals warten, hoffen, alles riskieren? Er denkt an die Stürme, an Egger, Tod und Teufel. Nein, er will nicht zurück nach Patagonien. Zuletzt aber entscheidet er sich, den Berg doch ein drittes Mal anzugehen. Um die Besteigung von 1959 zu beweisen? Oder um seinen Rivalen abzustrafen? Beides gehört zu seiner Strategie. Diese hat allerdings keine Methode. Frage: Lässt Maestris Situation keine andere Wahl zu? Er müsste ja nicht reagieren, wenn er 1959 in der Gipfelwand gewesen ist. Und wenn nicht? Leidet seine Selbstachtung unter jenen, die er verachtet? Vielleicht – sein soziales Prestige aber, das von vielen Nichtbergsteigern genährt wird, kann er nur mehren, wenn er dort erfolgreich bleibt, wo diese anderen gescheitert sind. Maestri unterliegt dem Trugschluss, ein weiterer Erfolg am Torre würde zu seinem Vorteil interpretiert. Er, der Schauspieler, kennt die große theatralische Geste: Eine zweite Besteigung würde die Kritiker lächerlich machen. »Also gut, Herr Alpinist Mauri«, schreibt er, »gut, ihr Herren Zweifler. Ihr wollt den Krieg? Ihr könnt ihn haben, aber ich kämpfe mit meinen Waffen. Ich werde zum Torre zurückkehren. Ich werde ihn an seiner schwierigsten Flanke attackieren, in der schwierigsten Jahreszeit.« Obwohl Maestri Angst vor dem Torre hat und Verantwortung für seine Familie trägt, will er den tödlichen, den »unmöglichen« Berg ein zweites Mal bezwingen. Um es allen zu zeigen, um seine Ehre wiederherzustellen, um alle Zweifel ein für alle Mal aus der Welt zu schaffen.

Erst als Maestri ankündigt, seinen Torre über eine neue, andere Route als 1959 und mit einer Bohrmaschine anzugehen, weiß ich, dass die Geschichte von 1959 nicht stimmen kann. Warum sonst kehrt Maestri nicht zur einst von ihm und Egger anvisierten Route zurück? Die Südostkante des Berges, die er zweimal, 1958 und 1959, ins Auge gefasst hatte, war ihm doch ganz oben zu schwierig erschienen. Jedenfalls »unmöglicher« als die Nordwand. Die besten englischen Bergsteiger sind 1968 dort gescheitert. Bei der Frage aber, warum er nicht zu seiner ersten Route zurückkehrt, reagiert Maestri wutschnaubend. Warum zeigt er, denke ich, den jungen Spitzenkletterern nicht, wo die Aufstiegslinie von 1959 genau verläuft? Damit würde doch klar, was er 1959 mit Egger geleistet hat. Maestri gibt keine Antwort. Er hätte beim erneuten Versuch nicht einmal vorausklettern müssen. Nur dabei sein. Lieber aber verspielt er mit seiner »neuen Methode« seinen Ruf als Freikletterer. Alle Zweifler ein für alle Mal mundtot zu machen wäre nur an jener Route möglich gewesen, wo er mit Egger zum Gipfel gekommen sein will. Sogar wenn Maestri dort, wo er einst mit Egger in freier

Kletterei weiterkam, jetzt einen Kompressor eingesetzt hätte, wäre er glaubwürdig geblieben. Er hätte Beweise finden und vorzeigen können: Für jene »größte Tat in der Bergsteigergeschichte«, die es zu beweisen galt. Wenn die erste Wiederholung der »Maestri-Egger-Route« am Torre 1970 gelungen wäre, hätten sie alle, Fans wie Skeptiker, als großartige Geschichte angesehen: märchenhaft, aber wahr. Der »klassische Weg« auf den Cerro Torre stünde für immer als Highlight in den Annalen des Alpinismus. Die Maestri-Route von 1970 aber, mit Fixseilen und Bohrhaken entschärft, kann weder als Beweis noch als Gegenbeweis für Maestris Tat von 1959 hergenommen werden. Sie ist eine ganz andere Geschichte, und der von Maestri 1959 angepeilte Weg ist bis heute im Dunkeln geblieben. Niemandem ist es innerhalb von 50 Jahren gelungen, dort bis zum Gipfel zu kommen, wo Cesare Maestri mit Toni Egger über eine Eisglasur zur Spitze des »schwierigsten Berges der Welt« gestiegen sein will. Und weil oberhalb des Schneefeldes, etwa 300 Meter über dem Einstieg, bis heute (2008) keinerlei Spuren Maestris gefunden werden konnten, muss diese Geschichte offenbleiben. Für mich war sie nie nachvollziehbar. Es bleibt also weiter zu recherchieren, um die Hintergründe verstehen zu können und allen Interessierten eines begreiflich zu machen: Der Cerro Torre ist ein Weltwunder; die Expedition 1959 bleibt ein Bergmärchen.

1970 treffen Cesarino Fava und Cesare Maestri in Buenos Aires wieder zusammen. Sie haben sich seit mehr als elf Jahren nicht gesehen. Obwohl Fava die Idee Maestris, den Torre mit einer Bohrmaschine anzugehen, nicht teilt, tut er alles, um einen Hubschrauber zu organisieren, der das Material an den Fuß des Berges bringen soll. All dieser Aufwand ist in den Augen Favas notwendig, weil Toni Egger fehlt. Nein, die Sache mit dem Kompressor würde die Besteigung ja nicht erleichtern, sondern wegen seines Gewichtes sogar erschweren, tröstet er sich. Fava, dem es immer noch um moralische und spirituelle Werte geht, für den Ideale die Essenz des Alpinismus sind, sieht im Verlust dieser Werte zwar die Banalisierung des Bergsteigens, stilisiert gleichzeitig aber die »erste Besteigung« zum Heiligtum hoch: »Unsere Besteigung des Cerro Torre 1959 wird die letzte bleiben, die mit wenigen Mitteln und umso mehr Mut zu Ende gebracht worden ist.«

12 Maestris Wut –
Die Kompressorroute

Blick auf den Cerro-Torre-Gipfel. Maestri schaffte
es 1970 über diese Granitwand bis unter den Eispilz.

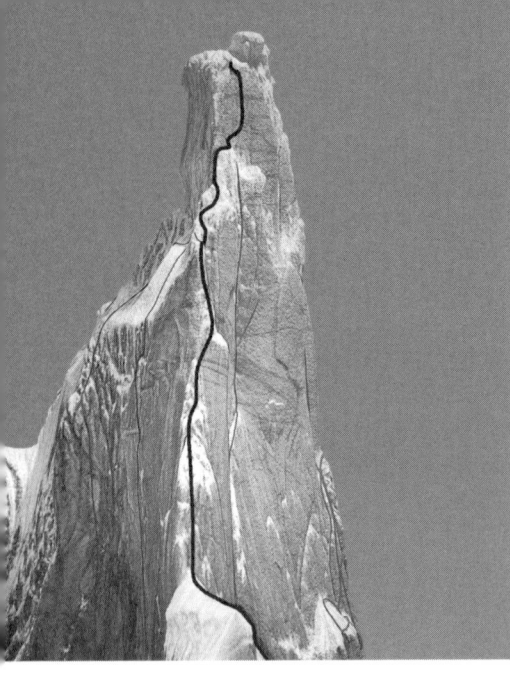

»Was an Maestri am bemerkenswertesten ist und ihm eine höchst persönliche Note verleiht, ist sein Temperament.«

Dino Buzzati

Die »Kompressorroute« (fett) zwischen modernen Aufstiegswegen, Südostkante (unten), Gipfelwand (rechts unten) und Eispilz (rechts)

»Die ›Kompressorroute‹ ist ab der Wandmitte ein kompletter Klettersteig, der dann und wann von kurzen, nicht zu steilen Eisstrecken unterbrochen ist.«

Alexander Huber

»Der Eispilz ließ sich selbst mithilfe eines Kompressors nicht bezwingen, und so erreichte Maestri auch beim zweiten Mal das gewünschte Ziel, die zweifelsfreie Erstbesteigung des Cerro Torre, nicht.«

Alexander Huber

»Cesare Maestri ist für mich doch der Erstbesteiger – auch wenn er nie auf dem Gipfel war.«

Reinhard Karl

Cesare Maestri

»Niemals gilt im Alpinismus der Aufstieg über eine zweite Route als Beweis für das Gelingen eines anderen Weges. Auch wenn es dabei um denselben Berg geht.«

Reinhold Messner

Am 18. Juni 1970 beginnen Maestri und seine Helfer aus dem Trentino am Cerro Torre mit ihrer Arbeit. Finanziert ist Maestris Expedition unter anderem von der italienischen Firma Atlas Copco, die Maestri Geld und einen Kompressor samt Bohrmaschine zur Verfügung gestellt hat. Er weiß, diesmal muss er den Gipfel nachweislich erreichen. Als Beweis und als Gegenbeweis, wie er sagt.

Auf der Südhalbkugel ist gerade Winter. Maestri geht den Berg also trotz Kälte, Sturm und Schneefall an. Immer wieder. Es geht ihm nicht im Geringsten mehr darum, seine Ideallinie zu verwirklichen, er will es nur wieder allen zeigen. Allen! Er setzt Bohrhaken um Bohrhaken, säubert den Fels, treibt Haken in Risse, hängt Fixseil um Fixseil, an denen er und seine Gefährten sich wieder hochziehen, nachdem sie zur Rast abgestiegen sind. Maestri und sein treuer Carlo Claus steigen vorneweg, um den Weg zu präparieren. Meist wenigstens. Ezio Alimonta und Pietro Vidi besorgen den Nachschub. Den Kompressor jeweils ein Stück weit höher zu ziehen fordert Geschicklichkeit und viel, viel Mühe. Samt Benzin, Öl, Statikseil und Winde wiegt er 180 Kilogramm. Cesare Maestri, immerhin vierzig Jahre alt, arbeitet wie ein Berserker. Unglaublich, seine Zähigkeit, und wie viel Leidensfähigkeit dieser Mann noch aufbringt. 450 Meter unterhalb des Gipfels – Claus und Vidi haben inzwischen ernste Erfrierungen – muss er trotzdem aufgeben. Zuletzt sind die Trentiner Kletterer auch zu langsam weitergekommen. Sie müssen absteigen. Es ist ja Winter! Sie hatten alles in allem nur sechs Tage Schönwetter. Sind also all die Mühen, die Schmerzen, die sie auf sich genommen haben, vergeblich gewesen? Bei Durchschnittstemperaturen von minus 25 Grad Celsius, ständigem Wind, 18 Meter Neuschnee! 54 Tage in der Wand, 28 Biwaks in Hängematten, Frostbeulen, Hunger, Angst, Wut! Der Winter in Patagonien ist die Hölle. Bevor Maestri aber sein Scheitern einsieht, verflucht er die ganze Welt: »Ich verfluche den Wind, das Eis, den Schnee, die Überhänge, alle, die mich in diese Situation gebracht haben.« Dabei kommt auch Stolz auf. Maestri weiß: Niemand sonst ist zu so viel Einsatz fähig. Und er kann immer noch klettern! Ob hakentechnisch oder frei, spielt für ihn am Cerro Torre keine Rolle. Er wird also wiederkommen. Er muss! Gilt es doch, die begonnene Arbeit zu beenden, dem Rest der Bergsteiger ihre Mittelmäßigkeit vorzuführen. Maestri: »Wir haben eines der heroischsten Kapitel in der Geschichte menschlicher Abenteuer geschrieben.«

Noch im selben Jahr kehrt Maestri zum Torre zurück. Es ist patagonischer Sommer. Am 15. November beginnt die Arbeit von Neuem. Als Kletterei kann man die Materialschlacht, die Maestri veranstaltet, nicht bezeichnen, aber sie funktioniert. Zuerst muss die begonnene Route wieder eingerichtet werden. Die Trentiner schaffen wie die Bauarbeiter. Schon zehn Tage nach dem Eintreffen im Basislager sind Maestri und seine bewährten Partner Claus und Alimonta am höchsten im Winter erreichten Punkt. Sie graben den Kompressor aus dem Eis und setzen einen neuen Motor ein, den sie vorsichtshalber mitgebracht haben.

Am 1. Dezember 1970 beginnt Maestri die letzte, glatte Wandpassage hochzusteigen. Meter um Meter bohrt er Löcher in den harten Granit und schlägt Bolzen ein. Fünf Zentimeter lang und 9,5 Millimeter stark sind die Haken, an denen er Strickleitern und Seile einhängt. In den Leitern steigt er jeweils ein paar Sprossen hoch, um in Augenhöhe wieder ein Loch bohren zu können. Wieder gilt es, einen

Stahlstift zu setzen und daran Leiter sowie Seil zu verankern. Im Abstand von 90 bis 120 Zentimeter setzt Maestri die Bohrhaken in den Fels, in der Summe sind es zuletzt 350. Unvorstellbar ist dieser Kraftakt, und trotzdem umsonst.

In Trittleitern hängend, biwakieren Maestri, Claus und Alimonta ein letztes Mal in der Wand. Am folgenden Tag schaffen sie die letzten beiden Seillängen und stehen jetzt fast ganz oben, am Saum zwischen Fels und Eis. Über ihnen nur noch der Eispilz und der dunkle Himmel. Am 2. Dezember 1970, um halb fünf Uhr abends, ist Maestri endlich dort angekommen, wo er alle Kritiker unter sich weiß. Er steht auf der Kanzel, wo er der Welt seine Ehrlichkeit, sein Können, seine Überlegenheit predigen kann. Da ist keine Überheblichkeit in ihm, nur Genugtuung und Wut für die Zweifler, Dank für die Kameraden und Spott für die Möchtegerne.

Es bleibt offen, warum Cesarino Fava jetzt nicht mehr dabei ist, jener Mann, der Cesare Maestri zum Torre gebracht hatte. Ist er nicht motiviert genug, oder braucht Maestri ihn nicht mehr?

Allen hat es Maestri damit gezeigt: seinen vielen Fans und seinen Feinden vor allem – der ganzen Welt. Ja, Cesare Maestri hat wieder einmal bewiesen, dass er der Beste ist. Auch dass nur Können und Einsatz um Ziel führen, wie er immer behauptet hat. Vor allem der Wille zum Sieg! Sein Wille, sagt Maestri, ist stärker als die Naturgewalten! Orkanartige Stürme, Kälte, Schneefall – nichts hat ihn aufhalten können. Hat er damit nicht für alle Zeiten vorgeführt, dass es keine »unmöglichen« Berge gibt. Für Mauri, Bonatti und die Engländer vielleicht, aber nicht für ihn, den leibhaftig gewordenen »Willen zum Sieg«.

»Wir sind oben!« Immer wieder schreit er seinen Sieg in die Welt hinaus, in den Wind, in die Leere. Außer sich streckt er die Fäuste in die Höhe, jubelt, tobt, triumphiert. Sein Blick schweift über Felsgipfel, über die Steppe im Osten, über die

Der Eispilz am
Cerro Torre

Gletscher des patagonischen Inlandeises im Südwesten. Weit
unter seinen Füßen, wie grauer Marmor, die Gletscher. Wie
in Trance, ja fassungslos steht Maestri knapp unter seinem
Gipfel, dem Cerro Torre, 3120 Meter hoch. Nur die Spitze,
ein Eispilz, ist noch über ihm. Er hat ihn gemeistert, den
schwierigsten Berg der Welt.

Einen Augenblick später, es ist halb fünf Uhr abends, schlagen Maestris Freude in Zorn und sein Stolz in Hass um.
All sein wiedergewonnenes Selbstbewusstsein scheint ihm

plötzlich abhandengekommen zu sein: Als würde sein großer Erfolg – die Kritiker vernichtend geschlagen zu haben – plötzlich von quälenden Zweifeln weggewischt. Als ginge es um Leben und Tod, beginnt er mit dem Abstieg. Voll grenzenloser Wut, er könnte schier den Berg zertrümmern, schlägt er die Haken, die er zuvor mit letzter Kraft gesetzt hat, einen nach dem anderen ab. Von oben nach unten. Verkehrte Welt. Maestris Glücksgefühl hat sich binnen Minuten ins Gegenteil verkehrt. Warum? Über Funk hat Maestri erfahren, dass eine spanische Expedition im Basislager eingetroffen ist, um seinen Weg zu wiederholen. Warum sollten sie nicht? Allein ihr Versuch würde Maestris Prestige steigern. Und stellen wir uns seinen Triumph vor, wenn sie die Wiederholung nicht schaffen sollten!

Maestri aber ist jetzt Sieger und Rächer zugleich. Er wütet wie ein Feldherr nach gewonnener Schlacht: »Ihr wollt unsere Route wiederholen? Gut, dann macht sie so, wie wir sie vorgefunden haben.« Bohrhaken für Bohrhaken schlägt er ab. Die gesamte letzte Seillänge wird zerstört. Wie im Wahn. Oder ist es ein verzweifelter Akt des Trotzes. Als müsste er seine Wut, seine Trauer, seinen Schmerz endlich loswerden, spielt Maestri den Gott der Rache. Alles soll verschwinden. Am liebsten würde er seine Erinnerungen vom Torre totschlagen, seinen Torre spurlos verschwinden lassen. Es geht nicht. Wenigstens aber alle Bohrhaken unbrauchbar machen, alle Aufstiegshilfen entfernen! Bis an den Wandfuß. Erst am Standplatz bei Claus und Alimonta wird dem Wüterich klar, was er tut. »Wenn du so weitermachst«, sagen die anderen, »kommen wir um. Das Wetter wird schlecht. Wir seilen ab.« Jetzt kommt Maestri wieder zur Besinnung. Der Kompressor bleibt mit der Bohrmaschine eine Seillänge unter dem Eispilz hängen. Wenig später sind die Trentiner auf dem Heimweg. Das Kapitel Cerro Torre ist damit aber noch nicht zu Ende. Im Leben Cesare Maestris wird es nie zu Ende gehen.

Wieder erzählt Maestri, zurück in Italien, seine Geschichte. Als er einen der ersten Vorträge über seine erfolgreiche Expedition 1970 hält, sitze auch ich im Saal – in Padua, wo ich damals studierte. Natürlich war ich neugierig auf das, was Maestri zu berichten hatte, und sein Vortrag beeindruckte mich. Vom ersten Satz an. Ich glaubte damals, die Berge zu kennen, Maestri aber schilderte eine ganz andere Bergwelt, Patagonien, wohin seine Lichtbilder mich entführten. Und ich glaubte ihm auch, mehr noch, mein Respekt vor Maestri wuchs, trotz Kompressor und Bohrmaschine. Vielleicht kann man nicht anders auf den Torre klettern, dachte ich.

Am Ende der Veranstaltung, die ersten Zuhörer sind aufgestanden und gegangen, wagte ich es, eine Frage zu stellen: »Entschuldigung, ich habe kein Gipfelbild gesehen ... wurde auch der ›Pilz‹ am Torre erklettert?« Mein Italienisch war damals nicht akzentfrei, und ich fürchtete Maestris Wut. Er aber antwortete ruhig und freundlich: »Nein«, sagte er, »für mich hört der Berg mit den letzten Felsen auf. Der Pilz kommt und geht.« Wie recht er hat, dachte ich. Dieser Mann lügt nicht. Auch wenn Maestri mit den Jahren milder geworden ist, sein Verhalten ist aber nicht berechenbar. Bonatti gegenüber bleibt er ein Leben lang verletzend, ja beleidigend. Warum nur? »Leute wie Bonatti sagen, wer mit einer Bohrmaschine anrückt, sei kein Alpinist. Wieso nehmen die sich heraus, die Regeln festzulegen?« Damit hat er zwar recht, es gibt keine Regeln beim Bergsteigen – es gibt nur verschiedene Stilrichtungen. Ich würde zwar nie Bohrhaken einsetzen, Maestri aber sollte es freigestellt sein, solche zu benutzen. Als erklärter Anarchist ist er am Berg doppelt frei. Nicht aber in seiner Kritik: Maestri war bis 1965 einer der erfolgreichsten Dolomitenkletterer, ob er aber als Erstbesteiger des Cerro Torre taugt, musste auch nach seiner erfolgreichen Besteigung 1970 offenbleiben. Und damit sah er sein Leben vergiftet. Denn Bonatti und Maestri waren auch 1970 noch Antagonisten: Vielleicht nicht mehr am Berg, aber in der

Öffentlichkeit. Sie operierten inzwischen zwar auf unterschiedlichem Terrain, wurden aber als völlig konträre Charaktere wahrgenommen. Bonatti war vom Techniker über den klassischen Alpinismus zum bewunderten Abenteurer geworden. Maestri, der Freikletterer, galt inzwischen mehr als Showman denn als Alpinist.

Walter Bonatti, damals zweifellos der führende Bergsteiger weltweit, erfahren in Eis und Fels, im Granit vor allem, hätte alle Voraussetzungen mitgebracht, das Problem Cerro Torre zu lösen. Trotzdem hat er verzichtet. Er hätte den Berg nur mit fairen Mitteln besteigen wollen. Seine Ethik war zwar nur die seine, aber er hielt sich daran. Cesare Maestri hingegen, die »Spinne der Dolomiten«, ein Spezialist mit Hammer und Meißel, hat bei der Eroberung des Torre 1970 keine Skrupel gekannt.

Maestri will 1970 immer noch den Showdown mit Bonatti! Er will es wissen! Hat er nicht den Berg erobert, an dem sein Gegenspieler gescheitert ist? Hat Bonatti nicht gekniffen, wo Maestri zweimal erfolgreich war! Soll das nicht genug sein? Weil Bonatti still bleibt, holt Maestri jetzt die alte Geschichte wieder hervor: 1959, als Maestri in einer Seilschaft mit Toni Egger, dem begnadeten Allroundbergsteiger aus Osttirol, der als Fels- und Eisgeher höchstes Renommee genoss, zum Cerro Torre aufbrach, blieb Bonatti doch zu Hause. Schon damals, Monate später, als Maestri ohne Kletterpartner und trotzdem als »Sieger« über den Cerro Torre zurückkehrte, verhöhnte er Bonatti. Zuerst diesen einen seiner Gegenspieler, dann die gesamte Kletterelite. Als diese dann bei ihren weiteren Versuchen am Cerro Torre scheitert, hat Maestri nur Hohn übrig. Damit aber hat er nicht ihr Kletterkönnen, sondern ihren Sachverstand in Zweifel gezogen. Denn Cesare Maestri wollte mit Toni Egger und Cesarino Fava 1959 nach wochenlanger Vorbereitungsarbeit, die sie nicht einmal ein Drittel der Einstiegswand zur Einsattelung zwischen Cerro Torre und Torre Egger geführt hatte, an einem Tag bis zu seinem ominösen »Sattel der Eroberung« gekommen sein, von wo aus der gehandicapte Cesarino Fava in ein Lager am Wandfuß zurückgekehrt sei. Ganz allein! Von unten habe Fava den Fortgang des Geschehens dann verfolgt. Diese Geschichte bleibt für die Verhöhnten am Ende nicht nachvollziehbar. Weil der Berg eine andere Geschichte erzählt.

Als Cesare Maestri nach fünf weiteren Tagen am Wandfuß von Fava gefunden wird, verstört und verzweifelt, glaubt er vielleicht, mit Egger hoch oben gewesen zu sein, dann die Tragödie. Er hat seinen Partner beim Abstieg verloren. Eine Eislawine muss Toni Egger mitgerissen haben. Nur daran darf und will niemand zweifeln. Nicht aus Böswilligkeit und auch nicht aus Mitleid. Nur weil Maestri seine Skeptiker angreift, hat keiner von ihnen das Recht, eine andere Tragödie als die erzählte zu erfinden. Die »erste Besteigung« des Torre aber bleibt umstritten. Vor allem weil Maestris Beschreibung der Besteigung mit Egger voller Widersprüche ist. Sie stimmt mit den geografischen und geologischen Tatsachen am Cerro Torre in keiner Weise überein, und nach der Besteigung mit dem Kompressor wachsen die Zweifel noch. Auch bei mir. Warum meidet einer die Route, die 1959 im »reinen alpinen Stil« möglich war, und geht den Berg zehn Jahre später über einen anderen Weg und mit einem Kompressor an? Damit ist Maestris Gegenbeweis doch Makulatur, folgere ich. Oder ein Beweis dafür, dass die Route von 1959 auch in seinen Augen unmöglich gewesen ist. Da im Laufe der nächsten Jahre weitere Ungereimtheiten über die »erste Besteigung des Cerro Torre 1959« dazukommen, wagen es 1972 neben englischen auch amerikanische Bergsteiger, die Aussagen Maestris öffentlich anzuzweifeln.

Nein, es gibt keinen Zweifel, dass Cesare Maestri den Gipfel des Cerro Torre über die Route von 1970, den heutigen

»Normalweg«, erreicht hat oder wenigstens die Gipfelfelsen unter dem Eispilz. Die Frage aber, warum Maestri bei dieser seiner »zweiten Besteigung« nicht die Route von 1959 wiederholt hat, um die »erste Besteigung« zu beweisen, darf trotzdem gestellt werden. Wäre der Gipfelgang dort nicht schneller und mit viel geringerem Materialaufwand möglich gewesen? Wenn Maestris Schilderungen von 1970 stimmen! Und, frage ich mich, wohin versteigen sich die jungen Spitzenkletterer regelmäßig, die Maestris erste Route suchen? Oder wenn sie mit dem Können und der Ausrüstung von heute an seinem Aufstiegsweg von 1959 scheitern? Oder setzt Maestri auf die Naivität der Chronisten, zu denen auch ich mich in dieser Sache zähle. Mit seiner »zweiten Besteigung« hat Maestri seine erste also nicht beweisen können. Vor allem weil er dabei eine andere Route als beim ersten Mal gewählt hat und viel mehr Material sowie eine andere Methode der Besteigung eingesetzt hat. Im Gegenteil, die Besteigung von 1970 beweist, dass bei der »Besteigung« 1959 – primitivere Ausrüstung im Verhältnis zu 1970 – schon im Aufstieg etwas schiefgegangen sein muss.

Maestris und Eggers »Gipfelgang« wird zuerst nicht angezweifelt, weil niemandem die Wiederholung ihrer Route gelingt. Das behauptet nur Maestri. Er wird infrage gestellt, weil Maestri einen Torre beschreibt, den es so nicht gibt. Beweise in der Sache gibt es lange Zeit aber nicht: weder für noch gegen Maestri. Es gibt auf der einen Seite das Wort des Bergsteigers und auf der anderen den Berg. Dieser aber ändert sich nicht oder kaum.

Auch ich habe zur Cerro-Torre-Geschichte von 1959 anfangs nur Fragen gestellt. Maestri hat nicht darauf geantwortet, sondern mich öffentlich beschimpft. Ich habe es hingenommen. Als er dann aber den Tod meines Bruders am Nanga Parbat ins Spiel brachte, fragte ich mich, was er damit bezwecken oder verdecken will: »Der soll sich um seine eigenen Toten kümmern!«, war sein Kommentar. Ich weiß, wie bitter es ist, wenn Kameraden unterstellen, man hätte seinen Partner oder Bruder am Berg im Stich gelassen. Nie habe ich einen ähnlichen Vorwurf Maestri gegenüber auch nur in Erwägung gezogen, geschweige denn formuliert. Maestri hätte sicher all sein Können und seinen Mut eingesetzt, auch sein Leben, um Egger zu retten. Wenn es nur möglich gewesen wäre. Es gibt keinen Zweifel für mich, Toni Egger ist 1959 am Cerro Torre durch unglückliche Umstände zu Tode gekommen. »Der Überlebende aber, um, was weiß ich, zu beweisen, kehrte ein paar Jahre später zum Cerro Torre zurück«, ist der Kommentar von Walter Bonatti dazu. Und Cesare Maestri kontert: »Warum ich den Cerro Torre 1970 ein zweites Mal bestiegen habe? Aus Hass gegen diejenigen, die meine erste Besteigung in Zweifel gezogen haben.« Erst damit hat Maestri den Zweiflern Nahrung gegeben, den Streit weiter geschürt. Leider.

Viele Auseinandersetzungen, eine Reihe verletzender und entehrender Anschuldigungen hätte es in dieser Sache trotzdem nie geben müssen. Wäre Maestri nur bei der trockenen »Erstbesteigung« geblieben! Es gäbe dann nichts zu richten. Ihn hat das Pathos verführt. Für mich ist Maestris Ruf trotzdem nicht ruiniert. Die »Spinne der Dolomiten«, wie Maestri dank seines eleganten Kletterstils genannt wurde, darf aus der Entwicklungsgeschichte des Felskletterns nie gestrichen werden. Sein Renommee steht ihm totz Cerro Torre zu.

13 Beweisumkehr – Zertrümmerte Träume

Cerro Torre im Nebel

»Der Ruhm ist eine Falle, gestellt von den Medien, in der Bergsteiger schnell gefangen und ausgebeutet werden.«

Marko Prezelj

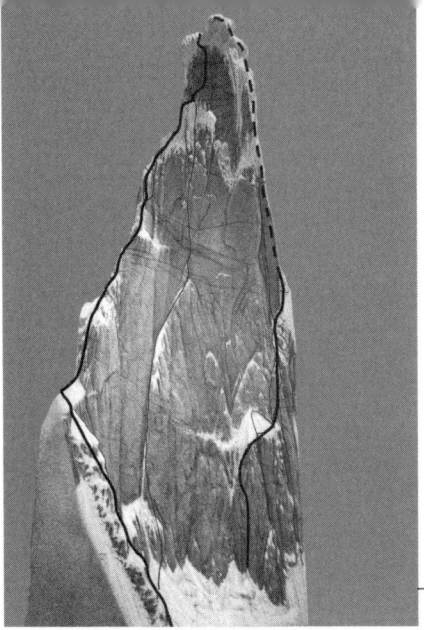

»Die Zweifler haben
zu gewinnen und nichts
zu verlieren. Der Lügner
riskiert alles.«

Michael Bearzi

Ganz links der
Cerro Torre von Norden
mit Vorbergen. Links
die beiden »Maestri-
Routen«, unten die
Einstiegsverschneidung
mit Schneefeld

»Es ist unmöglich, eine alpinistische Leistung objektiv zu beurteilen.
Jede Besteigung besteht aus nie erzählten Geschichten, beeinflusst von
Erwartungen und Illusionen.«

Marko Prezelj

Mit Royal Robbins, Ed Webster und jungen Kletterstars
in England. Ganz links Ken Wilson

»Bahnbrechende Taten haben die besten Alpinisten wechselseitig
immer bestaunt, hinterfragt und im Zweifelsfall zurechtgerückt.
Nur ›unwichtige‹ Besteigungen gehen unkontrolliert durch.«

Reinhold Messner

Bis 1970 habe ich mich zum Cerro Torre nicht geäußert. Ich kannte Patagonien nicht, und warum sollten Egger und Maestri den Gipfel nicht erreicht haben. Und 1970, daran gab es keinen Zweifel, hat es Maestri geschafft. Mir imponierte zudem, wie er in Padua auf meine Frage spontan erklärte, unterm Gipfelpilz stehen geblieben zu sein. Nicht etwa aus Respekt vor den Göttern, wie es Bergsteiger unter den heiligen Gipfeln des Himalaja getan haben, nein, weil er für das Eis nicht ausgerüstet war und die Zeit drängte. Maestri hat Eispassagen, wenn möglich, immer gemieden, sein Element war der Fels.

Was mich 1971 stutzig macht, ist der Anspruch hinter der Expedition. Das Buch, das Cesare zusammen mit seiner Frau Fernanda, die während der Kletterei im Tal gewartet hat, schrieb, kam als ein verzweifelter Versuch daher, etwas bewiesen zu sehen, was mit der 70er-Expedition nicht beweisbar war.

In diesem Buch – *2000 Meter unseres Lebens* – mehrfach prämiert und spannend zu lesen, schildern Cesare und Fernanda Maestri nicht nur ihre Beziehung – er da oben, sie da unten –, die gemeinsam erduldeten Jahre der Infamie sind ihr eigentliches Thema. Und der Beweis? Ein Anliegen, dem sie nicht gerecht werden können. So sehr ich Maestri verteidige – als Mensch, als Kletterer, als Anarch –, der Beweis, den er 1970 vor sich her trägt wie eine Siegespalme, ist für uns Bergsteiger eine Farce. Warum wartet er nicht, frage ich mich, bis ihm die Kritiker seine eigenen Bohrhaken von 1959 aus der Nordwand bringen? Womit auch bewiesen wäre, wie hoch er am Torre gekommen ist! Warum also dieser Aufwand mit der Bohrmaschine, diese Hysterie, diese widersinnige Beweisführung. Maestri schürt alle Zweifel damit selbst. Seine Schilderung der Besteigung von 1970 klingt zudem so, als würde nicht einmal er selbst an die Geschichte von 1959 glauben. Ab jetzt muss also er beweisen, dass er damals oben war, nicht mehr jene, die nicht hinaufkommen. Denn all sein Wüten und Schreiben richtet sich gegen ihn selbst. »Ich wundere mich, dass ich der Einzige sein soll, der seine Besteigung zu beweisen hat. Was ist mit Terray am Fitz Roy oder mit Messner am Nanga Parbat?«, fragt Maestri in einem Interview, das 1972 im englischen *Mountain Magazine* erscheint. An der ersten Besteigung des Fitz Roy hat es nie den geringsten Zweifel gegeben, und Felix Kuen, der den Gipfel des Nanga Parbat im Juni 1970 einen Tag nach meinem Bruder Günther und mir erreicht hat, fand am Gipfel nicht nur unsere Spuren, sondern auch meine Handschuhe. Zudem hätten Günther und ich gar nicht über die Gegenseite der Aufstiegswand absteigen können, wenn wir nicht wenigstens bis zum Südgipfel des Berges gekommen wären. Glaubt Maestri also die Zweifel an seiner Besteigung beiseitewischen zu können, indem er andere Besteigungen in Zweifel zieht? Oder will er damit nur ablenken von Fragen, die er selbst aufwirft.

Ohne Zweifel, die Besteigung von 1970 ist eine große bergsteigerische Leistung. Auch weil Maestri, schon über vierzig, nicht mehr in Topform gewesen sein kann. Maestri: »Was genau erwartet die Bergsteigerszene von mir? Dass ich immer besser werde? Dass die Kurve meiner Kletterkunst steigt und steigt? Ich war zweiundvierzig, als ich den Cerro Torre ein zweites Mal bestieg, und ich kletterte dabei siebzig Tage lang voraus. Ist das nicht genug?« Deshalb also der Kompressor? »Nein, ich, Cesare Maestri, war immer auch an der Spitze der technischen Entwicklung, und ich werde immer all die technischen Neuerungen und Möglichkeiten nutzen, um über ein Stück natürlichen Fels emporzukommen. Ist das Problem frei kletterbar, werde ich frei klettern, braucht es Haken, werde ich nageln. Ist die Wand absolut glatt, setze ich Bohrhaken. Eines Tages wird es Klebstoffe geben, die mich an der Wand halten, ich werde sie benutzen.« Natürlich blieb es Maestri freigestellt, nach seiner Vorstellung zu klettern. Ich wiederhole, es gibt keinen allgemeingültigen Kletterstil, es gibt immer nur individuelle, selbst gemachte Regeln beim Bergsteigen, und diese muss niemand anderer einhalten. Auch für die Ethik gilt, man halte sich an die seine.

Als Maestri klar wird, dass seine Kompressorbesteigung einer Beweisumkehr gleichkommt, ändert er die Taktik. Maestri: »Ich habe den Cerro Torre bestiegen, obwohl ich wusste, dass dieses Geschwätz losgeht. Ich wusste es, bevor ich den Kompressor zu Hilfe nahm. Mein Ziel war simpel: Ich wollte etwas Neues erfinden, das Klettern weiterentwickeln.« Die selbst gemachten Regeln, denen Maestri dabei folgt, sind einfach: »Sollte ich in der Preuß-Route am Campanile Basso in der Brenta einmal nur einen Haken zur Sicherung benutzen müssen, werde ich sofort aufhören zu klettern. Meine eigenen Regeln aber erlauben es mir, am Cerro Torre Bohrhaken einzusetzen, gleichgültig wie viele, nicht aber die normale Hakensicherung an der Preuß-Route.« Einverstanden, das ist Maestris Ethik, die ich nicht infrage stellen will, sowie ich ihm niemals den Tod von Toni Egger vorwerfen werde. Wie aber kommt *er* dazu, anderen ihre Tragödien vorzuhalten. Maestri: »Ich kann all die Toten von Messner und Bonatti nicht nachvollziehen, die sie zu verantworten haben. Niemand hat das Recht, seine Freunde abzuschneiden, wie sie es tun, und ich wünschte nur, dass diese Zusammenhänge begriffen würden.« Welche Zusammenhänge? Eggers Tod am Cerro Torre hat doch nichts zu tun mit dem Tod meines Bruders am Nanga Parbat oder dem Tod von Andrea Oggioni 1961 am Frêney-Pfeiler des Mont Blanc. All die Tragödien in extremen Situationen – ob ausgelöst durch Absturz, Lawinen, Blitzschlag oder Erschöpfung – sind die Kehrseite einer Leidenschaft, die nicht zu rechtfertigen ist. Niemand aber hat je seinen Partner vom Seil geschnitten, außer in extremer Not und im Wissen, dass der andere nicht mehr zu retten ist. Denn unsere Freunde helfen uns nicht nur zum Gipfel, sie helfen uns vor allem zurück in unser eigenes Leben. Entweder weiß Maestri nicht, was er mit seinen Sätzen sagt, oder er versucht seine Tragödie hinter anderen Tragödien zu verstecken. So wie er seine Gipfelbesteigung bestätigt sehen will, indem er andere Gipfelbesteigungen anzweifelt.

Mir gefällt die anarchische Seite an Cesare Maestri nach wie vor, und auch meine Bewunderung für den 15 Jahre älteren Dolomitenkletterer habe ich ein Leben lang aufrechterhalten. Seine Cerro-Torre-Geschichte aber beginnt mit seinen Aussagen nach 1971 brüchig zu werden. Wenn er 1959 sein Ziel erreicht hat, sage ich mir, warum erzählt er so viel Unsinn. Unsinn, der mit den Jahren zu einem Berg von Widersprüchen anwächst, zu »Heroismus«, den Laien bestaunen und Fachleute belächeln. Maestri, der dank seiner theatralischen Fähigkeiten immer wieder die Bühne erobert, steht gleichzeitig davor wie einer, der nichts damit zu tun haben will. Als sei er nicht der Regisseur, der sein gesamtes Renommee darauf verwendet, zu glänzen. Das ist seine Tragödie.

Es ist zuletzt Fava, inzwischen Maestris bester Feind, der mir hilft, ihre gemeinsame Geschichte zu verstehen. Nicht weil er um Maestris Achillesferse weiß, sondern weil er zu viel redet. Führt er doch eine Kampagne gegen alle Pseudobergsteiger, die es wagen, seine und Cesares Heldentat zu hinterfragen. Er argumentiert gegen die Moral der »Pseudoalpinisten«, ohne zu bemerken, dass er sich selbst als solcher outet. Fava: »Zum Glück gehören wir nicht zu jener Art

Erst moderne Eisgeräte haben den Eispilz am Torre zugänglich gemacht.

Champions, denen es nur um die Aufmerksamkeit geht, weil Berühmtsein Reichtum bedeutet. Für Geld betrügen diese Champions ihre Leser, indem sie die ›Todeszone‹ erfinden.« Nun, die Todeszone ist eine Tatsache, die mit dem Sauerstoffpartialdruck zusammenhängt, wie die Steilheit des Cerro Torre mit der Erdauffaltung. Cesarino Fava gibt später wohl zu, dass eine Wand »zwar ihre Farbe, nicht aber ihre Steilheit verändern kann«, behauptet aber noch kurz vor seinem Tod, die Nordwand des Torre sei nur 45 bis 50 Grad geneigt.

Der Ruhm, an Maestris Seite in Patagonien »gekämpft« zu haben, hat ihm zwar keine Reichtümer, aber doch eine Menge Aufmerksamkeit eingetragen und ihn in seiner Hybris bestärkt, zum kleinen Kreis der Eingeweihten, zu den »Extremen«, zu gehören. Für seine ungezählten Leserbriefe, die er bis ins hohe Alter schreibt, wird er nicht mit Geld, sondern mit Applaus honoriert, den Redakteure gern spenden, wenn es gilt, eine Kontroverse anzuheizen. Als er 2008 in Malé im Val di Sole stirbt, ist die Trauergemeinde groß, die internationale Bergsteigerszene aber fehlt.

Der »schwierigste Berg der Welt« gehört inzwischen ja nicht mehr Maestri allein. Schon lange nicht mehr. Er gehört heute den besten Bergsteigern aus aller Herren Länder. In ihrer Überheblichkeit aber, der jungen Generation moralisch oder klettertechnisch überlegen gewesen zu sein, haben Fava und Maestri zu lange nichts an Neuem an sich herangelassen, um zu merken, was Elio Orbandi, die Huber-Brüder oder Ermanno Salvaterra in Patagonien inzwischen klettern können. Maestri und Fava aber bleiben mit ihrem Geheimnis trotzdem überall Gesprächsstoff: im Tourismusort El Chaltén ebenso wie in Basislagern, Eishöhlen und Biwaks hoch oben am Berg.

14 Casimiro Ferrari –
Die erste Gipfelbesteigung

Der Cerro-Torre-Gipfel, 1974 das begehrteste Ziel
der besten Bergsteiger der Welt

»Es ist eine Niederlage,
vom Berg zurückzukommen,
ohne den Gipfel erreicht
zu haben. Das aber erst ist die
Chance zurückzukehren.«

Alexander Huber

Gipfelgrat und Westwand
des Torre mit »Helm« (links
und unten). Rechts Eis-
kletterei an den Schaum-
rollen unterm Gipfel

»Bravissimi, großartig –
die Zeit schafft Gerechtigkeit
und die Logik zum Sieg.«

*Walter Bonatti
(in einem Telegramm an
die Expedition 1974)*

»Casimiro Ferrari
war mit Sicherheit
der größte Alpinist
Patagoniens.«

Walter Bonatti

»Bis das Rätsel des Cerro Torre, auf welche Weise auch immer, gelöst wird, sollte Cesare Maestris und Toni Eggers außerordentliche Leistung von 1959 als wegweisender Versuch, die Besteigung von 1974 durch Casimiro Ferrari, Daniele Chiappa, Mario Conti und Pino Negri als Erstbesteigung gelten.«

Andreas Kubin

»Mir tut es leid, dass Casimiro Ferrari in der ganzen Diskussion um Maestri in dessen Schatten geraten ist. In Wirklichkeit ist er der Held des Torre.«

Alexander Huber

Cavaliere
Casimiro
Ferrari

»Der wahre Held des Cerro Torre ist Casimiro Ferrari.«

Reinhold Messner

Als Anfang Januar 1970 eine Expedition des CAI di Belledo mit den »Spinnen von Lecco« nach Patagonien aufbricht, beginnt eine lebenslange Leidenschaft. Mehr als 30 Jahre später erst endet sie. Mit dem Tod des Protagonisten Casimiro Ferrari. Er ist zwischenzeitlich als »El Patagónico« oder auch »El condor italiano« in die Klettergeschichte eingegangen. Casimiro Ferraris Patagonien-Abenteuer kreisen sein halbes Leben lang um den Cerro Torre, den er als Erster besteigt, zu dem er zurückkehrt, unter dem er zuletzt lebt.

Es ist Carlo Mauri, der die Expedition mit Ferrari 1970 leitet. Derselbe Mauri, der 1958 am Torre mit Bonatti gescheitert ist. Auch Folco Doro Altán ist wieder dabei, der Mann aus Buenos Aires, der seine Schützlinge Bonatti und Mauri einst über den Passo del Viento und das südliche patagonische Inlandeis an die Westseite des Berges geführt hat, nachdem ihnen die Trentiner an der Ostseite des Cerro Torre zuvorgekommen sind. Zur Jubiläumsexpedition »Cittá di Lecco« gehören neben Mauri acht weitere Bergsteiger, darunter jener zähe Casimiro Ferrari, der es bis 250 Meter unter den Gipfel schafft.

Weniger dieser Erfolg als vielmehr das Telegramm Mauris »vom unmöglichen Berg« zwingt Maestri wenig später wieder auf die Bühne. Maestri weiß, dass Casimiro Ferrari, »Miro«, wie seine Freunde ihn nennen, bald wieder zum Torre aufbrechen wird. Ferrari aber polemisiert nicht gegen die Kompressorbesteigung Cesare Maestris. Es scheint ihn wenig zu interessieren, ob Egger und Maestri 1959 den Gipfel erreicht haben oder nicht. Er möchte nur zurück zum

»schwierigsten Felsturm der Welt«. Der Cerro Torre ist der Berg, den er nicht vergessen kann.

1974, das Jahr, in dem es gilt, das hundertjährige Gründungsjubiläum der Sektion des CAI di Lecco zu feiern, ist der richtige Moment dazu. Zu dieser Sektion gehört schließlich der »Gruppo Ragni«, der berühmte Club der »Ragni di Lecco«, der »Spinnen von Lecco«. Schon lange bevor sich Cesare Maestri zur »Spinne der Dolomiten« stilisiert hat, beherrschten diese »Ragni di Lecco« die Kletterszene in Italien. Stand doch Riccardo Cassin in ihren Reihen, in der Zwischenkriegszeit zusammen mit dem Deutschen Anderl Heckmair der beste Bergsteiger der Welt.

Der beste Schüler Cassins ist 1974 Casimiro Ferrari, und dieser hat mit dem Torre noch eine Rechnung offen. Denn dieser Granitzahn, der fast 2000 Meter hoch und senkrecht aufragt, ist seit der ersten Begegnung die Herausforderung schlechthin für »Miro« geblieben. Ob bestiegen oder nicht, nachdem Ferrari 1970 bis auf 250 Meter an den Gipfel herangekommen ist, will er es jetzt wissen. Ist der Gipfelturm, an allen Seiten senkrecht und oben überall mit morschem Eis gepanzert, ersteigbar oder nicht?

Ferrari, inzwischen vierunddreißig Jahre alt, setzt eine Jubiläumsexpedition zum Cerro Torre durch, stellt eine exzellente Mannschaft aus dem engen Kreis der »Ragni« zusammen und führt diese elf Männer im November 1973 nach Patagonien. »Miro« schwört seine Leute nicht auf Erfolg ein, es reicht ihm, dass alle den Torre im Herzen haben. Seit Monaten haben sie über nichts anderes gesprochen. Ferraris Cerro-Torre-Expedition ist die stärkste, die je am Torre operiert hat. Alle sind hochmotiviert. Als sie in Argentinien ankommen – Angelo Zoia, Gigi Alippi, Claudio Corti, Ernesto Panzeri, Sandro Liati, Pino Negri, Casimiro Ferrari, Giuseppe Lafranconi, Mimmo Lanzetta, Daniele Chiappa, Pierlorenzo Acquistapace, Mario Conti, »Mariolino« genannt –, ist klar, dass sie zur Bonatti-Route wollen. Casimiro Ferrari kennt den Weg zum Einstieg. Er kann sich im Detail an den Aufstiegsweg erinnern, und er hält die Besteigung nur dort für möglich.

Heiligabend 1973 verbringen die Bergsteiger im Lager III. Der Weg über den Passo del Viento und das Inlandeis bis an den Fuß des Berges war lang, und in Patagonien gibt es keine Sherpas, die Lasten schleppen, kochen oder das Lager sauber halten. Alles müssen die »Ragni« selbst machen. Ferrari findet als Vorsteiger bald seine alten Haken, Seilreste von 1970 und sogar Überbleibsel von 1958, die die Seilschaft Bonatti/Mauri hinterlassen hat. Hier verrottet nichts, und was das Eis mitnimmt, kommt tiefer unten wieder heraus.

Am 25. Dezember beginnen die »Ragni« mit der eigentlichen Kletterei Richtung Colle dell'Adela, den Bonatti und Mauri »Colle della Speranza« getauft haben. Das Wetter aber zwingt sie immer wieder zurück ins Lager III. Es gilt abzuwarten. Endlich, am 4. Januar, wird in einer Eishöhle am »Colle della Speranza« Lager V wieder bezogen. Ferrari ist mit seiner Mannschaft an seinem Berg und in seinem Stil unterwegs: Der Cerro Torre ist ein Berg, den sie besteigen können, nicht jedoch mit allen erdenklichen Tricks besteigen müssen.

Das Gelände oberhalb des »Helms«, ein Eispilz über dem Lager V, ist extrem schwierig. Zwischen Eis und Fels, durch überhängende Verschneidungen, oft im Sturm, kommen sie vorwärts. Äußerst langsam. »Miro«, obwohl meist an der Spitze der Seilschaft, bleibt Tröster und Motivator für die anderen.

Ob »Miro« selbst fest daran glauben kann, dass der Aufstieg gelingen wird? Er bereitet den Schlussangriff vor. Durch einen vereisten Schluchtkamin – 80 Zentimeter lange Spezialhaken lassen sich mit der Faust in den Raureif treiben, der am Fels klebt – erreicht Ferrari einen ersten Vorgipfel. Damit liegt die Schlüsselstelle hinter ihm. Alle atmen auf. Aber das Eis bleibt schwammig. Westwind weht. Im aufkommenden Weststurm ist es vorerst unmöglich weiterzumachen, auch Ferrari muss zurück.

Der 13. Januar scheint endlich ein guter Tag zu werden. Um die Mittagszeit sind Ferrari und Conti auf dem ersten Vorgipfel. Von hier klettern sie über den Nordgrat etwa 100 Meter weit bis unter den Gipfelpilz: über Schneeformationen, die wie gigantischer Blumenkohl wirken. Pino Negri und Daniele Chiappa folgen. Und Casimiro klettert immer weiter voraus, seine Energie scheint grenzenlos zu sein. Er ist Expeditionsleiter und Seilerster, Mahner und Antreiber, alles zugleich. Er schenkt seinen Leuten Vertrauen, und sie vertrauen ihm. Endlich auf dem zweiten Vorgipfel angekommen, muss Casimiro erkennen, dass die 50 Meter hohe Eiswand über ihm – überhängend, überwechtet, schaurig porös – große Risiken birgt. Außerdem ist es spät, drei Uhr nachmittags.

Als der Wind die Nebel kurz vertreibt, sehen sich die vier Bergsteiger um – unter sich nur Abgrund: Punta Adela, links der Torre Egger und rechts dahinter der Fitz Roy. Instinktiv erkennt Ferrari die Möglichkeit, nach rechts zu queren. Er zögert nicht lange und klettert los. Was für eine Exposition! Unter ihnen hängt die Wand über, über ihnen klebt, wie ein gigantisches Gespenst, der Gipfel als Eispilz. Seine Formen verschwimmen mit den Nebeln zu einer Art Fata Morgana im All. Die anderen drei lassen alle Haken und ein Fixseil für den Abstieg hängen und folgen Casimiro, der weiterklettert: durch einen Eiskanal, zwischen Eispilzen hindurch, um einen Eispfeiler herum. Die letzten 20 Meter sind wieder senkrecht, aber Casimiro stürmt voran, das Gelände erscheint ihm nicht mehr schwierig. Nichts kann ihn mehr aufhalten. Dann sieht er nichts mehr: nur Nebel. Die Welt scheint flach zu sein. White Out! Aber da sind keine Widerstände mehr, nur noch Abgründe. Also muss »Miro« am Gipfel angekommen sein, am einzigen Ende des Cerro Torre. Als erster Mensch der Welt steht Casimiro Ferrari ganz oben! Nein, er steht nicht mehr, er kniet und weint. Er bringt kein Wort, nicht einmal ein Seilkommando hervor. Kein Triumphgefühl, kein Siegesgeschrei, nur sein leises Schluchzen ist zwischen den Windstößen zu hören.

Schnell zieht er das Seil ein, »Mariolino«, dieser drahtige Ausdauersportler, kommt nach. Es folgen Daniele und Pino. Erst als sie sich umarmen, merken sie, dass ihr »Miro« weint.

Vier Jahre seines Lebens hat Casimiro Ferrari diesem Berg gewidmet. Es hat sich gelohnt. Auch wenn der Lohn nur ein paar hinter der Schneebrille versteckte Tränen sind.

Der Abstieg bis zur Grotte und anderntags weiter hinab zum Lager III geht glatt. Der Rückmarsch über den Passo del Viento, Schritt für Schritt zurück in die Zivilisation, wird zum Fest. Die »Ragni di Lecco« haben wieder einmal gezeigt, dass sie im klassischen Alpinismus Weltspitze sind. In der Estancia Rio Túnel der Brüder Alvorsen dürfen die Gipfelsieger ein paar Tage lang feiern. Bis die Rückfahrt nach Río Gallegos organisiert ist.

Ferraris Arbeitszimmer in Patagonien und seine Witwe

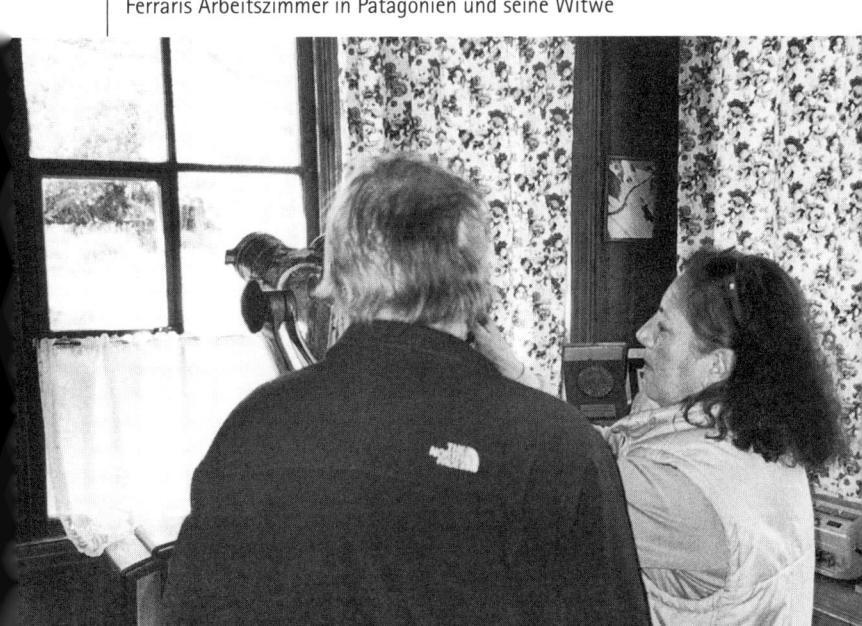

Die Mutter von Don Pedro Alvorsen, eine buckelige, kauzige, alte Frau schüttelt nur den Kopf bei der Nachricht, die »Ragni« hätten den Torre bestiegen. Dann fuchtelt sie mit ihren verkrüppelten Händen, als wolle sie Geister vertreiben: »El Torre«, murmelt sie, »ein Gipfel nur für Condores.« Sie spricht dabei zu sich selbst, in sich hinein, und sieht Casimiro Ferrari dann lange an. Vielleicht auch für ihn, »El condor italiano«, sagt ihr Blick. Als hätte die weise Alte es geahnt: Ferrari ist mit der Erstbesteigung des Torre »El Patagónico« geworden, zuletzt in Patagonien geblieben. Insgesamt 182 Nächte hat er im Biwak in den patagonischen Anden verbracht, viele Gipfel dort bestiegen. Seine Reisen nach Patagonien sind Legende. Zuletzt hat er seinen Lebenmittelpunkt dorthin verlegt. Nicht weit vom Cerro Torre hat er gelebt. Seine Frau, seine Estancia waren ihm Nest, die Berge Passion, Patagonien Heimat. Als Casimiro Ferrari am 2. September 2001 starb, hatte er weltweit nur Bewunderer. Und dies, obwohl er weder die Rolle des Helden noch jene des Opfers gespielt hat. Er hat nur niemandem je nach dem Munde geredet und getan, was er gesagt hat.

15 Cerro Egger –
Die Spurensuche beginnt

Cerro Torre und Cerro Egger (rechts),
von Südosten gesehen

»Ich war der Überzeugung, dass man einem Kletterer, besonders einem mit der Reputation Maestris, glauben muss. Nachdem ich zum ›Col della Conquista‹ geklettert war, änderte ich meine Meinung.«

Jim Donini

»Warum ich den Cerro Torre 1970 ein zweites Mal bestiegen habe? Aus Hass gegen diejenigen, die meine erste Besteigung in Zweifel gezogen haben.«

Cesare Maestri

Torre-Gipfelaufbau (oben) mit Ferrari-Route und Maestri-Route von 1970. Cerro Torre und Cerro Egger in ihrer ganzen Höhe (rechtes Bild)

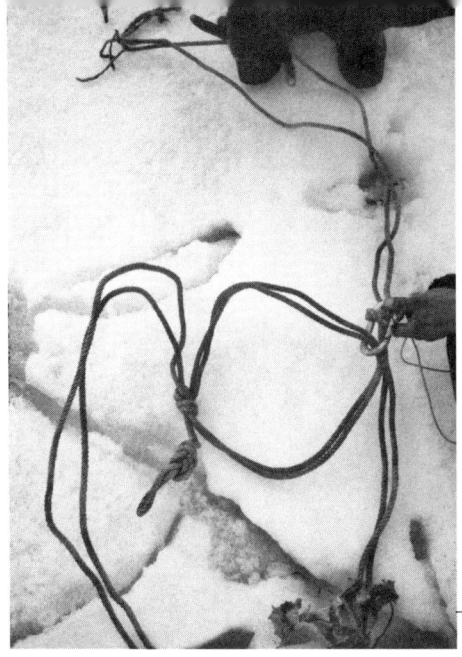

Seilreste (links) und Gedenkstätte für Toni Egger am Wandfuß der Ostwand (unten)

»Keiner von den Wichtigtuern, die in Zweifel gezogen haben, dass Toni Egger und Cesare Maestri bis zum Gipfel gekommen sind – einfach weil sie nicht in der Lage sind zu akzeptieren, dass jemand dort erfolgreich ist, wo sie gescheitert sind –, verdient ein Grab ... wie Toni Egger.«

Cesarino Fava

Leichenfund und Teil der Ausrüstung von Toni Egger

»Die Ausrüstung, die Toni Egger mit sich führte, vor allem der Eispickel, hätte nie und nimmer ausgereicht, um über die Eisgebilde des Gipfelgrates auf den Torre zu klettern.«

Reinhold Messner

Auf ihrer Rückreise erfahren die »Ragni« von jenem Fund, der die Kletterszene noch Jahrzehnte später beschäftigen wird. Beim Abstieg am Gletscher hat Mick Coffey – er war zusammen mit Jim Donini, Ben Campbell-Kelly und Brian Wyvill am Cerro Standhardt, einem Nebengipfel rechts vom Cerro Torre, aktiv – die Überreste eines Toten gefunden. Zuerst ragt da nur ein Schuh aus dem Schnee. Nach etwas Graben kommen ein Fuß, auch Beinknochen und Rippen zum Vorschein: Reste eines Skeletts. Nach weiterer Suche liegen ein Eispickel, Seilreste sowie ein Hammer vor den Bergsteigern. Es gibt keinen Zweifel, Toni Eggers Eisgrab ist gefunden. Die Überreste befinden sich ja unmittelbar unter der Ostwand des Cerro Torre. Einen Fotoapparat finden die Bergsteiger nicht. Trotzdem, mit diesem Fund ist der Absturz von Toni Egger, so wie ihn Maestri beschreibt, nachvollziehbar.

Niemals habe ich mich auf Spekulationen eingelassen, wie sie nach dem Leichenfund kolportiert worden sind. Ich werde es auch hier nicht tun. Der Versuch einer Besteigung des Cerro Torre 1959 ist eine Sache, der Tod von Toni Egger eine andere. Nur Maestri war beim Absturz vor Ort, und nur er kann wissen, was genau passiert ist. Auch wenn der Schreck beim Sturz, das Chaos beim weiteren Abstieg und das Trauma danach seine Erinnerung getrübt haben mag.

Beim letzten Einstieg in die gigantischen Granitwände des Cerro Torre sind die Männer zu dritt gewesen: Egger, Maestri und Fava. Der Berg spielte jedoch die Hauptrolle. Wann und wo Fava ausgestiegen ist, lasse ich vorerst offen. Der Kampf um ihr Überleben begann erst nachher. Die Tragödie folgte. Der Torre und Maestri sind zuletzt übrig geblieben. Und nur einer der beiden ist dabei unbeteiligt, ja unverändert geblieben: der Cerro Torre! Cesare Maestri ist das Trauma von Tod und Wiedergeburt am Fuß des Cerro Torre sein Leben lang nicht mehr losgeworden. Obwohl er keinerlei Schuld am Absturz seines Seilpartners trägt, der ja von sich aus nach oben drängte, auch weil er daran geglaubt haben muss, dass der »unmögliche Berg« möglich ist. Der Cerro Torre aber wurde Eggers Grabmal. Wie er vorher Favas Idee und hinterher Maestris Gral gewesen ist. Nochmals: Die Unmöglichkeit einer Besteigung – 1959 fehlten Ausrüstung und Erfahrung dafür – hat nichts mit dem Tod von Toni Egger zu tun. Dieser Cerro Torre aber, dessen Granit unverändert in die Höhe schießt, ist Symbol für Eggers Mut und gleichzeitig Beweis für Maestris Scheitern. Dieser trägt nun das bittere Los des Überlebenden allein, und dies ist Teil seiner Tragödie. Die vielen Ungereimtheiten in Favas und Maestris Geschichten, die Bergsteiger weltweit beschäftigen, sind aber nicht nur Geschwätz.

Zwischen den Fragmenten in Favas und Maestris Schilderungen ihrer Tage am Cerro Torre gibt es viel leeren Raum. Am Berg, an ihrer Route große Strecken, die weder Fava noch Maestri so beschreiben, wie sie sind. Mit diesem Raum nun können wir Leser anstellen, was wir wollen. Wir können selbst hingehen und nachsehen; prüfen, worin sich Maestri und Fava widersprechen; wir können für einen der beiden oder auch für Dritte Partei ergreifen. In jedem Fall aber sind wir nur als emotional aktive Teilnehmer bei der Spurensuche fähig, wirklich nachzuvollziehen, was Maestri gewollt, erlitten und ertragen hat.

Nicht einmal andeutungsweise gebe ich ein Szenario vor, wie die Cerro-Torre-Geschichte von 1959 zu interpretieren ist. Ich versuche nur, mit Maestri zu fühlen, frage mich, wie es ihm nach Eggers Sturz ergangen sein mag. Denn wer wie

Cesare Maestri mehr tot als lebendig am Fuße eines Berges ankommt – der Kamerad verloren –, ist nur noch Überlebender. Alles Vor- und Nachher ist aufgehoben. Was er selbst nicht weiß, glaubt er jetzt den Rettern. Damit lasse ich meine Leser allein: Sie müssen sich jetzt selbst im Wust der komplizierten Ereignisse und widersprüchlichen Berichte zurechtfinden. Es geht ja nicht darum zu richten, es gilt, Antworten zu finden auf Fragen nach Leben und Tod. Extrembergsteigen kann nicht verteidigt werden, zu viele Menschen sind dabei umgekommen. Und eine Zivilisation, die alles Mitgefühl verloren hat, weil sie ganz andere Sorgen hat, als im Gebirge zu überleben, kann nur Spott übrig haben für solchen »Unfug«. Wem also alles Mitgefühl abhandengekommen ist und wer normalen Verhaltensregeln folgt, sieht in unserem Tun alle Vernunft außer Kraft gesetzt und nur Psychopathen unterwegs. Auch mir bleibt kein Argument, den Rationalisten zu widersprechen. Wir müssen uns aber vorstellen, wie Maestri, der Antreiber, aus seinem Grab klettert, einem Eiskrater, in den er zuletzt gefallen ist. Wie er immer wieder zurückfällt, weil Sturm und Erschöpfung ihn kraftlos gemacht haben. Wer Maestris Hoffnungslosigkeit, seine innere Leere, diesen Schmerz nicht nachempfindet, weil er schwer nachvollziehbar ist, versteht die Geschichte nicht wirklich. Menschen, die den puren Willen zur Selbsterhaltung nie erlebt haben, bewegen sich in anderen Welten. Mein Anspruch ist es, diese Geschichte nachzuvollziehen, nicht das Extrembergsteigen zu verteidigen oder Bergsteiger gegeneinander aufzuwiegeln: Dieser Bergsteiger ist schlimmer als jener; ich hasse ihn, also sollen ihn alle ausgrenzen. Dies ist die Arbeitsweise von Faschisten, nicht meine.

Die alpine Geschichte ist die Summe aller am Berg erlebten Geschichten. Sie funktioniert nicht, wie es sich Stubenhocker, Moralisten aller Art oder auch Idealisten ausdenken. Geschichte passiert, und sie besteht aus vielen oft nicht beeinflussbaren Schritten, kleinen Entscheidungen. Mit einem einfachen Schwarz-Weiß-Schema wird man also auch der alpinen Geschichte nicht gerecht.

Ein Team, eine kleine Gruppe von Menschen, irgendwo am Ende der Welt, das mit einem anderen Team im Wettstreit steht, gerät in einen Wettersturz. Plötzlich, in der Notlage, reagieren alle Beteiligten im Hier und Jetzt. Denn zuallererst geht es beim klassischen Bergsteigen allen ums Überleben. Und dieses ist meist nur gemeinsam zu retten. Der Erfolg, der Gipfel, kommt nachher, und nur psychisch Kranke stellen ihn über alles. Viele Dinge geschehen in der Gefahr, also zur selben Zeit und als Teil derselben Leidenschaft, und niemand, auch unmittelbare Beteiligte nicht, sollte sich ein Urteil über die jeweils anderen anmaßen. Wenn ich nachts im Bett liege und den Sturm über Maestris Grab fliegen höre, denke ich an ein Kind, das verloren gegangen ist. In der folgenden Nacht wäre Maestri gestorben, so wie ein ausgesetztes Kind stirbt. Ist es so schwer, Bezugspunkte des Leidens zu setzen? Wenn wir es nicht tun, ist die Vergangenheit nicht nachvollzogen, und eine emotionslose Welt ist nicht hilfreich für die Zukunft.

Ein Jahr nach der ersten Besteigung des Cerro Torre bin ich mit Mariolino Conti, einem der Erstbesteiger, am Lhotse im Himalaja unterwegs. Schon beim Anmarsch zeigt sich, dass Mariolino über eine außerordentliche Ausdauer verfügt. Und er erzählt mir von seiner Expedition mit Casimiro Ferrari. Dabei werde ich fast neidisch: Nicht nur ob seiner Begeisterung. So viel Zuneigung für seinen Expeditionsleiter! Casimiro Ferrari ist sein Held.

Auch am Lhotse haben wir eine großartige Persönlichkeit als Leiter: Riccardo Cassin, einer der weltbesten Bergsteiger der vorangegangenen 40 Jahre. Niemand von uns wagt es, an seiner Kompetenz zu zweifeln. Den gleichen Respekt bringt Mariolino seinem Chef der Cerro-Torre-Expedition 1973/74 entgegen, und das gefällt mir.

Ich habe Ferrari später selbst kennengelernt, diesen kleinen, zähen Italiener, dessen Hände schwielig und verkrüppelt waren wie die Hände eines Holzfällers. Seine Ausdauer war legendär, dazu diese Art Hartnäckigkeit, die alle großen Bergsteiger auszeichnet. Wir haben über Patagonien geredet, und ich spürte, Bergsteigen am Fitz Roy oder am Cerro Torre ist etwas anderes als das Große-Wände-Bergsteigen an den Achttausendern im Himalaja: schwieriger, unberechenbarer, das Wetter viel schlechter. Nur die dünne Luft fehlt dort. Andererseits fegen immerzu Stürme über das Inlandeis. Wie nirgends sonst auf der Welt! Die großen Ziele würden sich bald vom Himalaja nach Patagonien verlagern, wusste ich und bewunderte »Miro«, den Helden vom Cerro Torre, der mich immer wieder dazu anstachelte mitzukommen, einmal wenigstens. Später einmal, war meine Ausrede. Ich hatte mich seit Jahren an den Achttausendern festgebissen und beobachtete das Geschehen in Patagonien nur aus der Ferne.

Jim Donini, John Bragg und Jay Wilson klettern 1976 erstmals bis zum »Colle della Conquista«. Sie sind auf ihrem Weg zum Gipfel des Cerro Egger, dem Nachbargipfel des Cerro Torre. Die drei finden bald keinerlei Spuren irgendwelcher Vorgänger mehr: keine Sicherungshaken, keine Abseilschlingen, nichts. Will Cesarino Fava 1959 die Strecke vom Sattel bis zum Schneefeld nicht allein abgeseilt haben? Wie das, fragt sich Donini, wenn doch keine Verankerungen zu finden sind? Es ist Jim Donini, der mir von den großen Kletterschwierigkeiten oberhalb des Eisfeldes – »wie im Yosemite!« – erzählt. Auch dass Maestri, Egger und Fava nicht bis zum »Colle della Conquista« gekommen sein können. »Undenkbar«, stellt Donini fest. »Eindeutig!« Welches Motiv, frage ich mich, soll der robuste Donini haben, Maestris Erstbesteigung in Abrede zu stellen. Die beiden sind keine Rivalen, nicht einmal Zeitgenossen. Ihre Herausforderungen sind

Jim Bridwell

1976 völlig verschiedener Natur: Donini, Bragg und Wilson gelingt die erste Besteigung des Cerro Egger, Maestri beansprucht die erste Besteigung des Cerro Torre für sich.

1978 dann wagt die Seilschaft Jim Bridwell/Steve Brewer die Wiederholung der »Kompressorroute« am Südostgrat des Cerro Torre. Sie gelingt in nur drei Tagen. Bridwell bestätigt, dass die Bohrhakenlinie bis knapp unter den Gipfel führt. Und Jim Bridwell, damals einer der besten Kletterer der Welt und Anarchist wie Maestri, lobt Maestris Einsatz am Torre. Trotz allem!

Im gleichen Jahr 1978 erzählt mir Leo Dickinson, ein genialer Filmemacher aus England, von seinen Erfahrungen am Cerro Torre. Wir sind zusammen am höchsten Berg der Welt und haben uns in ein anderes Tabu verstiegen: »Everest ohne

Maske«. Leo ist nicht nur ein mutiger Kameramann, er ist ein akribischer Arbeiter, wenn es um Fakten und Hintergründe geht. Deshalb besuchte er auch Fava, bekam aber nur vage Antworten, was seinen Abstieg vom »Colle della Conquista« angeht. Jetzt teilt Leo Dickinson meine Ansicht, dass mit der Besteigung von 1970 die »Erstbesteigung« von 1959 nicht bewiesen ist. Heute noch frage ich mich, warum beide, Maestri und Fava, vor allem diese meine simple Erkenntnis bekämpften. Die zweite Besteigung kann doch kein Beweis für die erste sein. Sie warfen mir in dieser Sache sogar Verleumdung vor.

Als zwei weitere Versuche an der Ostwand scheitern – 1978 und 1981 –, erhärtet sich meine Überzeugung: Der Torre war 1959 unmöglich! Tom Proctor und Phil Burke haben weder oberhalb der Fixseilstrecke Maestris – sie endet 300 Meter über dem Einstieg – noch in der Nordwand unterhalb des Gipfels irgendwelche Spuren von Egger und Maestri gefunden. Wieder wird in England über Maestri diskutiert, und wieder macht der Verletzte mich zum Feindbild. Warum, frage ich mich, hat Maestri nach Bonatti mich zum Gegenspieler erkoren und nicht Ken Wilson oder Leo Dickinson, die seine Cerro-Torre-Geschichte seit 15 Jahren schon hinterfragen. Maestri unterstellt mir jetzt öffentlich, im Zusammenhang mit dem Tod meines Bruders am Nanga Parbat gelogen zu haben. Alles nur, um von seiner Unglaubwürdigkeit abzulenken? Ich habe nie am Absturz von Toni Egger herumgedeutet, wie es andere tun. Auch respektiere ich seine Kompressormethode. Sie ist nicht nach meinem Geschmack, Maestri aber kann die Berge hochgehen, wie es ihm beliebt. Unser Bergsteigen ist schließlich ein anarchisches Tun in einer archaischen Welt. Darin bin ich mit Cesare Maestri bis heute einer Meinung. Ich weiß aber auch, wie weit die Eisklettertechnik 1959 entwickelt war und dass die Nordwand des Torre nicht 50 oder 60 Grad steil ist, wie Maestri erzählt, sondern 80 bis 90 Grad. Mich interessieren nur Tatsachen und darüber hinaus Maestris erster Bericht. Alle Deutungsversuche erfolgreicher oder gescheiterter Cerro-Torre-Anwärter sind Ergänzungen, der Berg selbst aber bleibt die unumstößliche Größe. Und alle Tatsachen, die in der Entwicklung der Kletterkunst und im Berg selbst stecken, sprechen gegen Maestri und Fava. Vor allem der Müll, den sie in Form von Haken, Depots, Bohrhaken oder Lagern am Berg zurückgelassen haben wollen. Weil er fehlt! Maestris Kompressor hängt immer noch in der Gipfelwand des Torre. Sogar die Bolzen der abgeschlagenen Bohrhaken hat Jim Bridwell in der Gipfelwand gefunden. An der Route von 1959 aber ist oberhalb des Schneefelds nichts von Maestri, Fava oder Egger zu finden gewesen. Bis heute nichts. Es ist nicht so, dass ich Cesare Maestri nicht glauben will. Die Frage ist vielmehr: Warum ist er 1970 wiedergekommen? Um zu beweisen, dass der Cerro Torre kein »unmöglicher Berg« ist, wie er selbst schreibt? Was für ein Aufwand! Wäre 1959 nur ein einziger Bohrhaken in der Gipfelwand zurückgeblieben, er hätte daheimbleiben können. Seine dritte und vierte Expedition sind vielleicht auch eine Sache für sich, aber immer auch ein Zeichen dafür, dass der Aufstieg von 1959 nicht vollendet wurde. Wollen hilft am Berg nicht weiter, wenn man nicht kann. Casimiro Ferrari sagt mit seinem lapidaren Satz – »Wir besteigen Berge, die wir meistern können, nicht solche, die wir machen wollen« – das Gleiche! Obwohl der »Ragno di Lecco« mit seiner Erstbesteigung des Torre im Schatten des »Ragno delle Dolomiti« geblieben ist, er wird zuletzt als »Ragno del Torre« in die Geschichte eingehen. Maestris Ruhm tut dies allerdings keinerlei Abbruch.

16 Ostwand –
Harte Wirklichkeit

Die Ostwand des Torre

» Maestris Erzählung war
für mich äußerst inspirierend.
Ich hoffe, dass all die verrückten
Dinge, die ich gemacht habe,
nicht auf einer falschen
Geschichte beruhen.«

Jim Bridwell

» Mit einem Schlag erhöhten Messner und Habeler deutlich den Einsatz
in einem Spiel, dem es ganz und gar nicht an hohen Risiken mangelt.
Als Messner erstmals ankündigte, einen Achttausender im Himalaja
genauso anzugehen wie andere Bergsteiger die Teton Mountains in
Wyoming oder einen Alpengipfel, bezeichneten die führenden Alpinisten
dieses Vorhaben weltweit als unmöglich und selbstmörderisch.«

Mark Twight

Cerro Torre von Osten (links
und unten), vom Fitz Roy aus
(kleines Bild, linke Seite) und
die Nordwand im Nebelreißen

»Die gegenwärtige Richtung beim Höhenbergsteigen wurde unzweifel-
haft im Sommer 1975 vorgegeben, als Reinhold Messner und Peter
Habeler eine neue Route auf einen 8068 Meter hohen Nachbarn des
K2 eröffneten, den Hidden Peak, und zwar ohne Flaschensauerstoff,
Hilfsteam, Fixseile, die Kette zuvor eingerichteter Lager und ohne andere
Belagerungstaktiken, wie sie bisher im Himalaja üblich waren. Messner
nannte diesen mutigen neuen Stil kurz und prägnant Bergsteigen ›by fair
means‹ – mit fairen Mitteln – und brachte damit zum Ausdruck, dass es
unredlich sei, einen Berg auf andere Art zu besteigen.« *Mark Twight*

In der Ostwand des Torre

»Das Klettern (auch im Alpinstil) im Himalaja ist etwas völlig anderes als das Klettern in Patagonien. Der Erfolg meiner Methode an den Achttausendern ist also kein Beweis dafür, dass ein ähnliches Vorgehen am Cerro Torre schon früher (1959) zum ›Gipfelsieg‹ hat führen müssen.«

Reinhold Messner

Carlo Mauri, Ken Wilson oder Jim Donini, mit denen ich wiederholt über Maestris Cerro-Torre-Bericht von 1959 spreche, mögen ihre Zweifel haben. Für mich bleibt die von Maestri erzählte Geschichte mehr als ein Rätsel. Sie liest sich wie Fantasyliteratur. Diese seine eigene Diktion irritiert mich vor allem wegen ihrer Ungereimtheiten. Auch weil sie nicht deckungsgleich ist mit den Verhältnissen in Patagonien, mit der Struktur des Berges, mit der Erzählung Favas über seinen Abstieg. Vielleicht, so denke ich, ist das, was Maestri erlebt hat, in seiner Erinnerung nur durcheinandergeraten? Nach dem tragischen Tod von Toni Egger ist das gut möglich. Wer von uns kann schon immer zwischen Wahn und Wirklichkeit unterscheiden? Und wer von uns erinnert sich 50 Jahre danach noch an Details einer Besteigung? Kletterpassagen, Wandpartien, ja verschiedene Bergtouren oder Expeditionen überlagern sich mit der Zeit in unserer Erinnerung. Auch die Verteidiger von Maestris »Erstbesteigung 1959« mögen in manchem ja recht haben: Die Vereisung des Cerro Torre wechselt, vor allem im Gipfelbereich.

Ich habe den Cerro Torre nie bestiegen! Ich habe ihn nur gesehen: vom Fitz Roy aus, vom Gletscher unter der Ostwand, zuletzt von allen Seiten. Und ich war beeindruckt. Ich werde diesen Berg nie besteigen! Weil ich es nicht kann. Das ist natürlich kein Beweis dafür, dass Maestris Geschichte nicht stimmt. Es ist auch nicht meine Aufgabe, die Cerro-Torre-Tragödie von 1959 aufzuklären. So wenig es Maestris Aufgabe war, meine Tragödie am Nanga Parbat zu interpretieren. Trotzdem, es bleibt sein Recht, laut darüber nachzudenken.

Beide Male ging es um Details, an die sich normalerweise jeder Bergsteiger erinnert: Steilheit des Geländes, Biwakplätze, Notlage. Für uns beide steht dabei die wohl größte alpinistische Leistung unseres Lebens zur Diskussion. Obwohl mir – viel schlimmer als Maestri – unterstellt wurde, meinen Bruder dem Ehrgeiz geopfert und ihn über die Aufstiegsroute zurückgeschickt zu haben, sind mit dem Fund seiner Überreste meine Kritiker beschämt, aber nicht still geblieben. 2005 ist meine Tragödie am Nanga Parbat ein für alle Mal aufgeklärt worden. Anders die »Gipfelbesteigung« 1959 am Cerro Torre. Ist sie als Vorstellung zu verstehen, als Wille zum Ruhm? Nicht als Wirklichkeit gewordener Traum! Die Tatsache, dass nachfolgende Bergsteiger in der Ostwand des Berges nur bis in eine Höhe von 300 Metern Begehungsspuren von 1959 fanden und darüber nichts, darf auch 50 Jahre später irritieren. Keine Seilreste, keine Haken, nichts. Darunter Seilversicherungen, Holzkeile, ja sogar ein Rucksack. Obwohl inzwischen mehr als 30 Seilschaften eine Wiederholung der »Maestri-Egger-Route« versucht haben, nichts als Zweifel, Fragen, Irritation. Die Ausrüstung und das Können auf dem Gebiet des Eiskletterns waren 1959 mehr als bescheiden. Aber trotz modernster Ausrüstung, trotz Satellitenwetterbericht und viel mehr Erfahrung sind später alle gescheitert. Es ist, als gäbe es die Route von Egger und Maestri nicht. Oder nur als gedachten Meilenstein in der alpinen Geschichte.

Maestri ist inzwischen achtzig Jahre alt, ein kleiner, untersetzter Mann, dessen Kraft und Können legendär geblieben sind. Obwohl sein Bart grau geworden ist, die grünen Augen stumpf, bleibt er für mich einer der Stars meiner Jugend, die »Spinne der Dolomiten«. Sympathisch ist mir vor allem seine Anarchie, seine selbstbestimmte Art, an Probleme heranzugehen. Bedingungslos. Nicht folgen kann ich seinem Willen zum Erfolg und seinem Pathos. Da ist zu viel Wut! Extremes

Bergsteigen ist immer nur der Versuch, dort zu bestehen, wo das Überleben schwierig ist: hoch überm Abgrund, im Sturm, bei Kälte. Für mich ist Bergsteigen mit der Hoffnung verbunden, immer wieder ein Stück weit höherzukommen. Es hat aber nichts zu tun mit Eroberung um jeden Preis. Sieg über den Berg oder gar Unterwerfung der Natur sind mir ein Gräuel. Deshalb gefällt mir die Haltung Bonattis besser. Sein »Colle della Speranza« (Sattel der Hoffnung) ist im Gegensatz zu Maestris »Colle della Conquista« (Sattel der Eroberung) ein Symbol des Respekts vor dem Berg. Bonatti ist der Hoffnungsträger, Maestri outet sich am Berg als Krieger. Warum aber unterstellt ausgerechnet er mir eine faschistische Gesinnung? Wobei er nicht zu merken scheint, dass er sich mit seinem Cerro-Torre-Bericht als jener Übermensch gebärdet, den vor allem Ängstliche und Schwache verherrlichen. Ich denke dabei nicht an Nietzsches *Zarathustra*, der selbstbestimmt seinen Weg geht. Maestri ist der selbstherrliche Übermensch, der mit seinem »Willen zum Sieg« alles erreicht haben will, was am Berg immer in der Schwebe bleibt: das Geheimnisvolle.

Vier volle Tage brauchen Maestri, Fava und Egger 1959, um die Einstiegsverschneidung – keine 300 Meter hoch – mit Haken und Fixseilen abzusichern. Sie operieren dabei mit zwölf Millimeter dicken Hanfseilen. Maestri stöhnt unter der Anstrengung. Einmal schafft er nur 30 Meter Tagesleistung. Tage später will er die 1200 ungesicherten Höhenmeter bis zum Gipfel – zum Teil über weit schwierigeres Gelände – in weniger als vier Tagen gemeistert haben. Das Gelände dort oben ist extremer – mit und ohne Eis –, nur in den wenigsten Passagen leichter als von Maestri beschrieben. Jedenfalls passt die Routenbeschreibung nicht zur jeweiligen Felsstruktur, die sich bis heute nicht wesentlich verändert haben kann. Die Ausgesetztheit dazu: 1000 und mehr Meter über dem Gletscher.

Dann Favas Abstieg! Nach 700 Höhenmetern im Aufstieg kommt sein Abstieg. Alles in nur 16 Stunden! Das heißt: Nach einem unglaublich schnellen Aufstieg über extrem schwieriges Eis und glatten Granit seilt sich einer allein bis zum Wandfuß ab. Oder er biwakiert in einer Eishöhle am Schneefeld, je nachdem, welchem seiner Szenarios wir folgen wollen. Und das alles trotz seiner Invalidität.

Fava hatte damals als Kletterer kaum Erfahrung. Schon die Aconcagua-Besteigung über den Normalweg hatte ihn überfordert. Dann das Gewicht! Wozu sollte er überhaupt bis zum Sattel mitgegangen sein? Das 200–Meter-Seil, das er extra für seinen Abstieg mitzutragen gehabt hätte, wog 16 Kilo. Dazu das Material für die Abseilstellen – Haken, Reepschnüre, Karabiner, die allerdings nie gefunden wurden.

Vom Sattel aufwärts müssten Egger und Maestri dann je 25 Kilogramm geschleppt oder nachgezogen haben, wenn sie 200 Meter Seil, Karabiner, 30 Haken, 100 Bohrhaken, 30 Eisschrauben, Holzkeile, 30 Meter Reepschnur, Proviant für drei bis vier Tage und die Biwakausrüstung mitgenommen hätten. Weil aber nichts von all dem je gefunden worden ist, dürfen Zweifel erlaubt bleiben. Bohrhaken kommen üblicherweise nicht abhanden.

Allein am zweiten Klettertag will Maestri 30 Bolzen gesetzt haben. Jedes Bohrloch hätte 35 Minuten Zeit gekostet, manchmal auch 40. 500 Hammerschläge waren notwendig, um mit einem Handmeißel ein 2,5 Zentimeter tiefes Loch in den harten Granit zu treiben, und dann noch ein Dutzend Schläge, um den Haken einzuschlagen. Eine mörderische Arbeit. Wann ist Maestri eigentlich geklettert, frage ich mich, wenn er nach eigener Angabe mindestens 17 Stunden lang gebohrt hat. Mehr als 17 Stunden gibt ein Klettertag auch in Patagonien nicht her.

Der Nordwand des Torre, die damals völig mit Eis und Schnee gepanzert gewesen sein soll, was ich nicht bestreiten will, misst Maestri eine Steilheit von 45 bis 50 Grad zu. In der Tat, über solches Gelände wäre Egger ohne Probleme voraus zum Gipfel spaziert. Und viele junge Kletterer könnten heute bei klarem Wetter und trockenem Fels dort herumsteigen und nach Maestris Bohrhaken suchen. Die tatsächliche Geografie aber ist eine andere: Der untere Teil der Nordwand ist nahezu senkrecht und fast nie mit Schnee oder Eis bedeckt. Die Flanke weiter oberhalb des Sattels – da gibt es nichts zu deuten – ist im Durchschnitt etwa 80 Grad geneigt und wäre damals auf Eis nicht kletterbar gewesen. Maestri, der die Wand in ihrer Steilheit und Schwierigkeit sehr wohl hätte einschätzen können, wenn er bis zum »Colle della Conquista« gekommen wäre, muss sich also mächtig getäuscht haben. Warum, frage ich weiter, hat Fava das Inlandeis von dort oben nur beschrieben, nicht fotografiert?

Alles in allem will Maestri 120 Haken und 20 Holzkeile eingeschlagen, 65 Eisschrauben und 70 Bohrhaken gesetzt haben. Auch wenn Eisschrauben und Normalhaken wiederholt verwendet wurden und Holzkeile mit der Zeit verwittern, wohin sind die Bohrhaken verschwunden, von denen heute ein einziger hoch oben am Torre aus einer imaginären eine reale Aufstiegslinie machen würde. Maestris Hinterlassenschaft in der Einstiegsverschneidung und seine Bohrhakenroute 1970 sprechen nicht gegen ihn als Bergsteiger – sein Stil bleibt seine Sache –, sie sind aber Beweis genug, dass am Cerro Torre jede menschliche Aktion nachweisbar bleibt. Eben weil er im klassischen Sinn des Bergsteigens ein »unmöglicher Berg« ist.

Terray, Detassis, Bonatti, Mauri hatten recht. Und Maestris Versuch mit Egger 1959 wäre auch ohne den Gipfelerfolg in die Geschichte eingegangen. Maestri, so sehr er als Rivale Bonattis unter der Ausgrenzung am K2 gelitten haben mag, hätte den Rückzug verkraften können. Also frage ich mich: Stand Fava unter größerem Erfolgsdruck als Maestri? Die Rivalität zwischen den beiden Gruppen von Italo-Argentiniern in Buenos Aires – auf der einen Seite der Patagonien-Veteran Folco Doro Altán, auf der anderen die Trentiner Cesarino Fava und Tito Lucchini – hatte sich doch am Cerro Torre entzündet. Stellen wir uns also vor: Fava als Ideenlieferant der Herausforderung Cerro Torre und Maestri als sein Opfer. Obwohl er sich als Täter sah. Aber dieser Fava war ein Schwärmer, auch ein Träumer. Nur kein extremer Bergsteiger. Er hat bis zu seinem Lebensende nie wirklich verstanden, wie schwierig der Cerro Torre ist. Maestri hingegen schon. Auch deshalb ist er 1970 mit der Bohrmaschine angerückt. Mit wie viel Naivität allerdings? Glaubte er wirklich, alle alten Zweifel mit einer neuen Verrücktheit ausräumen zu können? Oder hielt er alle Welt für dumm? So sehr sich Bergsteiger für ausgefallene Ideen gegenseitig bewundern, bei der Umsetzung von allem Neuen sehen sie dann doch besonders aufmerksam hin.

Mich interessiert es heute wenig, wenn jemand im Gänsemarsch auf den Mount Everest, über den Kinshofer-Weg auf den Nanga Parbat oder über die Kompressorroute auf den Cerro Torre steigt. Ob aber Mallory 1924 den Everestgipfel, Maestri 1959 den des Cerro Torre oder Tomo Cesen 1990 den des Lhotse-Gipfel über die Südwand erreicht hat, beschäftigt mich auch als Sonntagsbergsteiger. Weil damit und mit ähnlichen Versuchen unser Spiel definiert wird, das immer auch in dem Versuch bestehen wird, das Mögliche im Unmöglichen zu finden. Große Sprünge sind dabei nie gemacht worden, auch weil nur der Lernprozess zwischen Versuch und Irrtum weiterbringt und große Irrtümer am Berg unweigerlich zum Tod führen. Diejenigen aber, die die verrücktesten Abenteuer überlebt haben, wissen genau, was in der jeweiligen Zeit möglich oder unmöglich war oder ist.

Maestri hat 1959 nicht nur Material als Beweisstücke in der Wand hinterlassen, der Berg selbst bleibt Gegenbeweis zu seinen Aussagen, sogar das Wetter ist Tag für Tag aufgezeichnet worden: von Gianni Dalbagni, einem der vier Studenten, die die Expedition bis zum Wandfuß unterstützt haben. Am 27. und 28. Januar 1959 ist das Wetter schlecht. Erst am 29. wird es besser: Blauer Himmel und extrem starker Wind. Am 30. Januar dann perfektes Wetter für den Torre. Anderntags aber trübt sich der Himmel ein, und um die Mittagszeit regnet es so stark, dass die Studenten gezwungen sind, in ihr Camp zu flüchten. An diesem Tag will Maestri den Gipfel erreicht haben – undenkbar. Auch die ersten beiden Februartage bringen schlechtes Wetter: Schneefall und Regen im Basislager, ununterbrochen starker Wind. Wie schlimm müssen die Verhältnisse erst 2000 Meter weiter oben gewesen sein! Am dritten Februar dann Chaos. Es hat die ganze Nacht über geschneit, der Wind treibt den Schnee durch alle Nähte und Ritzen der Zelte. Dalbagni und seine Kameraden hocken im Lager und warten. Sie wissen: Im Fitz-Roy-Massiv sind die Wetterverhältnisse im Gipfelbereich immer um ein Vielfaches extremer als tiefer unten. Also hätten Egger und Maestri mit orkanartigen Stürmen und ständigem Schneefall durch die Nordwand abseilen müssen, genau dort, wo der Wind wie durch eine offene Tür mit voller Wucht vom Hielo Continental her einfällt.

Es sind ja auch die Wetterverhältnisse, die erste Zweifel an Maestris Besteigung aufkommen lassen. Als Peter Crew, Martin Boysen, Mick Burke, José Luis Fonrouge und Dougal Haston 1968 von ihrer gescheiterten Cerro-Torre-Expedition nach Hause kommen, erzählt Crew dem Journalisten Ken Wilson, dass keiner aus seinem Team Maestris Besteigung für möglich hält. Und dieses Team ist Weltspitze! Dougal Haston war im Winter 1966 bei der Eiger-Direttissima dabei gewesen; Fonrouge hat den Fitz Roy über die »Supercanaleta« bestiegen; Crew und Boysen haben die schwierigsten Routen in den Dolomiten gemeistert. Am Südostgrat des Cerro Torre, im unteren Teil leichter als die Ostwand, sind sie gescheitert. Wegen des schlechten Wetters. Höher oben wären sie wohl wegen der Schwierigkeiten stecken geblieben. Cesare Maestri aber will 1959 bei Stürmen, Nebel und Schneefall zurechtgekommen sein?! Die Schwierigkeiten lägen in seiner Route am Anfang in jener Verschneidung, die er großteils zusammen mit Fava präpariert hat, war Maestris Antwort. Damit waren Tatsachen festgeschrieben, die nachprüfbar sind, und nur diese Tatsachen, die hart sind wie der Granit des Cerro Torre, sollen in der Diskussion um die Ereignisse von 1959 am Cerro Torre weiter geprüft werden. Ich weiß, was nach der Tragödie 1959 gemunkelt wurde – in Osttirol, in Innsbruck –, und ich kann ahnen, wie viel Maestri darunter gelitten hat. Nie aber werde ich mich auf Spekulationen von Leuten einlassen, die wissen wollen, was zwischen dem 28. Januar und dem 3. Februar wirklich am Cerro Torre passiert ist, auch nicht, was sich in den Leichenfund – zuerst 1974, dann 1976, 2003 wieder – hineininterpretieren lässt.

Das dreieckige Schneefeld an der Ostwand ist dem Eisschlag ausgesetzt wie nur wenige andere Stellen am Cerro Torre. Und Lawinen, die dort abgehen, überschwemmen die Verschneidung, durch die Maestris Route führt. Wenn dort einer stürzt und die Seile reißen, fällt er tief, auch bis zum Wandfuß. Ich versuche mir Maestri vorzustellen, wie er – geschockt, verzweifelt und den Elementen ausgeliefert – absteigt. Allein mit seinem Schmerz! Dazu der ständige Sturm. Auch nur 300 senkrechte Wandmeter am Cerro Torre können unendlich werden, wenn dem Überlebenden nur noch Angst, Tod und Hoffnungslosigkeit geblieben sind.

17 Cerro Trento – Kein Schicksalsberg

Cerro-Torre-Gipfel und rechts davon Cerro Egger

»Vom technischen Standpunkt aus gesehen, war der Cerro Torre
eine der leichtesten Klettereien meines Lebens.
Es war sicher die gefährlichste Tour, die einzig tödliche, technisch
aber war es ein Rennen, ein Rennen über Schneefelder.«

Cesare Maestri

»Für Toni Egger war der
Cerro Torre nichts,
ein Sonntagsspaziergang.«

Cesare Maestri

»Einverstanden, der Torre
ist schwierig, er ist
unmöglich, aber sind wir
nicht gerade deshalb
hierhergekommen, oder
auch deshalb?«

*Cesare Maestri
(zitiert nach C. Fava)*

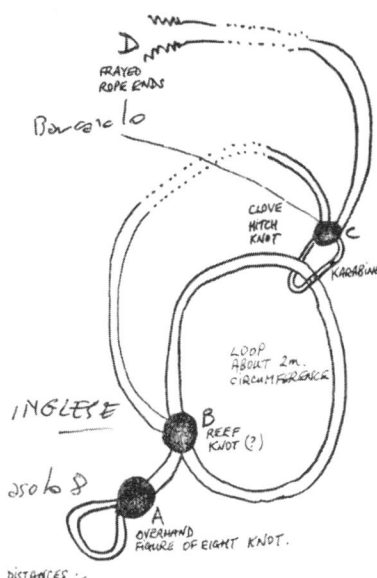

Maestri und der Torre auf der Bühne (Malé, 1999). Klettern in der »Egger-Route«, die extrem schwierig ist; bei schlechtem Wetter heute noch unmöglich. Und Eggers Abseileinbindung als Skizze

»Ihr wollt den Torre?
Nehmt ihn, ich schenke ihn euch!
Ich hasse diesen Berg.
Er hat mir nichts als Schmerzen gebracht.«

Cesare Maestri

»Ab heute wissen wir, dass der Cerro Torre einer der wichtigsten Berge der Welt ist.«

Ken Wilson

Ermanno Salvaterra

»Es sind die Spitzenkletterer von heute – Salvaterra vor allem –,
die Einblick gewähren in die verstecktesten Winkel am Cerro Torre. Nie
haben sie gegen Cesare Maestri intrigiert, aber ihre Folgerungen sind
eindeutig: Maestri und Egger können die Torre nicht bestiegen haben.«

Reinhold Messner

Bergsteigen muss nicht sein – es ist kein Schicksal. Auch nicht, wenn einer am Berg sein Leben verliert wie Toni Egger oder ein anderer sein Leben lang mit Zweifeln konfrontiert ist wie Cesare Maestri. Extremes Bergsteigen ist am Tod provoziertes Leben (Gottfried Benn).

»Wenn ich zurückkönnte in die Zeit vor 1957, nein, meinen Torre gäbe es nicht«, hallt es von den Wänden, während ich ganz hinten in einem abgedunkelten Saal Platz nehme. Cesare Maestri, Cesarino Fava und Silvia Metzeltin stehen neben einem mehr als mannshohen Modell des Cerro Torre auf der Bühne und versuchen einen Fall zu klären, der 40 Jahre zurückliegt. Silvia Metzeltin, die Moderatorin, bemüht sich, Verständnis einzufordern für ihre Helden: Cesare Maestri, den Starbergsteiger, und Cesarino Fava, den Italo-Argentinier, der die Expeditionen ins ferne Patagonien damals erst möglich gemacht hat. »Die Geschichte Maestris vom Cerro Torre lässt sich in vielen Arten lesen«, sagt sie und sieht dabei Maestri und Fava an, zwei alte Männer, die ihr beizupflichten scheinen. Maestri aber, der in all diesen ihm unbekannten Bergsteigergesichtern im Saal nur Zweifel erkennt, lässt sofort seine Wut an uns aus. »Ich hasse den Torre; ich möchte ihn auslöschen«, faucht er wie ein Vorverurteilter.

»Auslöschen«, hallt es in mir wider, als käme das Echo von den Granitwänden des Cerro Torre. Zurück bleibt Irritation.

Manchmal habe ich das Gefühl, Cesare Maestri sei nie wirklich zurückgekommen vom Cerro Torre. Wie sein Seilpartner

Toni Egger auch. Es ist, als seien sie beide dortgeblieben, als kletterten sie immerzu weiter ... über haltlose Granitflächen, über senkrechtes Eis, durch Sturmtage, seit Wochen, Monaten, seit 50 Jahren schon.

Wie soll einer auch aus seinen Traumata in sein Leben zurückfinden, wenn ihm die Träume, die alles getragen haben, abhandengekommen sind? Die Anziehungskraft des Torre hatte auch für Egger und Maestri anfänglich viel mehr mit Schönheit als mit Risiko zu tun, mehr mit Begeisterung als mit Angst, mit Staunen vor allem und Lebenslust. Gibt es einen schöneren Berg auf der Welt als den Cerro Torre! Seine Anziehungskraft ist aus Formen, Stürmen und Schwierigkeiten gemacht, weniger aus Zweifeln oder Rivalität. Schmerz und Tod kamen erst später dazu. War der schwierigste Berg der Welt wirklich ein unmöglicher Berg? In dieser Frage bestand die Herausforderung. Und die besten Bergsteiger der Welt nahmen sie an. Walter Bonatti rückte von Westen her an, Cesare Maestri von Osten. Beide aber mussten scheitern.

Ein Jahr später ist Maestri wieder an seinem Berg, am Cerro Torre, den er heute auslöschen möchte. »Auch zwei Maestri hätten es 1959 nicht geschafft«, schreit er jetzt in den Saal in Malé und scheint den richtigen Ton gefunden zu haben. Alle hören ihm aufmerksam zu. »Nur Toni Egger plus Cesare Maestri hatten eine Chance!« Wenigstens die Hoffnung, den Gipfel zu erreichen, muss die beiden getragen haben, denke ich. Wäre Egger sonst geblieben? Bis zuletzt? Sicher, sonst wären sie gar nicht erst losgegangen zu einem letzten Versuch. »Egger war seiner Zeit um Jahre voraus«, sagt Maestri, und alle im Saal scheinen ihm beizupflichten. Denn Toni Egger war im Gegensatz zum Dolomitenkletterer Maestri ein Allround-Bergsteiger, im Eis- und Granitgelände ebenso erfahren wie beim Klettern im Kalkstein. »Und Egger hatte Spezialgeräte«, unterstützt Fava jetzt seinen Kompag-

non Maestri, »einen Pickel, wie sie dann in den Achtziger-
jahren benutzt wurden.« Einige Zuschauer klatschen, Ken
Wilson, ein Journalist aus England, sieht mich fragend an.
Als hätte er nicht richtig verstanden. Ich schüttele den Kopf.
Nein, der Pickel von Toni Egger vom Cerro Torre hängt
in meinem Museum, ein Stubai-Pickel aus Tirol, wie ihn
damals viele Kletterer benutzten. Nichts Besonderes also,
jedenfalls konnte niemand mit einem solchen Gerät senkrechte Eiswände hochgehen. Warum behauptet Fava diesen
Nonsens, frage ich mich. Damit kompromittiert er Maestri
doch nur.

»Der Anmarsch war damals viel schwieriger als der Berg
selbst«, richtet Fava, der jetzt die Aufmerksamkeit auf sich
gezogen hat, den Fokus auf das Patagonien von 1959. »Nach
den vielen Schwierigkeiten im Vorfeld schien uns der Berg
einfach zu sein, das Leichteste von allem.« Der Cerro Torre
plötzlich ein leichter Berg? Fava aber beschwört »die Liebe
zum Berg« (»l'amore per la montagna«) in einer derart
schwarzmalerischen Weise, dass auch Cesare Maestri unru-
hig wird. »Ich will nicht das Opfer spielen« (»Non voglio
fare la vittima«), sagt er entschieden, mit jenem Trotz im Ton,
der klarmacht, dass andere seine Geschichte manipulieren.
Aber was meint er damit oder wen? All die Kletterer, die ihn
bewundern, uns im Saal, … die Medien? Für uns ist Maestri
doch kein Opfer. Cesarino Fava? nein, der hat ihn damals
gerettet. Und dann instrumentalisiert? Cesare Maestri stand
nach dem Absturz von Toni Egger unter Schock, und es war
Fava, der ihn am Fuße des Berges fand, halb tot, halluzi-
nierend, der Kamerad verschollen. Fava hat den verstörten
Maestri ins Leben zurückgeholt, gepflegt, mit kleinen Lecker-
bissen und Geschichten gefüttert. So hat Maestri überlebt.
»Ja«, bestätigt jetzt auch Maestri, »der Torre war 1959 eine
leichte, aber sehr gefährliche Sache.« Sicher, die Ost- und
Nordseite des Cerro Torre war und ist eine äußerst gefährliche Angelegenheit. Alle, die den Aufstieg dort wagen, kön-

nen sich davon überzeugen. Viel mehr als die Gefahren aber beeindrucken die Schwierigkeiten der »Maestri-Egger-Route«. Und diese Schwierigkeiten bleiben Fakt. Wie der Eispickel von Toni Egger auch.

»Die Geschichte vom Torre ist auch Legende«, sagt Metzeltin jetzt, die mit ihrem Mann Gino Buscaini ein faszinierendes Buch über Patagonien geschrieben hat. Sie mag recht haben, der Berg selbst aber bleibt Realität: nackter oder vereister Fels, sturmumtost, beinahe 2000 Meter hoch. Natürlich sind die Wetterverhältnisse, die Vereisung am Berg, die Temperaturen von Saison zu Saison verschieden. Legenden aber machen nur wir Menschen daraus. Den Cerro Torre hingegen gibt es wirklich. Auch die Route von 1959?

Maestri soll jetzt an einem zimmerhohen Modell seine Route einzeichnen. Einen Augenblick lang scheint der Bergsteiger zu zögern: »Ich weiß nicht, wo genau wir 1959 gestiegen sind.« Cesare Maestri steht gestikulierend vor diesem Cerro Torre aus Kunstharz, gut drei Meter hoch und so detailgenau, dass jeder Aufstiegsweg darauf nachgezeichnet werden kann. Maestri aber will seinen Aufstiegsweg von 1959 nur vage mit dem Finger zeigen. In hellem Pullover und dunkler Hose, tut Maestri es mit der linken Hand – in der Rechten hält er ein drahtloses Mikrofon. Irritieren ihn all die Insider im Saal? Er tut es so unentschlossen, dass Elio Orlandi, der das beeindruckende Modell eigens für diesen Moment geschaffen hat, und Maurizio Giarolli, zwei exzellente Cerro-Torre-Kenner, helfen, obwohl die beiden 1959 bei jener legendären Maestri-Expedition zum Cerro Torre nicht dabei gewesen sind. Sie sind noch jung, und als Trentiner stehen sie ihrem Landsmann bei, helfen ihm. Es ist, als stützten sie auch seine Aussagen. Aus Respekt, aus Mitleid, ich weiß es nicht. Vielleicht auch aus Solidarität. Maestri ist wie sie selbst Trentiner. Auch Cesarino Fava ist Trentiner, er ist nach dem Zweiten Weltkrieg nach Argentinien ausgewandert. Zuerst war er Animateur, dann Souffleur von Cesare Maestri und später sein Verteidiger. Verschmitzt erzählt er jetzt, wie so oft seine Geschichte vom Cerro Torre. Die er ja von Anfang an angeregt hat. »Sie wollen es nicht verstehen«, sagt er mit Nachdruck, »Berge bedeuten auch Freude.« Damit meint er wohl nicht den Aconcagua, den höchsten Berg Südamerikas, der ihm schlimme Amputationen an beiden Füßen eingetragen hat; auch nicht den Cerro Torre, den er Maestri zwar als Herausforderung ohnegleichen schmackhaft gemacht, der zuletzt aber nur Leid und Wut in seinem Freund ausgelöst hat. Er will davon ablenken. Fava sieht Maestri jetzt fragend an: Ja, die beiden brauchen einander. »Der Cerro Torre gehört zum Stolz der Trentiner«, unterbricht Maestri. Es klingt wie eine Erlösung. Schließlich hätten sie 1957, 1959 und 1970 den Italienern in Argentinien beweisen wollen, wozu Trentiner fähig sind. Für Fava war das großer Alpinismus: »Bergsteigen, wie es heute nicht mehr möglich ist. Ich habe den Eindruck, dass alle Bergsteiger, die alten und die jungen, die Fähigkeit verloren haben, sich zu wundern.« Oder geht es hier mehr ums Bewundertwerden, frage ich mich.

Was Fava und Maestri einfordern, ist Anerkennung, für die sie ihrerseits Applaus spenden würden. Aber Kritik? Wer von den vielen anwesenden Spitzenbergsteigern – lauter Cerro-Torre-Veteranen – will schon von Cesarino Fava bewundert werden, sage ich still. Der Moralist und Schwärmer beweist mit seiner Indifferenz modernen Tendenzen des Bergsteigens gegenüber doch nur seine Naivität. Die Non-Stop-Durchsteigung von Eiger-, Matterhorn- und Jorasses-Nordwand im Winter sagt ihm nichts. Was für eine Ignoranz! Er ordnet den heroischen Alpinismus zwar zeitlich richtig und kritisch ein, gleichzeitig aber hält er immerzu Sprüche von Heldentum und Idealismus bereit. Als müsste er den Heroismus neu erfinden. Favas Interpretation des Alpinismus baut auf jene spirituellen und moralischen Werte, die eine selbst ernannte Elite immer schon als Waffe einsetzte, wenn sie ihre Leistungen nicht anerkannt sah.

Auch Metzeltin beschwört dieses Denken. Als seien Alpinisten, die von anderen ausgegrenzt wurden, immer gezwungen gewesen, ihr Leben zu riskieren. »Wie Paul Preuß.« Aber Paul Preuß ist zu seinen Lebzeiten doch bewundert worden. Wie Cesare Maestri bis zu seiner Cerro-Torre-Besteigung 1970 auch. »Der Cerro Torre 1959 aber war die leichteste Bergtour meines Lebens«, betont Maestri jetzt noch einmal, »nur gefährlich, russisches Roulette. Sonst gibt es nichts zu erzählen.« Das Publikum wartet. Der alternde Athlet steht auf der Bühne, hinter ihm Cesarino Fava. Beide sind nachdenklich. Die Atmosphäre ist verkrampft, frostig.

Bis die anwesenden Erstbegeher der verschiedenen Routen am Kultberg Cerro Torre – Ezio Alimonta, Carlo Claus, Phil Burke, Brian Wyvill, Maurizio Giarolli, Ermanno Salvaterra, Paolo Caruso, Andrea Sarchi, Silvo Karo, Elio Orlandi und Miha Praprotnik – mit roter Wachsschnur ihren Weg an die von Elio Orlandi geschaffene naturgetreue Skulptur des Berges kleben. Der Berg ist inzwischen vom Objekt zum Subjekt geworden. Denn der Cerro Torre bestimmt jetzt die Diskussion. Jeder Ersteiger spricht von seinem Verhältnis zum Torre, von seinem Berg. Uns allen wird dabei klar: Es gibt wenigstens so viele Torres wie Bergsteiger auf der Bühne stehen.

Als schließlich Cesare Maestri noch einmal vortritt, um seine Tage an seinem Torre zu beschreiben, wird überdeutlich, dass er diesen Cerro Torre 1959 nicht bestiegen hat. Er kennt seine eigene Route nicht.

Ich habe den Cerro Torre nie bestiegen, ja nicht einmal einen Besteigungsversuch gewagt. Über die »Maestri-Egger-Route« hätte ich es nicht geschafft, auch in meinen besten Jahren als Kletterer nicht. Und wer keine Chance sieht, den Gipfel zu erreichen, steigt nicht in den Berg ein. Die Kompressorroute von 1970 wiederum war nicht nach meinem

Geschmack. Dies ist aber kein Grund, Maestris Besteigungsversuch 1959 und die Besteigung 1970 zu kritisieren. Im Gegenteil, ich bewundere seinen Mut und verstehe seinen Ärger. Ob ihm die Engländer nun glauben oder nicht, sie mögen ihn endlich in Frieden lassen mit ihren Fragen – oder noch besser, er würde sich nicht weiter mit ihren Zweifeln auseinandersetzen.

»Ostia, basta«, schimpft Maestri plötzlich vor sich hin. Als stünde er vor seinem Stammtisch. »Es ist genug, ihr habt mich umgebracht«, schreit er uns an. Es ist für einen Augenblick wieder kalt und still im Saal. Als sei ein Leichentuch aus Schnee über die Geschichte vom Cerro Torre gefallen. Instinktiv denke ich an Toni Egger. Maestri hat nur Glück gehabt, denke ich, und als Überlebender die Vereinsamung ganz allein zu tragen: ein schwieriges Los. Denn wir alle lieben den, der über sich selbst hinauswill und dabei zugrunde geht, mehr als den, der dabei überlebt. Toni Egger und Cesare Maestri sind 1959 am Cerro Torre ein hohes Risiko eingegangen. Manchmal zweifle ich, ob sie wirklich daran geglaubt haben, den Gipfel erreichen zu können. Manchmal denke ich, dass sie der Sturm hoch oben am Berg zurückzwang. Als irgendwo, verloren am Ende der Welt, das Unglück geschah, das dem einen das Leben, dem anderen den Verstand raubte, waren nur Eis, Granit und Kälte um sie herum. Nicht wie Toni Egger gestürzt ist, wurde zur Tragödie, sondern dass er tot war. Ob sie vorher irgendwo da oben ihr Leben riskiert oder dem Selbsterhaltungstrieb nachgegeben und abgeseilt haben, ist hinterher irrelevant. Sicher, die beiden waren losgegangen wie Kinder, die spielen wollen, mit ihrem Ehrgeiz und ihrer Begeisterung. Am Ende aber waren da nur Tod und Verzweiflung. Wie sollte der eine also zurückfinden in sein Leben, zu den Menschen? Es war Cesarino Fava, der Pate stand bei der Wiederauferstehung Maestris. Als die Zweifel verflogen waren und der Gewissheit Platz machten, dass Toni Egger tot war, kam die Trauer. Maestri war es, der geborgen im Zwielicht einer Eishöhle lag, während Cesarino Fava die Rückreise organisierte. Das alles war, wie es war, in dem aber, wie Fava es später erzählte, lag weniger Trost als Genugtuung.

»Ich habe mich in den Biwaks erholt, Toni nicht«, erzählt Maestri jetzt in einer Art Selbstanklage weiter. »Toni wollte am Ende nichts wie hinunter, er musste...also ließ ich ihn am Seil hinab zu den Fixseilen...« »Maestri kann Egger nicht abgelassen haben«, sagt John Bragg, der sich neben mich gesetzt hat. Bragg spricht Englisch zu mir, Maestri auf der Bühne Italienisch. Es ist also schwierig für mich, der Diskussion der Akteure und den Aussagen des Zweiflers gleichzeitig zu folgen.

Der Amerikaner Jim Donini, der Brite Jay Wilson und John Bragg, auch er Amerikaner, haben 1976 Seilreste von 1959 gefunden, 30 Meter unter dem großen dreieckigen Schneefeld. An einem Klemmblock. »Da ist doch ein logischer Zusammenhang«, sagt Bragg. »Und?«, frage ich.

»Toni Egger hat an zwei Seilen gehangen.«

»Kann sein.«

John Bragg fertigt eine Skizze an, um mir die naheliegendste Konstellation beim Absturz Eggers erklären zu können. Wahrscheinlichkeiten aber interessieren mich nicht. Mich interessieren nur Fakten: die Ausrüstung, die Toni Egger bei sich getragen hat, die Steilheit und Schwierigkeit einzelner Wandpartien, zurückgelassene Haken und Schlingen. Vor Jahren schon hat mir Jim Donini von seiner Eroberung des Cerro Egger erzählt und dabei die Meinung geäußert, Maestri und Egger hätten es nicht einmal bis zum Col geschafft, der die beiden Gipfel – Cerro Torre links, Cerro Egger rechts – voneinander trennt. Mit Fakten hat er die Situation oberhalb des Schneefeldes untermauert: keine Spur einer Begehung! – weder Haken noch Bohrhaken. Cesarino Fava hätte, wollte er allein dort abseilen, etwas zurück-lassen müssen. Auch stimmt die Routenbeschreibung nicht mit der Felsstruktur überein. All das ist interessant, aber kein Grund, am Absturz von Toni Egger, wie ihn Cesare Maestri beschreibt, zu zweifeln.

In Malé nehme ich mir vor, den Bericht Maestris über den Absturz von Toni Egger noch einmal nachzulesen. Schließlich bin ich zur Begegnung »40 Jahre Cerro Torre« gekommen, weil ich Cesare Maestri bewundere. Seit meiner Kindheit. Ob er den Cerro Torre 1959 nun bestiegen hat oder nicht. Ich unterstütze Maestri weiter. Ich bin zwar kein Trentiner, er-tappe mich aber dabei, seine Position verstehen zu wollen. Auf meine Weise. Nur die Rolle von Fava bleibt mir weiter unklar. Nicht aber die der verschworenen Patagonien-Ge-meinde, die jetzt ihren Müll vorführt. Ein Seilstück, Karabi-ner, Fotos vom Grab Eggers. Lauter Reliquien. »Alles keine Beweise«, meint Maestri lapidar.

»Was hat er gesagt und wie kann er es gemeint haben?«, unterbricht mich Ken Wilson, der intelligenteste unter den Kritikern, der sich inzwischen neben mich gesetzt hat. Ich gebe ihm zu verstehen, dass alle hier nur hören, war sie hören wollen. Cesare Maestri schimpft derweil weiter drauflos, weil sein zweiter Aufstiegsweg am Cerro Torre, der von unten bis oben mit Eisenstiften markiert ist, »Kompressorroute« ge-nannt wird: »Via del Compressore«! Er ist wütend über den Ausdruck, weil er immer wieder abwertend gebraucht wird. Und das in vielerlei Hinsicht. Ist die Bohrmaschine ein Trick, ein Sakrileg oder gar ein Geschäft gewesen?»Atlas Copco hat sicher zu wenig bezahlt«, wiegelt Silvia Metzeltin ab. Jedenfalls kein Grund, Cesare Maestri auszugrenzen! Wie seinerzeit Paul Preuß? Es wäre eine Schande!
    Eines ist klar: Dieses Fest in Malé soll Cesare Maestri rehabilitieren. Er will erinnert werden als der, der sein Leben

für den Cerro Torre riskiert hat. Nicht als einer, der einen Kompressor bis knapp unter den Gipfel gehievt hat. Obwohl auch das eine übermenschliche Leistung gewesen ist. Dieser Torre! Ein Gipfel existiert doch jenseits von allem und über Maestri hinaus? Ja, Cesare Maestri will bewundert werden, wie der Cerro Torre bestaunt wird. Gehört er nicht der Ewigkeit an? Mehr noch: Er steht über unserer Welt! Maestri und Fava führen uns also vor, dass ihre Welt nicht für uns Menschen gemacht ist? So dürfte es jedenfalls Fava sehen. Richtig, nichts wird die Schönheit des Cerro Torre überdauern: dieses Bild aus hellem Granit und einer schimmernden Eiskrone – eine Szenerie, die es seit einer Ewigkeit gibt und die es weit über die Menschenzeit hinaus geben wird. Niemals wird menschlicher Ruhm beständiger sein als in Gestalt dieses Berges.

Vielleicht verfiel Maestri, wie wir alle manchmal, der Überheblichkeit, dieses Bild als Herausforderung zu deuten, die eigene Hybris mit menschlichen Maßen messen zu wollen.

Oder spielte Maestri, wie viele andere Bergsteiger, an seinem Berg nur seine Rolle, die Hauptrolle natürlich. Der Cerro Torre ist und bleibt ja der wichtigste all seiner Berge. Auch in seinem Kopf. Kein Zweifel, Cesare Maestri war ein außergewöhnlicher Kletterer, dazu durch und durch Individualist. Er kletterte aus Begeisterung und mit den Mitteln seiner Zeit – am Torre aber immer auch unter dem Einfluss seiner Rivalen. Der Cerro Torre war also seine vertikale Bühne, wo er auf herrliche Weise vorführen wollte, was er konnte, mehr noch, was all die anderen nicht konnten. Cesare Maestri war also immer auch Schauspieler, ein Beruf, den er für das Abenteuer am Berg aufgegeben hatte. Am Cerro Torre konnte er sich dann mit einer Reihe von Gefahren und Schwierigkeiten messen und das Risiko als Thema seines Schauspiels auf seine Bühne bringen. Der Applaus war garantiert. Weil das Risiko einen Wert in sich birgt. Um den Ruhm würden sich andere kümmern. Seine Bewunderer sowie die 50-jährige Kletterentwicklung haben ihn am Ende aber entlarvt.

Trotzdem spielt Maestri sein Stück weiter: in der Arena der Selbsterfindung. Also nicht mehr in der Arena der Einsamkeit. Die patagonischen Anden aber sind inzwischen Playground der Besten. Nein, sie waren auch 1959 keine Freizeitarena, wo junge Könner auf Risiko spielen, Egger und Maestri damals mehr mit den Überlebensaussichten beschäftigt als mit der Aussicht, den Gipfel zu erreichen. Und die Sicht war miserabel. Zuletzt war mit dem Tod Eggers der tiefste und dunkelste Grund der Erkenntnis erreicht. Maestri ist an der Aufgabe, die das Scheitern in sich barg, nicht weiter gewachsen. Dabei ist es die Absicht der Menschennatur, ihre Fähigkeiten zur Vollendung zu bringen. Denn wenn sich der Mensch Gefahr und Schwierigkeiten ausliefert, die ihn an seine Grenzen führen, wird er sich rasch des Mängelwesens bewusst, das er ist.

Im Teatro Comunale von Malé herrscht inzwischen Feststimmung. Cesarino Fava, Mentor und Souffleur von Cesare Maestri, bekommt den »Goldenen Pickel« überreicht. Silvia Metzeltin sieht in diesem Preis die Anerkennung für die Inspiration zur Besteigung des Cerro Torre. Seine unermüdliche Hilfe vor Ort und die Rettung Cesare Maestris zuletzt sind weitere Gründe, den kleinen großen Helden zu ehren. Damit scheint auch Maestri rehabilitiert. Und niemand, auch keiner meiner Nachbarn, will jetzt am überlieferten Todesszenario von Toni Egger noch zweifeln.

Fava hat mit diesem Bergsteigertreffen den Cerro Torre zuletzt mehr mystifiziert als mit all den Heldengeschichten, die er seit 50 Jahren erzählt. Sein Cerro Torre, von Anfang an auch ein virtueller Berg, ist jetzt auch der Gral der Trentiner, nach Favas Idee von Cesare Maestri geweiht. Dass der Anarch dabei dem Zeremonienmeister in seiner Moral folgt, die der Menschennatur widerspricht, gibt diesem Fest eine religiöse Dimension.

Ja, dieser Fava hat das Zeug zum Religionsstifter. »Toni verschwand«, schreibt er, »nachdem er den schwierigsten Berg der Welt im perfekten Alpinstil bestiegen hatte. Ein Meisterwerk ... Denn: Es ist nicht nur wichtig, wie einer lebt; es ist auch wichtig, wie einer stirbt. Diese herrlich leuchtende Krypta beschützt nun den unvergesslichen Toni Egger.«

Ken Wilson und John Bragg, die mich immer wieder unterbrochen haben, während ich Fava und Maestri aufmerksam zuhörte, stehen jetzt bei mir. »Von Maestri nichts Neues«, meint Ken. Er hat nicht alles verstanden, und ich kann die Reden der beiden Protagonisten nicht im Wortlaut wiedergeben. Ich habe, so gut ich konnte, mitgeschrieben. Also blättere ich in meinen Notizen. »Nein«, sage ich, »Fava ist die Schlüsselfigur. Für Maestri ist der Torre ein zerbrochener Traum.«

Während mir John dann die Aufstiegsroute zum »Colle della Conquista« in ein Foto einzeichnet, ohne diesmal den Müll irgendwelcher Vorgänger oder Nachsteiger zu benennen, stehen andere Cerro-Torre-Besteiger bei Maestri auf der Bühne. Trentiner ebenso wie Engländer, Amerikaner, Jugoslawen ... Man spürt Bewunderung. Was für ein Fest!

»Nichts, gar nichts haben wir gefunden ... aber einen ganz anderen Berg, als Fava und Maestri ihn beschreiben.«

»Und?«, frage ich.

»In ihren Schilderungen passt doch nichts zusammen!«

»Unser Berg ist immer auch Vorstellung. Sogar wenn wir ihn bestiegen haben, verflüchtigt sich seine Realität. Sie kommt uns abhanden.«

»Ganze Wandpartien?«

»Möglich!«

»Nicht aber die Haken, die wir hinterlassen; vor allem nicht Bohrhaken, Depots, Wandpartien.«

»Deshalb orientieren sich Archäologen am Müll früherer Kulturen.«

»Und wenn nichts zurückgeblieben ist?«

»Gilt das Wort des Protagonisten«, sage ich.

»Als Beweis?«

»Sicher. Der Torre hat seine Form, Risse, einen Eispilz am Gipfel, also einen Ausdruck. Und er spielt immer die Hauptrolle. Dazu kommen das unbeständige Wetter, die Stürme, seine exponierte Lage. Wir Bergsteiger haben das Können und die Ausrüstung der jeweiligen Zeit. Die Möglichkeiten 1959 waren ganz andere als heute.«

»Basta«, sagt jetzt eine italienische Stimme.»Hört auf, lasst endlich Cesare Maestri in Ruhe!« Ermanno Salvaterra hat sich zu uns gestellt, auch er Trentiner und inzwischen einer der allerbesten Kenner des Cerro Torre.

»Ich bin gerade dabei, ihn zu verteidigen«, sage ich.

»Kommt mir nicht so vor«, murrt er und sieht Ken und mich an.

»Ist Maestris Besteigung also erwiesen?«, fragt John.

»Es geht mir nicht um Maestri, den Fava instrumentalisiert«, sage ich bestimmt. »Von Anfang an! Für seine Ideale! Interessanter ist, woher der Geist kommt, der Fava beseelt. Er hat sich seinen Cerro Torre erfunden, um…«

»Um was?«

»Um eine Bühne zu haben für seine Religion.«

»Aber der Torre ist doch Wirklichkeit, nicht Metaphysik.«

»Hat nicht jeder von uns einen anderen Berg im Kopf.«

Jeder hier hat seinen Torre im Kopf, und es sind so viele, die den Torre in Patagonien bestiegen haben! Sie sitzen oder stehen in einem abgedunkelten Raum in Malé, dem Hauptort im Val di Sole im Trentino, und lauschen den Geschichten, die andere über ihren Berg erzählen. Kein Wunder, dass der Torre zum Teil Einbildung ist und zum Teil Realität.

Es ist Hochsommer, der 13. August 1999. Ich stehe immer noch in der letzten Reihe und schreibe auf, was ich glaube, mir nicht merken zu können. Manchmal hatte ich ja Mühe, der Diskussion zu folgen. Als einer der wenigen, der den Cerro Torre nicht bestiegen hat, bin ich bemüht, im Hintergrund zu bleiben, will jetzt gehen, ohne dass Maestri mich sieht. »Glaubst du, die zwei gingen so weit, bis es kein Zurück mehr gab?«, fragt Ken.

»Nein«, sage ich nach einer Pause, »nein, dann wären sie beide umgekommen.«

Das Problem damals war: Cesare Maestri durfte nicht scheitern! Entweder Ruhm oder Tod war seine Haltung. Aber nicht er, Toni Egger ist dabei ums Leben gekommen. Und diese Tatsache ist die wahre Tragödie. Sie ist der Auslöser für jene unendliche Geschichte, die für uns spannend ist wie ein Krimi und für Nichtbergsteiger bewegend wie ein Psychodrama.

»Was hast du gegen Cesare?«, fragt Salvaterra.

»Nichts, im Gegenteil, ich bewundere ihn!«

»Weil dir Maestris Stil, seine Art zu klettern, gefällt?«

»Es gibt keine grundlegend richtige Art, auf Berge zu steigen«, sage ich.

»Das sagst ausgerechnet du?«

»Ja, die Kunst auf Berge zu steigen – inzwischen eine ziemlich raffinierte Kunst –, basiert auf Erfahrung, Experimentierfreude und immer besseren Materialien. Wie die Kochkunst auch.«

»Wird die Ethik dahinter also überbetont?«

»Mehr noch, sie ist wie jede religiöse Idee menschengemacht und widerspricht nicht selten der Natur des Menschen. Wirklicher Fortschritt am Berg ist wie überall sonst oft Zufall, Glück, Genie. Die Frage war immer nur: Wie komme ich da hinauf?«

»Maestri mit der Bohrmaschine.«

»Das ist doch nicht die Frage. 1970, mit der Bohrmaschine, hat er doch nur gezeigt, dass es 1959 ohne nicht möglich war. Er wusste es. Damit ist die Geschichte bergsteigerisch aufgeklärt. Was 1959 am Cerro Torre wirklich passierte, wissen nur Fava und er.«

»Willst du damit sagen, alle weitere Beweisführung sei unnütz.«

»Ja, Cesare Maestri hätte 1970 nicht zum Torre fahren müssen, wenn er 1959 oben gewesen wäre. Er hätte abwarten können. Früher oder später hätten Wiederholer seine Haken gefunden. Archäologen und Geschichtsforscher wühlen meist in den Mülldeponien im Umfeld des Kriegsgeschehens.«

»Aber oberhalb vom Schneedreieck ist nichts von ihrem Müll gefunden worden, bis heute nicht«, sagt John zum wiederholten Mal.

»Ich weiß. An der ›Kompressorroute‹ aber fand Jim Bridwell sogar die Bolzen der abgeschlagenen Haken.«

»Und was beweist das?«

»Nichts, außer dass Cesare Maestri selbst bewiesen hat, dass die Spuren der Cerro-Torre-Erstbesteigung nie und nimmer zu verwischen sind. Auch wenn er wollte, es ist nichts zu verheimlichen.«

»Würde aber nicht die kleinste Spur in der Gipfelwand Maestris Erfolg beweisen?«

»Sicher! Warum aber sollten kleine Spuren zurückbleiben, wenn die Besteigung mit einem enormen Einsatz von Haken und Bohrhaken stattfand?«

Alle Umstehenden sind jetzt still. Geben sie mir recht?

»Die angepeilte Route von 1959 ist länger und um ein Mehrfaches schwieriger als die von 1970. Trotzdem, niemand gibt so viel Geld aus, setzt so viel aufs Spiel, um einen gefährlichen Spaziergang zu beweisen. Der Grund für Maestris Wagnis 1959 und 1970 ist offensichtlich derselbe: Er wollte besser sein als alle anderen! 1970 am Cerro Torre wollte er es aller Welt bewiesen haben.«

Moderne
Kletterei in der
»Maestri-
Egger-Route«

»Deshalb könnten Maestri und Fava vielleicht über sich hinausgewachsen sein, ihren Himmel erreicht haben.«

»Im Jenseitigen bin ich kein Experte. Auch am Torre nicht. Ich habe ihn nicht einmal versucht. Alle quasireligiösen Fragen berühren mich nicht. Maestris Aufstieg war ein kühnes Experiment, dessen genaue Messungen nur er kennt. Wie weit er dabei kam, ist allein seine Sache. Heute, 40 Jahre später, ist sein Erinnerungsvermögen getrübt, er sagt es ja selbst: Er wisse nicht mehr genau, wo er wie hochgekommen ist. Spielt auch keine große Rolle, 1959 wäre niemand im ›Egger-Maestri-Stil‹ auf den Torre gekommen. Schon gar nicht bei dem schlechten Wetter. Mich interessieren die Beweggründe dazu. Sein Geheimnis soll Maestri ruhig für sich behalten.«

»Wie hoch war er oben?«

»War er 300 Meter weit oben, war er nicht oben – alles nur Thesen. War es damals möglich, ist die Frage.«

»Und wie weiß man das?«

»Die Länge des Aufstiegs, die Steilheit der Gipfelwand, deren Vereisung, Struktur, die Wind- und Wetterverhältnisse in jenen Tagen, die zurückgebliebenen Haken, Fixseile und die Routenbeschreibung… All diese Details, lauter Daten, darum geht es bei der Historie des Bergsteigens. Alles andere ist Marketing, Spekulation.«

»Hier sitzen aber die besten Cerro-Torre-Kenner und keiner widerspricht Maestri und Fava.«

»Die beiden können erzählen, was sie wollen. Was sollen wir auch sagen. Es war damals ja keiner von uns dabei. Ihre Geschichte ist am Torre nachprüfbar, nicht hier in Malé. Maestri ist aber nicht allein mit dem Cerro Torre zur Bergikone geworden. Er soll es auch bleiben. Maestri war ein großartiger Dolomitenkletterer.«

»Deshalb will ich ja an Maestris Erfolg glauben.«

»Egal, was du glaubst, an Maestris Situation ändert das nichts. Was er erlebt hat, nur darauf kommt es an. Nicht auf unser Glaubenssystem. Tatsachen anerkennen und Experimente verstehen ist der Schlüssel zur Alpingeschichte. Mögliche Szenarien zählen nicht zu meinen Recherchen, es sind die Erfahrungen.«

»Mit welchem Experiment wäre bewiesen, dass meine Lieblingsvorstellung falsch ist?«

»Maestri sagt viele wahre Dinge, die heute nicht mehr relevant sind. Relevant sind die Schlüsselstellen. Wie 1924 am Mount Everest der ›Second Step‹: Die Passage war damals mit Nagelschuhen und ohne Sicherung nicht kletterbar. Ganz einfach unmöglich. Alle Schwärmer, die Mallory und Irvine zu Gipfelsiegern machen möchten, beweisen nicht, was sie zu beweisen vorgeben. Zum Beispiel, dass der Sauerstoff in den Flaschen ausgereicht hätte, bis zum Gipfel zu kommen.«

»Du behauptest also, herausgefunden zu haben, was alle diese Cerro-Torre-Leute ohnehin glauben müssen, weil sie den Berg kennen.«

»Mich interessiert nicht, was sie glauben, ich staune über ihr Können. Natürlich machen sich alle ihre Gedanken. Je mehr Erfahrung sie haben, umso größer ist ihr Wissen.«

»Und warum sagt es niemand laut?«

»Weil niemand in Zweifel ziehen kann, dass Maestri die Hölle durchgemacht hat.«

»Beim Gipfelgang?«

»Nach dem Tod von Egger.«

»Weil er die ganze Verantwortung getragen hat?«

»Nein, er hat sie mit Egger geteilt.«

»Und Fava?«

»Trägt die Geschichte.«

»Die Legende ist also sein Verdienst?«

»Ich würde eher sagen, die Demontage eines Mythos. Beide haben aber ihren Anteil an der Erfolgsstory. Lassen wir also Cesare seinen Ruhm, und geben wir Cesarino seine Verantwortung.«

Wieder daheim, lese ich diese eine Passage vom »Unglück am Cerro Torre« im Expeditionsbericht von Cesare Maestri nach: »Wir beschlossen, die Nacht am Rand eines kleinen, abschüssigen Schneefeldes zu verbringen. Ich schlug schnell die Felshaken ein, und wir begannen eine Höhle auszugraben, um dort die Nacht zu verbringen. Toni kam dieser Platz nicht sehr sicher vor, er wollte auf der rechten, tiefer gelegenen Seite schauen, wo er glaubte, einen besseren Platz zu finden. Während ich ihn hinabließ, hörte ich nur wenig von mir entfernt einen ohrenbetäubenden Krach, der mich den Kopf heben ließ: Ich sah eine enorme Masse von Schnee und Eis, die vom Gipfel losbrach. Ich brüllte: ›Vorsicht, Toni!‹ und verkroch mich in der Wand. Ein dumpfer Schlag, das Seil spannte sich, Toni wurde von der Lawine überrollt und verschüttet sowie von einem Eisbrocken am Kopf getroffen. Die Lawine stürzte unvermindert weiter hinab, bis nur mehr ein paar Stückchen Eis an uns vorbeipfiffen. Das kleine Schneefeld wurde sprichwörtlich weggefegt. Ich rief ›Toni!‹, aber ich erhielt keine Antwort.«

18 Das Unbekannte – Zwischen Realität und Vorstellung

Cerro Torre von Norden

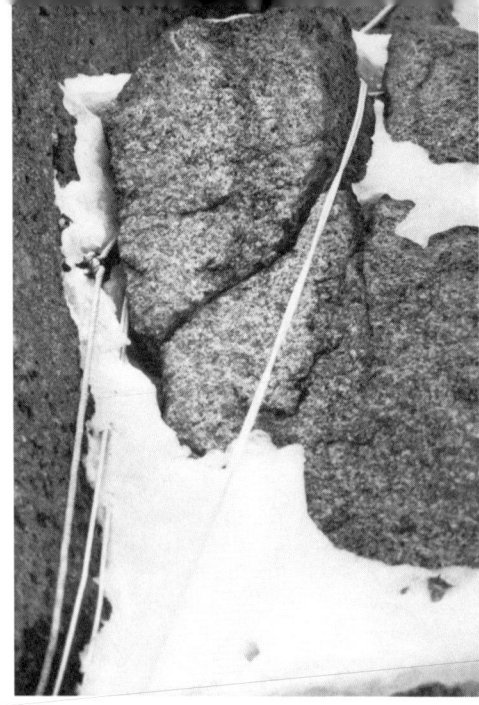

Seilreste von
Maestri und
Egger am Cerro
Torre (links).
In der Nord-
wand des Cerro
Torre (unten)

»Die Ehrenmitgliedschaft des Club
Alpino Italiano nehme ich nur an,
wenn es nicht wegen des Cerro
Torre ist, sondern wegen meines
Lebens als Alpinist, von mir aus als
›Spinne der Dolomiten‹, aber nicht
wegen dieses vermaledeiten Berges.«

Cesare Maestri

Ost- und Nordwand mit Routen bis 1999 (rechts). Blick vom Fitz Roy auf Cerro Torre (unten)

»Heute ist die ›Kompressorroute‹ Maestris die mit Abstand leichteste und deswegen auch populärste Route, über die mehr als 95 Prozent aller Bergsteiger den Gipfel des Cerro Torre erreichen.«

Alexander Huber

Eduard Müller

»Toni Egger, obwohl international fast vergessen, hat in Tirol viele Bewunderer. Vor allem in Osttirol, wo seine Kletterkarriere begann und wo seine Freunde zurückblieben. Toni Egger war nicht nur ein großartiger Bergsteiger, er war ein großartiger Mensch.«

Reinhold Messner

Der Osttiroler Eduard Müller, ein Baustoffhändler aus dem Leisachtal, hat in dem kleinen Fremdenverkehrsort El Chaltén eine Gedenkstätte für Toni Egger errichten lassen: eine Kapelle, die an den Debanter Bergsteiger erinnern soll. Diese Geste eines Jugendfreundes, der selbst extrem geklettert ist, soll auch die Diskussion ersticken, die um die Seilschaft Egger / Maestri am Cerro Torre inzwischen weltweit geführt wird. Müller jedenfalls glaubt felsenfest daran, dass sein ehemaliger Kletterpartner es bis zum Gipfel geschafft hat und damit natürlich auch Cesare Maestri. Da aber alle Versuche, die von Maestri beschriebene Route von 1959 zu wiederholen, gescheitert sind – darunter auch einige, die Müller gesponsert hat –, stehen inzwischen den Verteidigern Maestris ebenso viele Skeptiker gegenüber.

Im patagonischen Sommer 1999 versuchen sich Maurizio Giarolli und Elio Orlandi, zwei der besten Cerro-Torre-Kenner, an Ost- und Nordwand des Berges. Cesare Fava, der Sohn von Cesarino, betreut sie am Wandfuß. Fast so, wie sein Vater einst Maestri und Egger betreut hat. Die beiden steigen rechts der großen Verschneidung in die Ostwand ein, die ihre legendären Vorgänger als Einstieg genutzt haben, und kommen – mit Varianten – drei Seillängen über die Nordwand hinauf. Die Schwierigkeiten sind hoch, vielfach technische Kletterei, das Ambiente furchterregend und die Wetterverhältnisse wie fast immer am Cerro Torre: extrem schnell wechselnd. Nach 150 Metern in der Gipfelwand seilen die beiden ab. Ohne Abstriche halten sie dabei ihre Bewunderung für Maestri und Egger aufrecht, obwohl auch sie keine Spuren der berühmten Vorgänger gefunden haben. Noch grö-

ßer aber ist nach ihrer Rückkehr ihre Wertschätzung für
Cesarino Fava, der in ihren Augen die beiden Gipfelsieger
1959 »an Altruismus und Humanität« übertroffen hat.

In Patagonien und speziell am Torre war, wie im Himalaja,
immer schon Schnelligkeit der Schlüssel zum Erfolg. Nur
wenn eine Seilschaft reibungslos funktioniert, schnell ist, weil
sie die Schwierigkeiten überlegen klettern kann, und eine gute
Portion Wetterglück hinzukommt, ist dieser Berg im Alpinstil
zu meistern. Allerdings werden die großen Erstbegehungen in
Patagonien auch heute noch mithilfe von Fixseilen erarbeitet.
Kaum eine große Linie am Torre ist im Alpinstil erschlossen
worden. Über Monate verteilt, werden kurze Schönwetterperioden genutzt, um in der angepeilten Linie ein paar Meter
Fixseil einzuhängen. Seillänge um Seillänge wird präpariert.
Klettern im Alpinstil, der Torre wäre dafür prädestiniert,
kommt fast nur bei Wiederholungen vor. Es lässt sich am
Torre zwar klettern wie in den Alpen – absolute Meereshöhe
und die Temperatur sind moderat –, aber Wetterbedingungen
und Gelände sind so extrem wie nirgends sonst auf der Erde:
ein Paradies also für die besten Alpinisten!
    Kein Zweifel, Orlandi und Giarolli sind großartige Klet-
terer, Bergsteiger, die bereit sind, ans Limit zu gehen. Die
Grenze des Kletterbaren aber ist 1999 eine ganz andere als
noch 40 Jahre zuvor. Vieles von dem, was heute gemacht
wird, im Himalaja und in Patagonien, war zur Pionierzeit
nicht einmal denkbar. Das alles aber genügt nicht, um zu beweisen, dass Maestri und Egger den Gipfel des Cerro Torre
nicht erreicht haben. Es sind allein Maestris Schilderungen
über seine Besteigung und die Struktur des Berges, dort, wo
diese stattgefunden haben soll, die Aufschluss geben über Ja
oder Nein. Maestri hat also die Hälfte der Beweiskette, dass
er nicht oben war, selbst geliefert. Die andere Hälfte steckt
im Berg. Denn eines ist gewiss: Über die Routen, die Cesare
Maestri als seine Auf- und Abstiegswege im Jahr 1959 am

Cerro Torre eingetragen hat, ist der Gipfel nicht erreicht worden. Übrigens bis heute nicht. Was er 1970 bewiesen hat, ist die Besteigbarkeit des Südostgrates bis unter den Eispilz mithilfe eines Kompressors und dazugehöriger Bohrmaschine.

Egger und Maestri können 1959 nicht auf den Gipfel des Torre »spaziert« sein. So viel Glück hat niemand. Das Wetter in den Schlüsseltagen war bekanntlich schlecht, das Gelände vor allem bei Vereisung zu schwierig: Nur ihre ineinander verschlungenen Vorstellungen vom Berg aber, eine Abstraktion allemal, könnten die Erreichbarkeit des Gipfels vielleicht suggeriert haben. Eine Vision, für die es sich lohnte, das Leben zu riskieren? Wie viele andere, die in den Bergen ums Leben kamen, ist Toni Egger nicht nur aus Leidenschaft geklettert, er ist also auch als Opfer einer kollektiven Haltung zu beklagen. Denn die Art und Weise, wie wir auf Herausforderungen reagieren, ist immer auch von jenen geprägt, die parallel mit uns klettern, die vor uns da waren. Weniger von denen, die nach uns kommen werden. Unser Bergsteigen ist immer auch angeregt und beeinflusst von der Szene, der Bergtod also nicht frei von historischen Konstellationen. Unsere Erlebnisse sind also nicht so individuell, wie wir glauben. Im Rückblick und von außen betrachtet, sind wir abhängig von komplexen historischen Zusammenhängen. Natürlich nur unbewusst. Der lockende Gipfel als Umkehrung der Schwerkraft ist das Muster, nach dem sich Traum und Wirklichkeit in unserer Psyche mischen.

Maestri aber, der Vollblutkletterer, sieht sich als Opfer von Pseudoalpinisten, wie Fava all jene schimpft, die an ihrer Cerro-Torre-Geschichte zu zweifeln wagen. »Non voglio fare la vittima!« (»Ich will nicht das Opfer sein!«), zischte Maestri im Sommer 1999 in Malé ins Publikum, obwohl er nicht einmal in der Lage war, am Cerro-Torre-Modell, das eigens für diesen Anlass angefertigt worden war, seine Route präzise zu zeigen. So detailgenau das Modell ist, so vage bleibt

Maestri. Dies alles wäre entschuldbar – mit dem Alter leidet die Erinnerung –, käme nicht Fava immer wieder als Verteidiger dazu. Als hätte er den Auftrag, seinem Helden beizustehen. Der Schwärmer aber tut Maestri keinen Gefallen damit. Im Gegenteil, seine Aussagen klingen für mich wie die Beschwörungen eines Ahnungslosen; er hört sich an wie jene Pseudoalpinisten, die er seinerseits immer und immer wieder als Spielverderber benennt. Fava war dabei so wütend, dass er allein damit an Glaubwürdigkeit verlor. Ob er selbst das Spiel verderben wollte? Von Anfang an. Umgekehrt verstieg er sich in der Annahme, dass nie jemand die Fakten an ihrem Cerro Torre nachprüfen könne, in die haarsträubendsten Rechtfertigungen. Das Erlebte aber, worauf es im Grunde ankommt, geschieht nicht wieder, es ist nicht nachprüfbar. Der Berg aber bleibt.

»Lasst Maestri endlich in Ruhe«, predigt auch Clemens Kratzer. Kurz nach dem Kongress in Malé erscheint auf Seite drei sein Aufruf im Monatsheftchen *Alpin*. Gerne, denke ich, leider aber waren es Maestri und Fava, die den Cerro Torre wieder einmal zum Thema machten!

Fava, der alle Bergsteiger, die Fragen zur Expedition von 1959 stellen, Dummköpfe nennt, und Maestri, der die Wände hochgeht, wenn auch nur einer der Skeptiker Zweifel äußert, sind Rechthaber. »Ich werde beweisen, dass es keine Berge gibt, die man nicht besteigen kann, sondern nur Menschen, die dazu nicht in der Lage sind«, sagte Maestri schon 1969. Was, bitte, sollte damit bewiesen sein? Meine Antwort dazu ist seit 40 Jahren unverändert die gleiche: »Maestri hat zwar beim zweiten Mal zweifelsohne die Gipfelfelsen des Torre erreicht – nur ist damit seine erste Besteigung nicht bewiesen.« Maestri hat oft gekontert: in Zeitungsartikeln, in Büchern, in Interviews. Natürlich kann er Laien, Nichtbergsteiger, die zwischen der Eroberung eines Berges und dem Wie dabei nicht unterscheiden, seine Version »verkaufen«. Wir alle tragen schließlich die Vorstellung in uns, dass jemand einen Berg wieder besteigen kann, wenn er ihn schon einmal bestiegen hat oder umgekehrt. Als würde die unkartierte Landschaft mit der Besteigung eine aufgeschlüsselte. Der Cerro Torre gilt für ein breites Publikum als von Maestri erobert. Jedenfalls bestiegen! – ob einmal oder zweimal ist nicht so wichtig.

Für Außenstehende gibt es das Unbekannte nicht wirklich. Und stellen nicht auch wir Insider uns die Berge wie auf einer Postkarte vor? Wohin wir auch gehen, wir tragen immer auch unsere Vorstellungen mit uns. Als Fava den Cerro Torre studiert hatte und dann mit vagen Hinweisen und alten Fotos an Cesare Maestri herantrat, orientierte sich dieser nicht an der fremdartigen Landschaft, sondern an den Dolomiten. Der Fels in Patagonien erschien weniger steil als die Nordwand der Großen Zinne, Regenschauer und Aufhellungen waren für ihn wie nach einem Unwetter in der Brenta.

Wir alle tragen die Bilder der Berge unserer Jugend mit uns und vergleichen dann andere Berge damit. Auch Fava, im Trentino aufgewachsen, kam nicht unvoreingenommen nach Patagonien. Er füllte dann diese unzugängliche Landschaft mit all seinen Träumen. Zuletzt legte er das Handeln so fest, wie es aus früheren Erfahrungen zu funktionieren habe. Selbst wenn wir die unbekannteste Route wählen, durchsteigen wir immer auch bekanntes Terrain. Denn wir tragen auch eine Erwartung in uns und passen diese bis zu einem gewissen Maß ständig unseren Vorstellungen an. Als habe der Berg unseren Erwartungen zu entsprechen. Auch eine Expedition wie die 1959 am Cerro Torre wird zuallererst in der Zukunftsform erlebt. Bevor reale Vergleiche gezogen werden können, ähnelt alles dem, was wir schon erlebt haben. Der Vorausvollzug einer Kletterei entspricht aber nie dem, was dann kommt. Die Vertrautheit musste in Patagonien zuletzt also enttäuscht werden. Alle waren von der Fremdheit der Welt dort so sehr überrascht, ja schockiert, dass die Problemstellung ihr Know-how überforderte. In ihren Köpfen. Wie sich Fava vor Ort verhielt, weiß ich nicht, in seiner Erinnerung aber konnte er seine Erwartungshaltung offensichtlich auch später nicht abwerfen. Und das Unbekannte existiert vor allem in unserer Erwartung, also in der Phantasie. Maestri und Fava wollten den Cerro Torre erobern und damit bewiesen haben, dass er nicht »unmöglich« ist, wie Detassis postuliert hatte. Das war ihr Fehler. Hätten sie nur entdecken wollen, wie komplex die Besteigung des unerforschten Torre ist, hätten sie auf ihrer Reise die Tiefen des Unbekannten in sich selbst entdeckt. Als ob ihnen alle Fähigkeit zum Staunen verloren gegangen wäre, haben sie dann aber ihre Resultate ständig ihren Erwartungen angepasst. Auch denen ihrer Fans. Und so zuletzt mit ihrer Story dem Cerro Torre jenen Zauber genommen, der dem Unbekannten innewohnt.

Ein halbes Jahr nach dem Cerro-Torre-Treffen in Malé erscheint in der deutschen Ausgabe von *National Geographic* eine Geschichte über die erste Winterbegehung der Ferrari-Route am Cerro Torre, die Stephan Siegrist, Thomas Ulrich und David Fasel aus der Schweiz sowie Gregory Crouch aus Kalifornien gelungen ist. Eine ebenso gut geschriebene wie bebilderte Story über ein großartiges Erlebnis. Man hat mich gebeten, dazu einen kurzen historischen Abriss über die Eroberung des Cerro Torre zu schreiben, was ich so genau wie möglich tat.

Als die Geschichte dann erscheint, schreibt mir Cesare Maestri am 12. April 2000 einen Brief mit lauter Vorwürfen: Er erinnert daran, dass das Berufsethos des Bergsports auf der Loyalität und auf dem Wort (das Wort Ehre brauche er erst gar nicht anzuführen) des Bergsteigers beruhe.

Weiter, dass »am Wort eines Bergsteigers zu zweifeln« bedeutet, »seine Aufrichtigkeit infrage zu stellen«, vor allem, »ihn zu verleumden.«

Meine Zweifel aber interessieren ihn nicht: »Ob Du mir

glaubst oder nicht, es ist mir egal. Genau wie es auch Dich nicht berühren wird, dass ich an einige Deiner gerühmten ›Heldentaten‹ nicht glaube. Denn es sprechen nur diejenigen Unsinn über den Torre, die ihn, wie Du, nie bezwingen und nie besteigen werden.«

Cesare Maestri wiederholt, dass er niemandem etwas beweisen muss. »Ansonsten müssten alle Bergsteiger der ganzen Welt etwas beweisen«, sagt er.

Es sind nicht die Widersprüche, weniger noch die Angriffe Maestris auf meine Person in diesem Brief, die mich in meinen Vorstellungen von Maestris Cerro-Torre-Trauma bestätigen.

Ich persönlich habe ja viel schlimmere Vorwürfe als Cesare Maestri erfahren. Auch ich kenne eine Reihe von Kolporteuren, die nur in einer Disziplin Meister sind: im Verdrehen von Tatsachen. Was sonst will Clemens Kratzer mit seiner Aussage: »So aber ›outen‹ sich die gnadenlosen Zweifler, die womöglich aus eigenem Erleben kennen könnten, wie es ist, wenn alpine Großtaten angezweifelt werden!« – Ist damit allen Bergsteigern, die eine Besteigung des Cerro Torre 1959, so wie Maestri sie beschreibt, infrage stellen, ihre eigene Glaubwürdigkeit abzusprechen? Oder glaubt er, damit die Lufthoheit in den Stuben der Schutzhütten für seinesgleichen zu sichern? Wie es all jene Schwätzer und Schwärmer tun, die ihre Geschichten, wenn sie widerlegt sind, nicht korrigieren, sondern weiter verdrehen. Alle neuen Erkenntnisse dazu werden einfach ignoriert. Ob Jochen Hemmleb oder Clemens Kratzer, Tom Dauer oder Silvia Metzeltin – der selbst ernannten Historiker gibt es genug. Auch wenn sie sich als Gegenspieler im TV positioniert haben wie Michael Pause, sie bleiben aber weitgehend unbeachtet. Auch von Cesare Maestri.

Warum aber, frage ich mich, regt sich der Veteran so sehr über meine Aussagen auf? Über die meinen viel mehr als über die ausführlichen Kommentare anderer Extrembergsteiger. Zu Maestris Expeditionen von 1959 und 1970 sind inzwischen Tausende Aussagen erschienen. Es gibt ganze Bücher, die Maestris Version drehen und wenden. Sie geben zwar keine Antwort, entlasten Maestri aber auch nicht.

Im Gegensatz zu vielen anderen habe ich Maestri nie der Lüge bezichtigt. Hätte er seine Besteigung 1970 nicht als Beweisführung für seinen versuchten Gipfelgang von 1959 ins Feld geführt, hätte ich mich nie dazu geäußert! Nur dieser Zusammenhang will mir nicht einleuchten. Umgekehrt darf er vielmehr als Beweis gesehen werden, dass der Cerro Torre 1959 »unmöglich« war.

Als ich in Sulden am Ortler mein erstes Museum eröffnete, das MMM Curiosa, ist diese Geschichte eine von 13, mit denen ich versuche, die alpine Geschichte anhand von Widersprüchen zu erzählen: »Sie folgt dem Riss, der zwischen Anspruch und Tun der besten Bergsteiger klafft.« Den Cerro Torre betreffend sind folgende Aussagen mit Bildern von Maestri und Egger im Schaukasten: »Der Cerro Torre (3200 m) in Patagonien gilt vielen als schwierigster Berg. Cesare Maestri, geb. 1929, einer der besten Dolomiten-Felskletterer, will ihn zweimal bestiegen haben. 1959 mit Toni Egger, 1970 mithilfe einer Bohrmaschine (Atlas-Kompressor). Mit der zweiten Besteigung hat Maestri die erste allerdings nicht bewiesen (andere Route, andere Methode)! Im Gegenteil, die Besteigung von 1970 beweist, dass bei der ›Besteigung‹ 1959 – primitivere Ausrüstung im Verhältnis zu heute – etwas nicht stimmte.« Und weiter: »Die Frage also, warum Maestri bei dieser ›2. Besteigung‹ *nicht* seine Route von 1959 wiederholt hat, um die ›1. Besteigung‹ zu beweisen, muss gestellt werden. War diese nicht schneller und mit viel geringerem Materialaufwand möglich? Haben sich die jungen Spitzenkletterer, die mit dem Können und der Ausrüstung von heute an einem Weg von 1959 scheitern, verklettert, oder setzen auch sie auf die Naivität der Chronisten, wenn

sie Maestris Erzählung stützen?« Dazu stelle ich den Eis-
pickel von Toni Egger, der am Wandfuß gefunden worden
ist. Darüber hinaus aber bleibe ich weiter voller Neugierde
Maestri gegenüber und zu seiner Verteidigung bereit. Mein
Antwortschreiben an Cesare Maestri enthält deshalb eine
Bitte:

2000-04-28

Lieber Cesare Maestri,

nachdem ich Dich im Sommer 1999 in Val di Sole (Malé)
gehört und Deinen Brief vom 12.04.2000 gelesen habe,
für den ich mich bedanken möchte, weiß ich etwas mehr
über den Torre und möchte auch weiterhin lernen. Aus
diesem Grund würde ich mich gerne mit Dir persönlich
treffen und bitte Dich um einen Termin.

Du täuschst Dich aber, wenn Du meinst, ich würde
Dich nicht schätzen. Ich habe Dich immer für einen Spit-
zensportler und -bergsteiger gehalten, und ich werde
meine Meinung nicht ändern. Als Schriftsteller habe ich
dies auch immer wieder erwähnt. Über Deine Rolle im
Alpinismus kannst Du in vielen meiner Schriftstücke
lesen, und in der Szene des freien Kletterns hast Du einen
festen Platz – für immer. Ich habe keine Absicht, die
Geschichte zu verfälschen, wie es immer wieder gemacht
wird. Ich möchte die Geschichte besser kennen, um der
Realität ganz nahe zu kommen. Ja, die Realität fasziniert
mich sehr.

Ich spreche nicht von Wahrheit, und »Glaube« ist ein
Wert, mit dem Historiker nur Märchen anfangen. Mein
Interesse ist die Realität, und wenn Du mir helfen willst,
dieser – speziell in Bezug auf den Torre –, der subjektiven
Wahrheit etwas näher zu kommen, würdest Du mir und
Dir einen Gefallen tun.

Im Übrigen leide ich nicht darunter, den Torre nicht

bestiegen zu haben. Ich bin froh, meine Zeit anderswo verbracht zu haben, und die Beleidigungen der anderen berühren mich nicht. Neben meinem Tun in den Bergen, das sich zwischenzeitlich verändert und verringert hat, durchleuchte ich die Geschichte, und als Persönlichkeit der Geschichte bist auch Du Gegenstand meiner Studien geworden. – Aber Du kannst beruhigt sein: Meine Studien betreffen nur die »Großen« – Menschen, die ich schätze, einschließlich der Schwächen, die wir alle haben, falls wir menschlich geblieben sind.

Was die Heldentaten in den Bergen betrifft, bin ich mehr als skeptisch. Ich finde sie geradezu irritierend. Insofern vertreten wir dieselbe Meinung.

Mit freundlichen Grüßen
Reinhold Messner

Auch Cesarino Fava bleibt nicht stumm. Er richtet sich direkt an das *National Geographic Magazine,* deren Redakteure mir den Brief weiterleiten. Fava räumt ein, dass »der Zweifel in der Natur des Menschen verwurzelt ist«. In meinem Fall aber sei der Zweifel »Feigheit«.

Eben weil es sich bei mir um einen berühmten Bergsteiger handelt, sind meine Aussagen in Favas Augen ungerecht.

Dass der Cerro Torre damals unerreichbar gewesen wäre, sei eine Dummheit, und »gegen die Dummheit des Menschen sind auch die Götter hilflos (Schiller).«

Die Frage, warum Maestri zum Cerro Torre zurückkehrte und nicht denselben Weg von 1958/59 wiederholte, sondern den Südostgrat, grenze ans Lächerliche.

Fava unterstellt mir sogar eine faschistische Einstellung und verteidigt Maestri und Egger als unübertroffene Bergsteiger ihrer Zeit.

Gerade weil ich das Kletterkönnen und die Bergausrüstung der Fünfzigerjahre kenne, ist mein Respekt für Maestri und

Egger so groß. Allein weil sie ihren Versuch gestartet haben. In welche Widersprüche sich Fava und Maestri dann verrannt haben, ist durch ihre Geschichte sowie ihre lebenslangen Beteuerungen bewiesen, der Torre sei 1959 besteigbar gewesen! Sicher nicht der Cerro Torre, wie er heute noch in Patagonien steht, vielleicht aber der Berg ihrer Vorstellung.

2000-08-08

Herrn Cesare Fava,

nachdem ich von *National Geographic* Deutschland Ihren Brief erhalten habe, möchte ich, wie ich bereits Herrn Cesare Maestri geschrieben habe, nur unterstreichen, dass ich über den Torre schreibe, weil ich Maestri und Egger sehr schätze. Beide waren überaus begabte Alpinisten.

Trotzdem, was die Besteigung des Torre im Jahre 1959 betrifft, gibt es für mich noch viele Unschlüssigkeiten. Nach dem Erhalt Ihres Briefes sind es noch mehr geworden. Es ist eigenartig, denn in Ihrem Brief finde ich keine Antworten, sondern noch mehr Widersprüche. Vielleicht wäre es Ihnen recht, sich mit mir zu treffen, um mir einiges besser zu erklären.

Nein, ich habe nichts gegen Maestri oder den italienischen Alpinismus – ich war noch nie ein Nationalist (»mein Taschentuch ist meine Fahne«), aber ich bin von einer großen Neugierde getrieben. Ich möchte wissen, was wirklich geschehen ist – und wenn ich keine klaren Antworten erhalte, stelle ich Fragen, nichts weiter. Heldentaten interessieren mich nicht, ich suche nach Tatsachen. Ja, ich möchte ein Historiker sein, aber jemand, der die Geschichte Roms schreibt, muss Caesar nicht persönlich gekannt haben. Um die Geschichte des Torre zu verstehen, muss man ihn also nicht bestiegen haben –

wenn, wo überhaupt? –, sondern die Besteigungen nach-
fühlen können.

Es tut mir sehr leid, dass ich Sie mit meinen Fragen
belästigt habe, aber das Problem könnte eine sofortige
Lösung finden, und zwar anhand von Antworten und
neuen Fragen, die ich Ihnen gerne stellen möchte. Ich
bitte Sie ein weiteres Mal um ein Treffen. In der Hoffnung auf eine positive Antwort verbleibe ich

mit freundlichen Grüßen
Reinhold Messner

Es kommt keine Antwort, weder von Fava noch von Maestri.
Dabei sprechen die beiden immer wieder mit Journalisten,
offensichtlich aber mit Leuten, die weder vom Berg noch von
der Historie des Bergsteigens eine Ahnung haben. Mein Stig-
ma ist es also, dass ich Einblicke in eine Welt vermittle, die
Fava und Maestri als ihre ureigene Vorstellung mit aller
Macht verteidigen wollen.

19 El Chaltén –
Die Rache der Zeit

Cerro Torre von Süden

»Mit Sicherheit sind jene die Mutigsten, die die klarste Vorstellung von dem haben, was sie erwartet, sei es in Bezug auf den Ruhm, sei es in Bezug auf die Gefahr, der sie entgegentreten.«

Thukydides

Salvaterra an
seinem Torre

»Ich hatte nie Glück,
meiner Meinung nach.
Ich war nur gut.«

Cesare Maestri

»Am Cerro Torre habe ich
zweimal mein Leben riskiert.
Was für eine Dummheit!«

Cesare Maestri

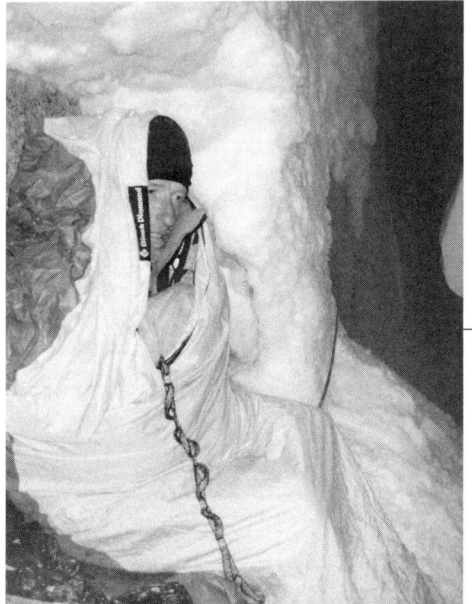

»Das Gesetz des Überlebens des Stärkeren kann einen Bergsteiger leicht eliminieren, sollte er sich dabei auf irgendeine Art als leichtsinnig oder unfähig erweisen.«

Albert Frederick Mummery

2006, nach der Überquerung des nördlichen patagonischen Inlandeises, mit meinen Kameraden unterm Fitz Roy (oben); Biwak am Torre (links)

Am Gipfel des Cerro Torre

»Der Trentiner Salvaterra kennt den Cerro Torre im Sommer und im Winter. Er hat Erstbegehungen, eine Winterbesteigung, eine Überschreitung gewagt. Seine Nordwandroute kommt der ›Egger-Route‹ am nächsten. Er ist heute der beste Kenner des Berges.«

Reinhold Messner

Am Torre weiß man nie, wie, wo und vor allem wann der Aufstieg möglich ist. Patagonien war 1958 wie der Himalaja nach dem Zweiten Weltkrieg, nur ohne Vergangenheit.

Heute ist das, oberflächlich betrachtet, nicht viel anders. El Chaltén aber ist inzwischen ein Ort, wo die globale Welt Gesichter bekommt: Amerikaner, Inder, Europäer, Araber, Asiaten sitzen in teils winzigen Restaurants an kleinen Tischen. Sie sind über Pläne, Routenskizzen oder Rechnungen gebeugt und scharfgemacht von jenem Versprechen, das auch Maestri einst hierhergetrieben hat: »Brot für Deine Zähne.«

»Hat Maestri den Torre bestiegen?«, fragt mich ein Argentinier im Vorbeigehen. Er scheint mich zu kennen und fordert eine eindeutige Antwort.

»Ich weiß es, sage aber nichts.« Es interessiert mich auch nicht weiter. Maestri hat einem Monster eine Seele gegeben. Das war in den Augen Favas auch Maestris Aufgabe gewesen. Nun wissen Tausende Bescheid.

»Ich weiß, wie die Wirklichkeit dort oben aussieht!«

»Ich nicht.«

»Das Problem ist, dass der Torre mitten in Patagonien steht«, sagt mein Gegenüber.

»Er ist kein künstlich aufgeschütteter Berg, da hast du recht, aber er ist auch nicht mehr der Torre von 1959.«

»So wie Chaltén nicht mehr am Ende der Welt liegt«, sagt mein Gesprächspartner.

El Chaltén ist ein kleines Dorf in der argentinischen Provinz Santa Cruz. Das Kaff ist 25 Jahre alt und liegt 450 Kilometer nordnordwestlich der Magellanstraße, 300 Kilometer von der Atlantikküste und 60 Kilometer von der Pazifikküste

El Chaltén

entfernt. Früher gab es hier nur ein paar Estancias. Der Ort und das Leben hier aber ändern sich rasch. Den Pionieren folgte eine immer größer werdende Zahl von Touristen, eine Entwicklung, die man an allen berühmten Bergen beobachten kann. Zuletzt in Patagonien. Vor 20 Jahren standen in El Chaltén zwei, drei Häuser, wo sich Andinisten, Alpinisten und Gauchos trafen. Heute ist es ein Städtchen, eine Art Touristenort am Fuß von Fitz Roy und Cerro Torre. Die Leute kommen mit dem Bus aus El Calafate oder im Taxi von irgendwoher. Geschäfte und Bars füllen sich. Besonders im hiesigen Sommer. Es sind vor allem Neugierige, die die Straßen beleben. Weniger Verrückte, Alpinisten, die sich den extremen Routen stellen. Trekkingagenturen und Busunternehmer haben El Chaltén wachsen lassen. Heute gibt es ein kleines Krankenhaus und mehrere Hotels im Ort, dazu Schule, Supermärkte, Bäckereien, Wäschereien und Jugendherbergen. Wo immer der Szenetreffpunkt der Alpinisten ist, er ist wirtschaftlich weit weniger wichtig als der lokale Abenteuertourismus. Wer hätte das gedacht? Überall kann man Souvenirs und Bergausrüstung kaufen oder leihen, auch Pferde mieten.

El Chaltén, im wilden Süden Argentiniens, liegt zwar am Rande eines Landschaftsschutzgebietes, das Dorf aber wächst weiter, es explodiert förmlich. Jedes Jahr eröffnen neue Hotels, Restaurants und Bars. Mate und Kunsthandwerk werden verkauft, und überall erzählt man die alte Geschichte. Kein Zweifel: Cesare Maestri und sein Cerro Torre sind Legende geworden.

»Wo ist die Erinnerungskapelle für Toni Egger?«, frage ich. Die jungen Leute kennen den Namen nicht. In ihren Computern ist sonst alles zu finden: die Pläne der Huber-Brüder und Salvaterras neue Route, aber nichts über Toni Egger.

»Und der Streit um Maestri?«, frage ich.

Sie schütteln den Kopf.

»Das interessiert nicht mehr.«

Die Versöhnung Maestris mit der Globalisierung ist also nur eine Frage der Zeit. Wenn man groß denkt, spielt es keine Rolle, was wahr ist. Worüber geredet wird, ist wichtiger. Die jungen Kletterer wissen, dass am Torre heute alles möglich ist. Nicht wie 1959 bei Egger und Maestri! Die junge Szene ist anders, sie will klettern und Spaß haben. »How to bring fun into El Chaltén« ist auch das Motto der Tourismusexperten: Relaxing, Celebrating, Dancing. Auch wenn der Cerro Torre nicht gelungen ist.

»Bist du wegen des Torre da?«, fragt mich ein zweiter Kletterfreak.

»Nein, das tue ich mir nicht mehr an«, sage ich. »Und du?«

»In einem Dreivierteljahr will ich zurück sein«, sagt er. »Das Wetter war schlecht.«

Man braucht wenig Phantasie, um sich vorzustellen, dass die Kletterszene hier ankommen musste. Szeneplätze entstehen ja aus sich selbst heraus, als Reaktion auf etwas, als Ausdruck von Sehnsüchten. Die Frage ist: Braucht Bergsteigen in Patagonien eine andere Freiheit als die Freiheit der Kunst?

Ich könnte morgen einsteigen, theoretisch. Das Schöne am Bergsteigen ist ja, dass es kein Muss gibt. Keine Schiedsrichter, keine Fristen, keine Regeln. Man braucht nur das Okay des Partners und viel Können. Auffällig aber ist, dass die meisten Besteigungen des Cerro Torre nur auf Festplatten existieren. Das war zu Maestris Zeit anders. Es gab damals keine Computer. Auch kein Satellitentelefon, kein Netz.

»Am Torre hat das Klettern 1957 also am Anfang gestanden«, sagt einer der Männer, mit denen ich gerade das nördliche patagonische Inlandeis durchquert habe. Er sieht mich fragend an.

»Und bald 50 Jahre später hat Salvaterra eine ›Maestri-Egger-Route‹ immer noch nicht gefunden.«

»Nicht finden können. – Vielleicht wird die Welt dort oben immer fremd bleiben.«

»Vor gar nicht so langer Zeit kamen ein paar Irre aus der Pampa hierher. Vor 50 Jahren die Kletterer.«

»Wenn es 1959 möglich war, den Tore zu erobern, dann ist doch alles möglich.«

»Sie scheiterten wohl am Wetter und hatten gar keine Chance, am Fels zu scheitern«, sage ich trocken.

Nicht nur El Chaltén, der Ort am Fuße des Cerro Torre, auch die Bergsteigerszene in Patagonien hat sich verändert. Es gibt inzwischen so irrsinnig gute Kletterer in allen Winkeln der Erde, und die besten kommen immer wieder hierher. Um irgendetwas Neues zu wagen.

In Patagonien aber kann es einem immer noch gehen wie Leuten, die ständig auf eine Nebelwand gucken. Auf Dauer macht das depressiv. Weil die Nebel vorbeifließen und nichts zurückbleibt. Deshalb möchte ich lieber durch die Dolomiten wandern, wenn ich freie Zeit habe.

Auch die Vorstellung, Klettern in Patagonien sei Marketing, ist falsch. Diese Art Bergsteigen ist vor allem Geldverschwendung. Zum Glück gibt es für jede Tour ein finanzielles Limit. Aber meist nur ein Zeitfenster für den Erfolg.

Josh Wharton und Zack Smith zum Beispiel haben versucht, die Kompressorroute frei zu klettern, was ihnen mit ein paar Varianten bis unter die Gipfelwand auch gelungen ist. Um aber die letzen vier Seillängen am Torre zu schaffen, mussten sie sich an Maestris Bohrhaken sichern.

»Und was haben sie davon?«

»Nichts.«

Ist das vielleicht der Beweis, dass Maestri und Egger sehr wohl auch hätten auf den Torre steigen können. Nein, denn zwischen den beiden Versuchen liegen bald 50 Jahre Kletterentwicklung und viel, viel bessere Ausrüstung. Und an der »Egger-Maestri-Route« sind bis heute alle Wiederholer gescheitert: Alan Mullin, Toni Ponholzer wieder, der es früher schon mit Tommy Bonapace oder Gerold Dünser versucht hat.

Endlich, 47 Jahre nach dem umstrittenen Versuch von Fava, Maestri und Egger erreichen drei Trentiner den Gipfel des Cerro Torre über Ostwand, »Colle della Conquista« und Nordwand: Ermanno Salvaterra, Rolando Garibotti und Alessandro Beltrami. Am 13. November 2005 vollenden sie eine Route, die sie »El Arca de Los Vientos« (Der Bogen der Winde) nennen. Damit ist bewiesen, dass der Torre auch von der abweisendsten Seite, über die Nordwand, nicht unmöglich ist. Endlich! Aber sie finden keine Spuren ihrer berühmten Vorläufer. Auch dort nicht, wo es ohne Steighilfe nicht weitergeht. Salvaterra, der damit zum fünften Mal auf dem Gipfel des schwierigsten Berges der Welt steht und Cesare Maestri 1999 mir gegenüber noch vehement verteidigt hat, ist jetzt bekehrt: Maestri und Egger haben den Cerro Torre 1959 nicht bestiegen, mailt er nach Italien. »Undenkbar.« Er weist auf die vielen Widersprüche hin, die in den Schilderungen Maestris und Favas zu finden sind. Und Salvaterra zählt neben Bridwell, Karo, Bragg, Donini ein Dutzend weiterer Spitzenkletterer auf, die an eine erste Besteigung des Cerro Torre 1959 nicht mehr glauben können.

Damit aber ist Ermanno Salvaterra plötzlich der Erzfeind von Fava und Maestri. 2004 noch hatte Fava voller Ironie über Walter Bonatti gesprochen, dessen Rolle bei der K2-Expediton 1954 endlich gewürdigt wurde. Und natürlich galt ich weiter als der Bösewicht schlechthin in Sachen Cerro Torre. Die 1000 und mehr Zweifler in aller Welt schien es für die beiden Cerro-Torre-Helden auch weiter nicht zu geben. Wer kannte sie schon, von ein paar Alpinisten abgesehen, die in Patagonien selbst Grenzgänge überlebt hatten? Natürlich, wieder springen Maestri nach Salvaterras Aussagen viele frühere Verteidiger zur Seite. Zuerst seine Seilpartner: Claudio Baldessari zum Beispiel, der Offenheit und Ehrlichkeit Maestris unterstreicht; Luciano Eccher oder die Mannschaft von 1970. Alle verteidigen ihn. Auch ich muss sagen, dass Maestri in meiner Anwesenheit nie gelogen hat: 1971 in Padua nicht, als er zugab, nicht auf den Eispilz gestiegen zu sein, und 1999 in Malé nicht, wo er völlig offenließ, wie hoch er mit Egger gekommen war. Warum also diese Hysterie?

Salvaterra, zurück im Trentino, bietet Maestri und Fava ein Gespräch an. Wie ich es wiederholt schon getan habe. Er verweist wieder und wieder auf Unschlüssigkeiten und Widersprüche in den Berichten über die beschriebene »Besteigung« 1959. Nein, nicht der Cerro Torre ist unmöglich, nur die Art und Weise, wie Fava und Maestri mithilfe ihres Eisklettergenies Egger hinaufgekommen sein wollen. Bericht, Ausrüstung und Berg passen nicht zusammen.

Die lokalen Zeitungen haben natürlich ihre Freude an dem neuen Skandal. Sie spielen Salvaterra gegen Maestri und Fava gegen mich aus. Die Kontroverse eskaliert. Mit Leuten, die sich wirklich auskennen, wollen Maestri und Fava aber nicht reden. Vor allem nicht mehr mit Salvaterra. Es ist allein ihre Schuld. Sie wiederholen ihre Geschichte und tun alle Kritiker oder Fragesteller als Lügner ab. Man zieht sogar Salvaterras Erfolg in Zweifel. Was für eine Unverschämtheit! Gibt es den

Cerro Torre wirklich? Oder war Salvaterra auf einem fiktiven Berg? Das sind die Fragen, die jene stellen, die Maestris Geschichte vorbehaltlos nachgebetet haben. Seit Jahrzehnten schon. Nein, nicht sie – sie sind Millionen –, die paar Freaks, die so viel Mut, Zielstrebigkeit und Können wie Maestri nie aufbringen würden, haben sich täuschen lassen. Verkehrte Welt: Je mehr junge Kletterstars an Maestris Version zweifeln, umso mehr scheint sie dem breiten Publikum wert zu sein.

Fava, der den Kronzeugen spielt, versteht es, Salvaterra, Bonatti oder auch mich als kleinkarierte Möchtegerne abzutun. Wir seien einer absurden Theorie verfallen – echten Bergsteigern unwürdig. Ausgerechnet vom Schiedsrichter Fava aber, der den extremen Alpinismus nicht nachvollziehen kann, die rote Karte gezeigt zu bekommen, hat etwas Belustigendes für mich.

»Wie ist der Abstieg vom ›Colle della Conquista‹?«, frage ich Ermanno Salvaterra, der mich im Frühling 2008 im Museum auf Schloss Sigmundskron besucht.

»Furchterregend. Jeder Abseiler vom ›Colle della Conquista‹ ist ein Abenteuer«, sagt er kopfschüttelnd, um nach einer Weile fortzufahren: »Wie soll da ein Nichtkletterer wie Fava allein heruntergekommen sein?«

»Die Abseilstellen sind heute doch eingerichtet?«, will ich wissen.

»Ja, ich weiß, wo sie sind, habe eine Reihe von Haken selbst dort geschlagen.«

»Trotzdem sind die Abseiler ein Horror?«

»Ja, das Gelände ist sehr steil, unübersichtlich, wenn nur einmal das Seil hängen bleibt…«

»Fava hätte kaum Spielraum gehabt?«

»Und 1976 waren keine Abseilhaken zu finden, keine Schlinge, nichts.«

»Ich weiß: Trotzdem, niemand kann sagen, was 1959 wirklich passiert ist. Nur deshalb bleibt die Tragödie am Cerro Torre eine Schlüsselgeschichte des Alpinismus.«

»Ja, vielleicht gerade deswegen.«

»Auch du meinst, ohne die Cerro-Torre-Story wäre Cesare Maestri nicht so berühmt?«

»Ja, seine Erstbegehungen in den Dolomiten sind so wichtig nicht.«

»Seine Alleinbegehungen, finde ich, waren schon außergewöhnlich! Marmolada-Südwestwand, Oppio-Führe am Croz dell'Altissimo, Civetta-Nordwestwand…«

»Toni Egger hat nur halb so lang für die ›Solleder‹ gebraucht wie Cesare Maestri.«

»Ich weiß, ein paar Jahre später allerdings. Dann ›Via delle Guide‹ am Crozzon di Brenta, frei, ohne Seile im Abstieg.«

»Bruno Detassis, der Erstbegeher, hat nicht gesehen, wie Cesare das Seil hinuntergeworfen hat.«

»Eine große Geste.«

»Ja, Cesare Maestri war ein Mann der großen Gesten, er war mehr Schauspieler als Kletterer.«

»Er war auch Schauspieler, ja, hatte Mut zum Pathos, in den Fünfzigerjahren aber war er auch ein exzellenter Dolomitenkletterer. Da gibt es für mich keinen Zweifel.«

»Dem Eis aber ist er ausgewichen. Die ›Kompressorroute‹ ist der Beweis dafür. Dort stecken die Bohrhaken alle noch. An der von ihm beschriebenen Route von 1959 steckt keiner, kein einziger.«

»Hat dich das enttäuscht?«

»Und wie! Ich habe ja so gehofft, dass es Cesare Maestri und Toni Egger geschafft haben. Wie Ponholzer habe auch ich Cesare geglaubt. Wie oft sind wir da hinaufgestiegen, um der Welt zu beweisen, dass Maestri nicht lügt.«

»Meiner Ansicht nach lügt er nicht, vielleicht hat er im Schock Wunsch und Traum durcheinandergebracht, vielleicht ist er auf einen anderen Torre gestiegen als ihr. Wir wissen doch, unter welchen Umständen seine Geschichte entstanden ist.«

»Vielleicht ist das die Antwort. Jedenfalls ist die Ost- und Nordwand des Torre, die ich kennengelernt habe, nicht identisch mit jener, die Cesare Maestri und Cesarino Fava in ihren Büchern beschreiben.«

»Schon möglich, alles ist auch eine Frage der Wahrnehmung, und wir müssen immer bedenken, dass Maestri nach dem Tod von Toni Egger unter Schock stand.«

»Ja, das ist alles richtig, mehr noch: Maestri war mehr tot als lebendig, als ihn Fava zu den Argentiniern ins Lager unterm Mocho brachte.«

»Die Bedingungen, das Wetter, die Schwierigkeiten sind am Cerro Torre eben unmenschlich.«

»Und genau deshalb, aber auch wegen der Steilheit, ist die Geschichte von 1959 so, wie sie erzählt wird, nicht möglich. Nur ein Träumer wie Fava kann sich so etwas ausdenken.«

»Cesare muss doch gewusst haben, dass seine Story nicht hält.«

»Wahrscheinlich. Aber vielleicht ist die Geschichte wirklich nicht allein seine. Und niemand hat angenommen, dass der Torre 50 Jahre später das Ziel der weltbesten Bergsteiger wird.«

»Zwischen erinnern und getan haben, zwischen Traum und Wirklichkeit gibt es oft Abgründe, so hoch wie der Cerro Torre.«

»Ich habe den Cerro Torre fünf Mal bestiegen, habe Tagebuch geführt, und wenn ich darin lese, wird alles wieder lebendig. Ich erlebe dann jeden Moment nach: die Stimmung, die Struktur der Wand, die Angst…«

»Ohne dein Tagebuch wäre im Rückblick alles ein einziger ungeordneter Wust von Emotionen?«

»Vielleicht, da hast du recht. Lassen wir Maestri einmal beiseite. Fava aber zitiert immer wieder aus seinem

Tagebuch. Dabei passt nichts zusammen, lauter Widersprüche.«

»Cesare Maestri hat da oben wohl nicht Tagebuch schreiben können, und Fava war viel zu unerfahren als Kletterer, um Berg, Situation oder auch den möglichen Ablauf zu erfassen. Vielleicht daher diese unmögliche Geschichte?«

»Wie bin ich, zum Teufel, kritisiert worden für das, was ich am Cerro Torre gemacht habe! Die Schlafboxen, die wir bei unserer ›Infinito Sud‹-Route in die Wand gehängt haben, um darin zu biwakieren, meine Skepsis zuletzt Maestri gegenüber.«

»Ich habe dich immer bewundert dafür, auch dafür, wie du Cesare Maestri verteidigt hast. Auch mir gegenüber.«

»Bis ich meinen Glauben verlor.«

»Trotzdem, du hast mit deinen Besteigungen dem Cerro Torre und den Trentinern ihre Ehre wiedergegeben. Das klingt jetzt pathetisch – aber die erste Winterbesteigung, die Südwand, dein Versuch an der Ostwand, die grandiose Linie über die Ost-, Nord- und Westwand sind Meisterleistungen, Sternstunden des Alpinismus. Heute bist du der Maestro am Cerro Torre.«

»Der schönste Weg, auch der intelligenteste, bleibt die ›Via dei Ragni‹.«

»Das freut mich für Bonatti.«

»Bonatti? Er wäre mit Mauri damals vielleicht in der Lage gewesen, den Torre zu knacken. Aber die Zeit war nicht reif, die richtige Ausrüstung fehlte, die Erfahrung, alles. Es war keine Schande, 1958 oder 1959 am Cerro Torre zu scheitern.«

»Im Gegenteil, jeder Versuch zeugt doch vom Mut, das schier Unmögliche zu wagen.«

»Maestri aber brauchte den ›Sieg‹.«

»Weil er Bonatti übertreffen wollte?«

»Musste.«

»Du hast sicher recht. In dieser alten Rivalität liegt der Kern der Geschichte. Am Cerro Torre ist heute noch Machismo angesagt: Mann gegen Mann. Wer mehr riskiert, ist der Größte. Dieser Cerro Torre ist wirklich ein ganz besonderer Berg.«

»Er sieht ja geradezu aus wie ein Phallus.«

»Ich sehe die Sache nicht genauso. Vielleicht missbrauchte Fava Maestri auch nur als Stellvertreter für seine Hybris…«

In diesem Fall wäre sein Ansinnen aufgegangen. Der Cerro Torre wurde das »Brot für Maestris Zähne«, und Fava gilt heute als einer der Heroen des Bergsteigens in Patagonien. Er ist und bleibt der Animateur – ohne ihn wäre die Erstbesteigung des Cerro Torre anders verlaufen. Das gibt Fava aber nicht das Recht, Salvaterra, Bonatti oder wen auch immer lächerlich zu machen. Nicht sie haben etwas zu beweisen. Sie sind nicht die Täter. Und Maestri hat sich selbst zum Opfer gemacht.

Die Herausforderung der besten Bergsteiger heute heißt: Cerro-Torre-Recherche. Und mit jedem gescheiterten Versuch wird klarer, wie schwierig es 1959 gewesen wäre, Favas Idee zu verwirklichen. Diese wurde dann zu Maestris Vision und später wieder zur fixen Idee von Salvaterra.

Die Nordwand also war unberührt. Ein einziger Haken, eine Abseilschlinge oder anderer Müll von Maestri in der Gipfelwand hätten alle Kritiker lächerlich gemacht. Der Cerro Torre wäre Maestris Zepter geworden. Sein Gralsberg, der ihn über alles erhebt. Die Zeit aber hat seinen Torre zum Berg von Ferrari, Bragg, Karo und Salvaterra gemacht.

Attraktive und gleichzeitig unzugängliche Berge sind heute noch das Nonplusultra der Kletterszene. Andy Kirkpatrick sieht im Cerro Torre deshalb den »Marilyn-Monroe-Berg«. Das ist natürlich ein gutes Bild. Er sagte es kürzlich beim internationalen Seminar des BMC (British Mountaineering Council), immerhin die weltweit renommierteste Bergsteigervereinigung. Es ging wieder einmal ums extreme Klettern. Zwischen Wunsch und Versuch, ein unerreichbares Ziel zu erreichen, meint er, klafft ein großer Abgrund. Daher die Sehnsucht, der Vergleich mit Marilyn Monroe, der Göttin der Unerreichbarkeit. Worin sonst liegt ihr Zauber?

Leo Houlding sowie Stephen Koch, zwei moderne Spitzenkletterer, scherzen über den Kompressor, der immer noch in der Wand hängt. Als eine Art Monument für Maestri? Als Höhepunkt seiner Schauspielerei? Sogar eine freie Begehung der Kompressorroute und beseitigte Bohrhaken mehren Maestris Ruhm. So kontrovers wird heute über Ethik, Wahrheit und Renommee diskutiert. Ehrfürchtig ist die Elite der Kletterer Veteranen aus der heroischen Zeit des Alpinismus gegenüber nicht. Verletzend? Nein, umgekehrt aber hat Cesarino Fava, der die Heldengeschichte vom Cerro Torre ein Leben lang strapaziert hat, noch kurz vor seinem Tod versucht, den Einsatz des jungen Walter Bonatti am K2 oder Salvaterras Leistungen lächerlich zu machen. Ohne dabei zu betonen, dass diese wirklich stattgefunden haben.

Was hat sich also geändert in Patagonien seit Cesare Maestri?, frage ich mich. Über den Cerro Torre führt heute einer der Wege der Globalisierung des Klettersports. Und irgendwann wird es eine »Egger-Route« am Torre geben. Im besten Fall gelingt ein Weg, der Toni Egger gerecht wird. Ich glaube fest daran, es ist eine Sache des Respekts. »Welchen Respekts?«, würde Maestri fragen. »War ich nicht dabei?« Das ist Vergangenheit. Seit 50 Jahren! Die Zukunft am Cerro Torre sind heute fünf Jahre. Nicht mehr ein Menschenleben. Der Torre ist ein Berg, an dem jeden Sommer mehrere Dutzende Seilschaften klettern, manchmal Bergsteiger aus 50 Nationen. Man bekommt zwar den Eindruck, als seien alle nur auf Montage da, wie Egger und Maestri vor 50 Jahren schon, aber verheimlichen läßt sich nichts. Wofür gibt es das Web? Das Klettern in Patagonien hat damit wieder etwas Vorübergehendes. Auch der Ort El Chaltén sieht ja nicht nach Heimat aus.

20 Via Egger – Die Retter des Torre

Cerro Torre von Westen

Am Fels und im Eis des Torre
(links und unten)

> »Wer sich im Gebirge verklettert
> hat, muss sich vor allem hüten,
> die Gefahr seiner Lage nicht
> für größer zu halten, als sie ist.«

Friedrich Nietzsche

> »Der Cerro Torre gehört zweifellos zu den beeindruckendsten
> und schönsten Bergen der Erde, und er ist wohl auch der Gipfel, um den
> in der Geschichte des Bergsteigens am heftigsten gestritten wurde.«

Alexander Huber

Erinnerungstafel und Erinnerungskapelle für Toni Egger (rechts und unten)

»Ich wünschte mir, dass dieser Berg in tausend kleine Stücke zerfällt.«

Cesare Maestri

»Bedenke: Nicht zu bekommen, was man will, ist manchmal ein großer Glücksfall.«

Dalai Lama

Toni Ponholzer

»Mit welcher Zähigkeit der Osttiroler Toni Ponholzer dem beschriebenen, wenn auch imaginären Weg von Egger und Maestri am Cerro Torre folgt, fordert mir Bewunderung ab! Es soll ihm gelingen, seine ›Egger-Route‹ bis zum Gipfel zu klettern.«

Reinhold Messner

Cesare Maestri weigert sich also, mit mir zu reden. Das ist sein gutes Recht. Die Aussagen aber, die er seit einem halben Jahrhundert anderen gegenüber gemacht hat, sind mir Information genug. Er stellt sich ja immer noch den Fragen von Journalisten. Die Antworten kommen dabei ohne Zögern. Gefragt nach den schrecklichsten Tagen seines Lebens, sagt er spontan: »Der Torre. Nicht die Erstbesteigung, als Egger ums Leben kam, das gesamte Unternehmen Cerro Torre«, präzisiert er, um fortzufahren: »Wenn ich in meinem Leben etwas noch einmal machen könnte, dann dies: Ich würde nicht mehr hinfahren.«

Nun, wir Menschen haben keine zweite Chance im Leben, wohl aber die Fähigkeit zur Reflexion. Wir können nicht zurück und nochmals ansetzen, wohl aber erkennen, dass wir Fehler gemacht haben. Wie Maestri 1970, als Mauri den Cerro Torre zum »unmöglichen Berg« erklärte? Mich interessiert, wie er darauf reagierte. Und nur wie er 1970 zu seiner Art Beweisführung aufbrach, ist für mich das Zeichen, dass etwas nicht stimmt: Seit damals Anlass und Pflicht, die Sache aufzuklären.

Vor 60 Jahren, als Europa noch stolz und die Bergsteiger Helden waren, entbrannte unter seinen Nationen ein ehrgeiziger Wettlauf um die Erstbesteigung der Achttausender im Himalaja und Karakorum. Zum Mount Everest stürmten die Pioniere, andere zum Nanga Parbat und zum K2. Franzosen, Engländer, Italiener… Argentinier bahnten sich mit Sauerstoff und Sprengstoff einen Weg auf den Dhaulagiri. Cesare Maestri war nicht dabei. Man wollte ihn nicht in der Mannschaft der italienischen Expedition am K2. Maestri aber wollte nicht danebenstehen, wollte Ruhm und Lobpreis erwerben wie seine Rivalen auch. Sein Patagonien, der Cerro Torre, wo sich die Herausforderungen der Zukunft auftaten, war damals aber nicht so legendär wie der Himalaja. Trotzdem, vorbei an reißenden Flüssen, über Gletscher, in sturmgepeitschten Lagern verfolgte der Trentiner sein Ziel: der schwierigste Gipfel der Welt anstelle des höchsten. Über wolkenumdampfte Granitwände ist er emporgeklettert, in Eishöhlen hat er geschlafen, im Sturm abgeseilt. Schließlich aber lag der Entdecker der letzten Welten am Fuße seiner Gralsburg, halb tot, der Kamerad verschwunden. An der Bedeutung der grandiosen Tat gab es dennoch keine Zweifel. Als Maestris erstes Buch erschien, war er das Idol einer jungen Klettergeneration. Er konnte erzählen, und Tausende folgten Eggers Sehnsucht: Im Geiste brachen wir zu letzten Abenteuern auf. Seine ersten beiden Reisen nach Südamerika, geschildert wie ein Scheitern, waren zum größten Erfolg seines Lebens geworden. Wir Kletterer, obwohl von Maestri inspiriert, mieden aber Patagonien. Auch andere Touristen folgten ihm anfangs nicht nach. Alles ändert sich zehn Jahre später, als Maestri zum Torre zurückkehrt. Als er beweist, dass er so handelt, wie er redet, und auch andere den Cerro Torre meistern können. Als dann viele seinen Torre besteigen können, weil seine Piste zum Gipfel bleibt, ist das Tor zur letzten Arena der Einsamkeit zu weit geöffnet. Die ganze Welt folgt ihm jetzt nach Patagonien nach.

Mythen, denen nachzujagen sich lohnt, gäbe es für Maestri noch genug, aber ihm reicht's. Hat er doch den schwierigsten aller Berge, wie er sagt, zweimal bezwungen. Wie wär's, wenn endlich seine Kritiker nachmachten, was er vorgemacht hat? Mit dem Cerro Torre, seinem Überlegenheitsbeweis, gelingt es der »Spinne der Dolomiten« einerseits, das Augenmerk auf jenes phantastische Felsenreich zu lenken, das ihm allein gehörte und sein Renommee ausmacht, andererseits wird seine Story nachprüfbar. Was immer aber Engländer, Amerikaner oder Bonatti auch sagen, Maestri bleibt im Gespräch. Und er bekommt Applaus, einem breiten Publikum gefällt's. Erst als ihm die Elite der jungen Kleterer wirklich nachsteigt, wird es gefährlich für ihn: Donini, Bragg, Wilson, Burke, Proctor, Salvaterra, Giarolli, Orlandi, Janez Jeglie, Karo, Ponholzer... Sie kommen zuletzt überall hin, auch dorthin, wo Cesare Maestri nicht gewesen sein kann.

Vom 21. bis zum 24. Januar 2008 gelingt dem Amerikaner Colin Haley und dem Italo-Argentinier Rolando Garibotti die Überschreitung der gesamten Cerro-Torre-Gruppe: Endlich klappt mit dieser Torres-Traverse jene Begehung der »Skyline« – bestehend aus Aguja Standhardt, Punta Herron, Torre Egger und Cerro Torre –, die Topkletterer aus aller Welt seit Jahren elektrisiert. Seit einer Ewigkeit schon. Damit wird Realität, was nur Phantom war, jagten doch Dutzende diesem Ziel nach.

Im Januar 2008 fragt Rolando Garibotti Colin Haley, ein Energiebündel aus den Staaten, ob er Lust habe, mit ihm die Torres-Traverse zu versuchen? Mit seinen dreiundzwanzig Jahren ist Haley einer der talentiertesten Bergsteiger Amerikas. Ja, warum nicht. Garibotti, der Erfahrenere, ist sechsunddreißig Jahre alt. Er hat die Überschreitung schon öfter versucht und spürt, wie ihm die Zeit davonläuft. Aufgeben aber ist nicht sein Ding!

Am 21. Januar 2008, in der Morgendämmerung, starten die beiden am Col Standhardt. Schlechtes Wetter. Trotzdem klettern sie über die Route »Exocet« auf den Torre Standhardt. Von dort seilen sie im Sturm in die Scharte vor der Punta Herron ab. Die erste Seillänge am Herron ist trocken, dann hemmt Raureif ihr Weiterkommen. Varianten kosten viel Zeit, und sie biwakieren unter dem Gipfeleispilz des Herron. Am nächsten Tag ist das Wetter perfekt! Im Auf und Ab steigen Haley und Garibotti über Herron und

Senkrechtes Eis auf dem Weg zum »Colle della Conquista«

Torre Egger bis in den »Colle della Conquista«. Über ihnen steht jetzt die Gipfelwand des Cerro Torre. Eisschlaggefahr! Wegen der hohen Temperaturen! Also Biwak unter einem Überhang.

Über die Route »Arca«, eine Erstbegehung, die Garibotti 2005 zusammen mit Ermanno Salvaterra und Alessandro Beltrami gemeistert hat, steigen sie durch die Nordwestwand und klettern auf der »Ferrari-Route« weiter bis unter den Gipfeleispilz, der so viele Kletterer zum Rückzug gezwungen hat. Anderntags graben sie einen Tunnel durch den morschen Raureif. Es ist Colin Haleys Geniestreich! Drei Stunden lang wühlt er sich durchs weiche Eis; ein Stollen entsteht – 20 Meter lang –, und am Mittag, es ist der 24. Januar, stehen sie am Gipfel des Cerro Torre. Heil wieder vom Berg herunterzukommen ist jetzt mehr als ihre Pflicht. Sind sie doch getragen vom Erfolg. Der Cerro Torre aber jagt ihnen immer noch Angst ein. Sie schaffen zuletzt den Abstieg über die

»Kompressorroute« und kommen als Sieger in die Zivilisation zurück. Wie zwei kleine Kinder rutschen, taumeln, laufen sie zuletzt ins Leben am Fuße des Berges hinein.

Nach der Überschreitung der Cerro-Torre-Gruppe bleibt die Wiederholung der von Cesare Maestri 1959 beschriebenen Route durch die Nordwand als letzte spannende Geschichte übrig. Alles nur, weil Maestri dort Rätsel hinterlassen hat. Für den Osttiroler Toni Ponholzer, der Maestri und Egger seit Jahren schon auf der Spur ist, bleibt es die große Herausforderung seines Lebens.

»Die Überschreitung ist also geschafft?«, frage ich ihn am Telefon.

»Ja, ich war vom 10. Jänner bis Ende Februar drüben« bestätigt er.

Wenige Tage später sitzen wir uns im Schloss Sigmundskron gegenüber und führen die Unterhaltung fort.

»Das Wetter war relativ gut, oder?«

»Jahrhundertwetter! Drei Schönwetterperioden, jeweils drei bis vier Tage. Es war aber relativ warm.«

»Warm heißt Eisschlag.«

»Warm heißt viel Wasser, Eisschlag und dann, weil's Eis schmilzt, Felsschlag.«

»Alexander Huber hat die Überschreitung auch versucht?«

»Er wollte die Überschreitung machen, ist aber bei den gegebenen Verhältnissen unten geblieben. Es war ihm zu gefährlich.«

»War der ›Colle della Conquista‹ der Knackpunkt?«

»Ja. Garibotti ist am Torre der Hausmeister und wollte die Überschreitung unbedingt machen. Sie sind bei zweifelhaften Verhältnissen eingestiegen, haben viel riskiert und gewonnen.«

»Das heißt, sie sind zuletzt über die Salvaterra-Route auf den Cerro Torre geklettert.«

»Ja, über die ›Arca de Los Vientos‹.«

»Warst du diesmal wieder einmal auf dem ›Colle della Conquista‹?«

»Nein, ich bin nicht eingestiegen. In der Egger-Route war viel zu viel Eisschlag. Ich habe den Fitz Roy bestiegen. Über die Supercanaleta. Mein Hauptziel, die Egger-Route, ist aber nur aufgeschoben. Eine Chance hätten wir diesmal gehabt, haben uns aber nicht getraut.«

»Hat 2008 jemand die Egger-Route versucht?«

»Niemand.«

»Wie oft warst du schon auf dem ›Colle della Conquista‹?«

»Sechs Mal. Einmal war ich in der Nordwand sogar 200 Meter unter den Eispilzen.«

»Ungefähr dort, wo Maestri und Egger ... Egger behauptet ja nichts ...«

»Ungefähr, ja. Es ist eine logische Linie, die ich verfolge. Ich glaube, dass es der optimale Weg durch die Nordwand ist.«

»Links der Route von Salvaterra?«

»Ja, links davon.«

»Die Route von Salvaterra ist aber leichter, eine schräge Rampe?«

»Nein, da ist keine schräge Rampe. Salvaterra stieg vom Col nach rechts in die Westwand, kletterte über diese empor und kam oben in die Nordwand zurück, in den letzten drei Seillängen ...«

»Über die Ferrari-Route ...?«, unterbreche ich.

»Nein, die Ferrari-Route ist weiter rechts, um die Ecke. Erst oben bei den Eispilzen mündet die ›Arca‹ in die Ferrari-Route.«

»Eine wichtige Frage: Wenn du als Erstbegeher zum Cerro Torre gekommen wärst, also auf den ›Colle della Conquista‹, wärst du dann über deine Route weitergegangen oder über die von Salvaterra?«

»Zuerst wäre ich wahrscheinlich die von Salvaterra gegangen.«

»Sieht man von oben, dass es dort geht?«

»Ja, das sieht man, weil sich's irgendwie auflöst. Der obere Wandteil aber bleibt versteckt. Mit den Jahren habe ich jedoch gesehen, dass machbare Linien auch in der Nordwand zu finden sind. Maestri hat ja immer gesagt, er sei durch die Nordwand geklettert. Also habe ich nach einem Weg dort gesucht.«

»Du hast also immer versucht, die Nordwand zu klettern?«

»Ja, immer die Nordwand.«

»Sechs Mal hast du es versucht und nirgends etwas gefunden von Egger und Maestri.«

»Bis jetzt habe ich nichts gefunden.«

»Aber dein Zeug ist zurückgeblieben: ein paar Haken, Abseilschlingen.«

»Genau.«

»Wie steil ist das Gelände?«

»Senkrecht, Schwierigkeiten bis zum achten Grad im Fels. Es ist aber Mixed-Kletterei, Fels und Eis abwechselnd. Du musst immer wieder das Schuhwerk wechseln: Kletterschuh, dann wieder Bergschuh mit Steigeisen.«

»Wie ist die Eisglasur?«

»Ganz unterschiedlich. Die Risse sind entweder zugeeist oder glatt, dann wieder ein Eisfeld... Die Kletterei wechselt.«

»Wie lange hast du vom ›Colle della Conquista‹ bis zu deinem Umkehrpunkt gebraucht?«

»Ich war relativ schnell. Ich bin am ersten Tag bis zum Col und noch drei Seillängen weiter in die Nordwand gekommen.«

»Und wieder abgeseilt?«

»Nein, am zweiten Tag bin ich dann bis ungefähr 200 Meter unter die Eispilze gekommen. Dann hat das Wetter umgeschlagen. Wir sind umgekehrt, weil der Partner fertig war, ausgelaugt.«

»Wer?«

»Franz Niederegger aus Osttirol.«

»Deine Motivation ist es also zu zeigen, Cesare Maestri und vor allem Toni Egger hätten das theoretisch machen können, oder?«

»Meine Motivation ist es, die Geschichte von Toni Egger zu verstehen. Alles geht zurück in meine Kindheit. Ich habe so tolle Geschichten über Toni Egger gehört, habe auch erfahren, wie er den Cerro Torre gemacht hat. Diesen Berg wollte ich einmal sehen und besteigen.«

»Hast du auch geholfen, die Erinnerungskapelle zu bauen?«

»Ich habe nicht geholfen, es waren Freunde von mir. Mir hat aber der Sponsor, der die Kapelle hat bauen lassen, Herr Müller, eine Reise zum Cerro Torre finanziert. Damals bin ich die Kompressorroute gegangen. 1986, es war die 18. Besteigung. Nachher dann habe ich mich auf die Originalroute konzentriert.«

»Wenn du als Erster dort hinkämst – niemand wäre auf dem Cerro Torre gewesen –, also wenn du von El Chaltén hinaufgingst zum unbestiegenen Cerro Torre, welche Route würdest du anpacken?«

»Lass mich nachdenken, ganz scharf. Ich würde die Originalroute gehen. Im ersten Moment erscheint sie logisch.«

»Im ersten Moment, und dann?«

»Weiter links, in der Kompressorroute, ist ein leichter Vorbau, ganz oben aber, in der Gipfelzone, war 1959 nichts zu machen.«

»Oben wäre die Besteigung 1970 ohne den Einsatz von schwerem Material nicht gelungen! Du meinst, ohne zu bohren, wäre damals niemand hinaufgekommen?«

»Sicher nicht.«

»Das haben Cesare und Toni 1959 auch gesehen, von unten. Sie haben gehofft, dass es hinterm Colle weitergeht.«

»Genauso wird es gewesen sein.«

»Toni Egger wäre nicht eingestiegen, wenn er nicht von Hoffnung beseelt gewesen wäre, irgendwie vielleicht doch zum Gipfel zu kommen, denke ich.«

»Wenn man den Berg mit dem Fernglas anschaut, entdeckt man Linien und Risse, wo man klettern könnte.«

»Von unten aber haben sie nur die Ostwand gesehen. Die Schlüsselstellen an der Nordseite konnten sie vorher doch nicht einsehen.«

»Wenn man rechts zum Standhardt geht, sieht man in die Nordwand, mithilfe eines Fernglases erkennt ein geschultes Auge eine logische Linie. Nur um die Kante am Col, dort, wo Salvaterra gegangen ist, sieht man nicht ein.«

»Du hast doch die zweite Begehung gemacht – vom Einstieg bis zum ›Colle della Conquista‹?«

»Es kann sein, dass ich dort der Zweite war.«

»Maestris Besteigung bleibt ja rätselhaft, auch weil Fava, der behindert war und kein Kletterer, vom Col allein abgeseilt haben will!«

»Wenn man den Fakten folgt, ist das kaum nachvollziehbar: Man findet Originalhaken von Maestri bis unter das Schneefeld. Vom Schneefeld aufwärts nichts mehr.«

»Wie schwierig ist das Gelände bis zum Schneefeld?«

»Gar nicht so leicht! Kletterei im oberen siebten Grad. Auch wieder Mixed-Kletterei.«

»Im ersten Stück haben sie sich 1959 wohl raufgenagelt?«

»Die Risse entlang, ja. Da sind alte Haken drin, selbst gemachte Bohrhaken, aber nicht dieselben Haken, wie man sie in der ›Kompressorroute‹ findet. 1959 hat Maestri viereckige Haken benutzt.«

»Hängen da auch Seilreste von damals?«

»Unterm Schneefeld ist ein alter Rucksack zurückgeblieben, auch alte Seile. Das Material könnte aber auch von den Engländern sein.«

»Von der Verschneidungsroute?«

»Ja.«

»Da ist noch eine rätselhafte Geschichte. Wenn Egger und Maestri über die Nordwand hinaufkommen, warum seilen sie sich über eine andere, überhängende Route ab? Ist doch unlogisch?«

»Sicher, da stellen sich viele Fragen. Ich aber kann dir nur sagen, was ich gesehen habe.«

»Mehr will ich auch nicht hören. Wenn ich aber eine Route hinaufkomme, seile ich ab, wo ich mich auskenne, wo was drin ist.«

»Auch ich. Wenn ich abseile am Berg, dann über den Weg, den ich raufgeklettert bin. Weil ich ihn kenne. Am Torre kann ich nicht einfach ins Ungewisse abseilen. Niemand traut sich so was.«

»Du musst das Gelände kennen, um wieder runterzukommen.«

»Ja, sicher.«

»Liegt der ›Colle della Conquista‹ in der Mitte des Aufstiegs?«, ist meine nächste Frage.

»Ja, der Col ist gut die halbe Route.«

»Wo sind die schwierigsten Passagen bis zum Col?«

»Die Wand gleich oberhalb des Schneefelds ist nicht leichter als die Passagen unten, wo Egger und Maestri Fixseile gelegt haben.«

»Nicht leichter?«

»Nein. Es gibt da mehrere Linien, und ich bin sie alle geklettert. Alle sind logische Linien. Ich bin im Kamin geklettert, der vereist ist; ich bin über die Platten geklettert und links davon. Von der Schwierigkeit her ist alles mindestens gleichwertig wie unten.«

»Senkrecht?«

»Zum Teil senkrecht. Kurze Passagen sind flacher, aber es sind immer wieder Siebenerstellen drin.«

»Die ›Supercanaleta‹ ist leichter?«

»Ja. Sie ist nur lang und gefährlich.«

»Aber nicht schwierig, im Verhältnis zum Torre?«

»Die ›Supercanaleta‹ am Fitz Roy ist im Verhältnis zum Torre leicht.«

»Also nicht zu vergleichen mit der ›Maestri-Egger-Route‹.«

»Nein, auf keinen Fall.«

»Warum hast du nie daran gedacht, über die ›Kompressorroute‹ hochzusteigen und über die Nordwand abzuseilen? Du kennst beide Wege.«

»Ganz einfach, weil ich ein Bergsteiger bin und von unten nach oben will.«

»Eine Idee für eine Überschreitung des Torre?«

»Ja, warum nicht. Ich habe das Projekt schon einmal in Erwägung gezogen: die Überschreitung des Cerro Torre rückwärts. Umgekehrt wäre es sicher einfacher.«

»Eine ganz andere Frage: Hältst du es für möglich, dass die Nordwand, vom Colle bis zum Gipfel, 1959 eine einzige Eiswand war, wie Fava und Maestri behaupten?«

»Der Cerro Torre trägt oft ein weißes Kleid. Aber nur Eis in der Nordwand? Daran glaube ich nicht. Wenn Westwind aufkommt, bricht er sich rechts an der Kante. Diese ist dann zugeeist. Ich habe es selbst gesehen. Ich glaube nicht, dass die Nordwand je komplett vereist.«

»Mit einem Eispanzer wäre die Nordwand ohne Zweifel noch schwieriger, dann wäre alles unstrukturiertes Gelände.«

»Genau.«

»Man kann mit den Pickeln von damals auch nicht über senkrechtes Eis hinaufsteigen!«

»Erstens, und zweitens, es wird immer vom Eis am Torre geredet: Da ist aber kaum Eis, es ist nur haltloser Anraum.«

»Hingewehter Raureif, der dick am Fels klebt. Kann man darauf klettern, moderne Eisgeräte einsetzen.«

»Nein. Du steckst deinen Arm bis zur Schulter rein, und es hält nicht.«

»Beide, Egger und Maestri, waren exzellente Kletterer, kein

Zweifel. Maestri hat die Zinnen-Direttissima 1958 als Zweit-begeher gemacht, Egger ein paar Wochen später die fünfte Begehung. Ihm gelang, glaube ich, die Drittbegehung des Bonatti-Pfeilers an den Drus. Beide zählten damals zu den zehn absoluten Topkletterern in den Alpen. Egger im Granit und Kalk, Maestri im Dolomit. Egger war auch ein guter Eis-geher. Hätten die beiden eine Chance gehabt, irgendwo auf den Gipfel des Cerro Torre zu kommen? Du hast lange Zeit gesagt: ›Die beiden sind da rauf, ich will das beweisen.‹ Du hast auch alles getan, um die Besteigung nachvollziehbar zu machen. Was denkst du heute?«

»Beide waren Topkletterer, sicher. Wenn ich aber die ›Kom-pressorroute‹ anschaue, wie sinnlos Maestri Haken einge-bohrt hat...«

»Maestri?«

»Ja, er hat wahllos, ja sinnlos gebohrt. Ohne eine Linie zu suchen. Ich kann mir deshalb schwer vorstellen, wie er seine Originalroute klettert.«

»Inzwischen hat sich das Klettern weiterentwickelt. Wenn Maestri 1970 hätte beweisen wollen, dass er schon 1959 hi-naufgekommen ist auf den Cerro Torre, wäre er an die Ori-ginalroute zurückgekehrt, mit jungen Leuten vielleicht, mit besseren Kletterern. Er hätte ihnen seine Route gezeigt und gesagt: ›Da findet ihr ein paar Haken von mir. Ich zeige euch, wo wir sie geschlagen haben‹. Die Sache wäre eindeutig be-wiesen gewesen. Aber eine andere Route und ein anderer Stil sind keine Beweisführung. Es bleibt sein Recht, noch einmal auf den Cerro Torre zu klettern, warum nicht. Er soll auch Bohrhaken schlagen, so viele er will. Das will ich nicht kri-tisieren. Nur ist der Erfolg dann kein Beweis für die erste Besteigung.«

»Ich sag dir, sie sind 1959 nur 300 Meter weit hochgekom-men, mehr nicht.«

»Ein Drittel der Strecke bis zum ›Col‹ gerechnet?«

»Ich hätte gern geglaubt, dass sie oben gewesen sind. Heute

aber überwiegen die Zweifel. Ich fand keine Abseilstellen, nichts. Für mich aber bleibt es wichtig, ihre gedachte Linie zu Ende zu klettern.«

»Die beschriebene, auch wenn sie nur virtuell ist?«

»Ihre geplante Route ist heute machbar. Vielleicht habe ich Glück. Finden werde ich nichts mehr, der Grund aber, warum ich weiter an meiner Linie arbeite, ist Toni Egger. Weil er sich nicht verteidigen kann, muss ich seinen Weg zu Ende gehen. In seinem Sinn. Die Route, die Maestri und Egger zusammen angefangen haben, gilt es zu vollenden.«

»Bist du der Einzige, der dem Weg von 1959 folgt? Oder ist dir auf der Nordwandroute jemand nachgestiegen?«

»Andere haben es probiert. Bisher ist niemand so hoch gekommen wie ich.«

»Du willst also im nächsten Jahr wieder rüberfahren?«

»Wenn Zeit und Geld reichen, werde ich es wieder wagen.«

»Wie alt bist du?«

»Ich bin jetzt sechsundvierzig.«

»Ich finde, es ist eine gute Idee, deine ›Egger-Route‹ zu vollenden. Das hat sich Toni verdient. Egger war älter als Bonatti und Maestri, jünger als Buhl. Alle vier waren als Kletterer aber gleichwertig. Ungerechterweise ist Egger vergessen worden. Wenn du heute einen jungen Kletterer fragst, wer die besten Kletterer der Fünfzigerjahre waren, fällt ihnen nach dem Namen Bonatti der von Maestri ein, Armando, Aste, Georges Livanos, Lionel Terray, Hermann Buhl als große Stars kommen dazu. Vielleicht noch Louis Lachenal – international gesehen Joe Brown, Royal Robbins. Toni Egger aber ist vergessen. Es ist höchste Zeit, klarzustellen, dass Toni Egger ein ganz Großer war. Im Eis vor allem. Maestri sagt ja, die Torre-Besteigung sei eine Eistour gewesen. Es ist auch mein Anliegen, an Toni Egger zu erinnern, ihn als Bergsteiger in seine Zeit zu stellen.«

»War der Torre 1959 eine Eistour?« frage ich dann.

»Nein, dafür ist die Wand zu steil, viel zu steil. Ich habe

In der Nordwand
des Cerro Torre

Maestri ein paar Mal besucht und bekam jedes Mal andere Antworten auf die gleichen Fragen. Er kann sich nicht erinnern. Ist ja auch verständlich.«

»Nach 50 Jahren, ja. Mir geht es aber nur um die grobe Linie, nicht um Details.«

»Ich bin mir sicher: Wahrscheinlich ist der Unfall beim Aufstieg passiert. Wenn oben am Gipfel etwas bricht, trifft es dich unterm Schneefeld.«

»Die beiden haben gehofft, es geht, und dann ist ein Unglück passiert. Dort, wo Cesare es beschreibt. Fava kam später dazu«, sage ich.

»Ich kenne Fava, er war mal bei uns im Lager. Er redet sehr viel. Aber ich kann nicht glauben, dass er am ›Colle della Conquista‹ war. Die Abseilstellen sind so lausig, schlechte Stände ... allein da runterfahren ist ganz schön riskant.«

»Dafür brauchst du mehr als ein langes Seil.«

»Genau.«

»Ich wünsche dir viel Glück. Früher oder später wirst du es schaffen. Ich fände es schön, wenn es eine ›Egger-Route‹ am Torre gäbe. Es gibt ja auch die ›Maestri-Route‹.«

»Ja, ›Egger-Route‹ will ich sie taufen.«

»Alles Gute«, wünsche ich und gebe Toni die Hand.

Nicht nur Ponholzer, auch alle anderen Osttiroler Bergsteiger werden Toni Egger nicht vergessen.

Dabei haben schon Fava und Maestri Egger zum Helden des Torre gestylt: das Eisgenie, der Erfinder neuer Geräte, das Kletterwunder, auch der Hungerleider wurde er genannt. Er und nur er habe die Besteigung 1959 möglich gemacht. Maestri sieht sich ja als Opfer, weil Egger ihn nicht bestätigen kann. Also ist er verfolgt von Betrügern, Zweiflern und Neidern. Gescheitert will er aber nicht sein, und betrogen hat er sich höchstens selbst. Beleidigen kann man Sieger nicht, der Überlebende aber zu sein, bleibt immer undankbar. Und deshalb hat Maestri mein ganzes Mitgefühl. Mehr Respekt aber fordere ich für Casimiro Ferrari, den Erstbesteiger, für Walter Bonatti, weil er sein Scheitern eingesehen hat, und für Ermanno Salvaterra, den Mann vom Torre heute, auch Toni Ponholzer. Weil sie unter Cesare Maestri gelitten haben. All ihre Leistungen bleiben seinetwegen unterbewertet.

Niemand kennt den Cerro Torre heute besser als Ermanno Salvaterra. Er ist wie Cesare Maestri Trentiner, in der Brenta-Gruppe der Dolomiten zum Extrembergsteiger herangereift. 1982 reiste er erstmals nach Patagonien, inzwischen war er 25 Mal dort. Vor allem am Cerro Torre, wo ihm Erstbegehungen an allen Wänden geglückt sind. Nicht immer bis zum Gipfel, aber über kühne Linien: in der Südwand, an der Ostwand, an der Westflanke und zuletzt, 2005, an der Nordseite. Dreimal stand er am »Colle della Conquista«, dreimal seilte er von dort ab. Erst 2008 wieder, nach der Überschreitung von Cerro Standhardt, Punta Herron und Cerro Egger. Der Weiterweg über seine Route von 2005 bis zum Gipfel des Cerro Torre erschien ihm zu gefährlich. Also drehte er bei –

wie Bonatti 1958 und tausend andere vor ihm. Sie alle haben dem Cerro Torre gegenüber jenen Respekt gezeigt, der Cesare Maestri zuletzt gefehlt hat. Vielleicht nur, weil er etwas beweisen wollte, was am Torre nicht zu beweisen war: dass am Berg alles möglich ist, wenn man es nur will.

Fava und Maestri agierten und gebärdeten sich als Heroen in der Zeit des heroischen Bergsteigens. Ihre Sätze klingen danach. Wie auch der Nachruf auf Toni Egger, den Bergkameraden 1959 formuliert haben: »Ein Riese aus Granit in den patagonischen Anden ist Künder von dem Mut, dem unerschütterlichen Glauben und Siegeswillen eines Tiroler Bergsteigers. Die Grabstätten der Könige werden einst zu Staub zerfallen. Der Cerro Torre wird noch Jahrtausende als himmelragendes Fanal den Stürmen trotzen.«

Ich beneide Kletterer nie um ihre Erfolge, ich beneide sie – ob gescheitert oder erfolgreich – um ihre Erfahrungen. Vor allem um jene Einsichten, die sie bei Grenzsituationen gemacht haben. Allen voran Casimiro Ferrari, den ich 2006 in seiner einsamen Estancia in Patagonien zu beweinen hatte, weil er viel zu früh verstorben ist. Ich bewundere Salvaterra als den Retter jener Welt, die nur erlitten wird, und weil es ihm immer auch um das Renommee der Trentiner am Torre gegangen ist. Ich bewundere Ponholzer, dem es um das Andenken von Toni Egger geht. Er hat sein Bestes gegeben. Für sie und alle anderen ist dieser Berg eine zu Stein gewordene Erinnerung: in aller Zukunft Glück und Schrecken zugleich. Einmal Symbol ihrer Angst, dann wieder Zeichen ihrer Sehnsucht; oft Erinnerungshilfe für ihre Trauer. Für immer bleibt der Torre in den Emotionen dieser Kletterer lebendig. Für Cesare Maestri ist der Cerro Torre der zu Stein gewordene Schrei einer tief empfundenen Verzweiflung, einer Wut, die sich nicht mehr herausschreien lässt, weil sie so groß und hart ist wie der Cerro Torre selbst, an dessen Felsen das andere Seilende hängt, das Seil, das am toten Körper von Toni Egger fehlte.

Bibliografie

Cesarino Fava, »Dal Diario di Cesarino Fava«, *Bollettino Società Alpinisti Tridentini* (März–April 1959): S. 22–31.

Cesare Maestri, »Il Cerro Torre«, *Club Alpino Italiano Rivista Mensile* vol. LXXX (Juli–Aug. 1961): S. 205–211.

Alberto Benini, »Casimiro Ferrari, L'ultimo re della Patagonia« (Mailand, Baldini Castoldi, 2004).

Casimiro Ferrari, *Cerro Torre. Parete Ovest* (dall' Oglio, 1975).

Cesare Maestri, *Arrampicare e il mio mestiere* (Mailand, Garzati, 1961): S. 109–171.

Alan Kearney, *Mountaineering in Patagonia* (Seattle, Cloudcap, 1993).

Cesare Maestri, *Il Ragno delle Dolomiti* (Mailand, Rizzoli, 1981).

Cesarino Fava, *Patagonia, Terra di sogni infratti* (Turin, Centro Documentazione Alpina, 1999).

Fabrizio Torchio, »Cosí arrivorono sul Torre,« *L'Adige* [Trient] (24. April 1999).

Cesare Maestri, »E Venne la morte Bianca,« *L'Europeo* 704 (12. April 1959): S. 30–36.

Guido Carretto, »Cerro Torre Enigma: Maestri Speaks,« *Mountain* 9 (Mai 1970): S. 32.

Ken Wilson et al. »Cesare Maestri«, *Mountain* 23 (Sept. 1972): S. 30–37.

Cesare Maestri, »La Conquista del Cerro Torre«, *Bollettino Società Alpinisti Tridentini* (März–April 1959): S. 1–9.

John Bragg, Brief an Ken Wilson (2. Okt. 1978).

American Alpine Journal 1979, S. 256; und *Mountain* 61, S. 13.

Phil Burke, »Cerro Torre: East Face«, *Mountain* 79 (Mai–Juni 1981): S. 40–43; und *American Alpine Journal* 1982, S. 193–194.

American Alpine Journal 1999, S. 333; und *High Mountain Sports* 203, S. 81–82.

Alp 172 S. 108.

American Alpine Journal 1995, S. 212–213; und *Alp* 126, S. 28–29.

Tommy Bonapace, »*Cara de Hielo*«, *Gipfelstürmer* [Innsbruck] (1996): S. 21.

Mark Synott, »The Maestri Enigma«, *Climbing* 185 (Mai 1999): S. 72–81, 130–134.

Gianni Dalbagni, »La dura conquista del Cerro Torre«, *Corriere degli Italiani* [Buenos Aires] (März–April 1959). Sechzehn Artikel, beginnend mit dem 23. März 1959.

Juan Roghi, »La Tragica Noche sobre los Andes«, *El Hogar* 2570 [Buenos Aires] (6. März, 1970): S. 77–81.

Franco Rho, »Carlo Mauri non ha chiuso con il Cerro Torre«, *Rasegna Alpina* 15 (März–April 1970): S. 84–91.

Fernanda e Cesare Maestri, 2000 *metri della nostra vita* (Mailand, Garzati, 1972).

Malé Conference [Trient] (1999) Abschriften.

»Tentativo di Cesarino Fava per il ricupero di Toni Egger«, *Bollettino Società Alpinisti Tridentini* (Jan.–Feb. 1961): S. 15.

Fotonachweis und Dank

Fotos: Alle Archiv Reinhold Messner, außer:
Ermanno Salvaterra: S. 8, 10, 15, 56, 72, 73, 142,
143, 144, 183, 187, 210, 220, 221, 222, 242, 258,
259, 260, 274, 290;
Walter Bonatti: S. 74;
Toni Ponholzer: S. 238, 276, 280 sowie
Eduard Müller: S. 244

Mein Dank gilt allen Wort- und Bildspendern, vor allem
Ermanno Salvaterra und Toni Ponholzer, die all ihre Erfahrungen vom Cerro Torre zur Verfügung gestellt haben. Ein
lieber Dank geht an Lore Stötter, die in Toni Egger mehr als
einen Freund verloren hat.

MALIK

Reinhold Messner

Mein Weg

Bilanz eines Grenzgängers. 352 Seiten mit 24 Seiten Bildteil.
Gebunden

Reinhold Messner ist äußerst eloquent – noch wortgewandter
wird er mit einem Gegenüber, ein Dialog wird so zum Feu-
erwerk! Seine Äußerungen haben Gewicht gründen sie doch
auf extremen Erfahrungen: Gedanken über die Natur und
zum Wesen des Bergsteigens, über Abschied und Wiederkehr,
Ansporn und Erfüllung, und über den Weg zu sich selbst.
Alle große Themen kommen darin zur Sprache: seine frühen
Erfolge innerhalb der Alpinisten-Szene als er mit dem neuen
Kletterstil by fair means die Szene revolutionierte, die großen
Leistungen und der Weltruhm nach der Erstbesteigung des
Mount Everest ohne künstlichen Sauerstoff, der Reigen der
Achttausender, seine Expeditionen durch die Wüsten der
Erde, sein soziales und politisches Engagement, die wichtigen
Museumsprojekte, die jetzt realisiert sind, aber auch die
Anfeindungen im Zusammenhang mit dem Tod seines Bruders
Günther am Nanga Parbat und seine Verletztheit. Ergänzt
werden die Interviews durch eigene, bisher in Buchform un-
veröffentlichte Texte von Reinhold Messner – Expeditions-
berichte, Reportagen, Essays: die Zusammenschau eines Lebens. So umfassend und authentisch war Messner noch nie
zu haben!

02/1092/01/L

PIPER

Reinhold Messner

Mein Leben am Limit

Eine Autobiographie in Gesprächen mit Thomas Hüetlin.
288 Seiten mit 6 Abbildungen. Piper Taschenbuch

Schon immer ist Reinhold Messner weiter gegangen als alle
anderen. Früh ließ er das Tal seiner Südtiroler Kindheit
hinter sich, bestieg alle vierzehn Achttausender und durchquerte zu Fuß die größten Sand- und Eiswüsten der Erde.
Was aber beflügelt diesen Erfolgsmenschen? Und woher
schöpft er Kraft und Phantasie, sich immer wieder neu zu
erfinden? Kritisch und offen stellt der Spiegel-Reporter Thomas Hüetlin ihm die entscheidenden Fragen zu einem »Leben am Limit«.

»Vielleicht eines der interessantesten Messner-Bücher überhaupt.«
Neue Zürcher Zeitung

01/1548/02/R

PIPER

Reinhold Messner
Der nackte Berg

Nanga Parbat – Bruder, Tod und Einsamkeit. 319 Seiten mit
zahlreichen Farb- und s/w-Abbildungen. Piper Taschenbuch

Der Nanga Parbat, der »nackte Berg«, ist seit vielen
Jahrzehnten der Gral der besten Bergsteiger. In den 30er
Jahren versucht sich der berühmte Willy Merkl als einer
der ersten an diesem Schicksalsberg und kommt dabei
um; seinem Halbbruder Karl Herrligkoffer wird es zur
Obsession, den Berg für den Bruder zu bezwingen. 1970
plant er mit den Brüdern Messner die schier unmögliche
Besteigung über die 4500 Meter hohe Rupalflanke, die
höchste Eis- und Felswand der Erde. Und auf beklemmende
Weise wiederholt sich die Geschichte: Beim ungeplanten
Abstieg über die Westseite, zu dem sie das Wetter zwingt,
wird Günther Messner unter einer Lawine begraben. Die
tragische Erinnerung an die Ereignisse läßt Reinhold
Messner bis heute nicht los: »Als wäre ich durch mehrere
Stufen meines Bewußtseins gegangen, bleibt das Über-
leben am Nanga Parbat in mir lebendig wie ein intimes
Wechselspiel von Dabei-Sein und Weit-weg-Sein. Und als
Wechselspiel von reiner Wahrnehmung und erlebter
Geschichte will ich sie weitererzählen: eine Tragödie, die
am Anfang meiner Identität als Grenzgänger steht.«

01/1390/02/L

Reinhold Messner

Die weiße Einsamkeit

Mein langer Weg zum Nanga Parbat. 352 Seiten
mit 16 Farb- und 137 s/w-Abbildungen.
Piper Taschenbuch

Nanga Parbat ist Sanskrit und bedeutet »Nackter Berg«. In den
mächtigen Eisfeldern und Felsrippen dieses gefürchtetsten
aller Achttausender ließen die größten Alpinisten der Erde ihr
Leben. 1970 stand Reinhold Messner zum ersten Mal am
Fuße des Nackten Bergs. Und wenn ihm auch die für unmöglich
gehaltene Überschreitung gelingen sollte, reist er doch als
Gescheiterter ab – sein Bruder Günther wird beim Abstieg
durch die Diamirflanke unter einer Eislawine begraben.
Kein anderer Berg vereint seither für Reinhold Messner Schuld
und Schicksal so unauflöslich miteinander wie der Nanga
Parbat. Sechsmal kehrt er noch zu ihm zurück, um den Bruder
zu suchen und Antworten auf seine Fragen zu finden.
Die Erstbesteigung des Nanga Parbat durch Hermann Buhl
jährte sich im Juli 2003 zum fünfzigsten Mal. Wie kaum ein
anderer Berg symbolisiert er Erfolg und Niederlage zugleich,
die sich von Beginn an durch die Geschichte seiner Besteigungen ziehen. »Die weiße Einsamkeit« ist Reinhold Messners
ganz persönliche Chronik des Nanga Parbat, durch den er
der wurde, der er ist.

01/1790/01/R

PIPER

Reinhold Messner
13 Spiegel meiner Seele

320 Seiten mit 27 Abbildungen und 38 Farbfotos.
Piper Taschenbuch

Mit diesem Buch zeigt uns Reinhold Messner die andere
Seite seines Wesens, jene Seite, die bisher allzu oft hinter seinen sensationellen Abenteuern verborgen blieb: seine selbst
verordnete Einsamkeit, seine Flucht in die Arbeit und in die
Tröstlichkeit von Wüstensand, Eis und Schnee. In keinem
seiner Bücher hat Reinhold Messner einen so tiefen Blick in
sein Innerstes tun lassen wie in diesen 13 Geschichten, die
seine Seele nach draußen spiegeln.
Er erzählt von seiner Burg Juval im Vinschgau (»Meine
Fluchtburg«), vom tibetischen Sagenkönig Gesar, nach dem
er seinen Sohn benannt hat, von seiner Familie, seiner Jagd-
leidenschaft. Der Bergbauer und Weltflüchtling begegnet
uns in diesem Buch ebenso wie der »öffentliche« Reinhold
Messner, der in überfüllten Arenen von seinen abenteuerlichen Reisen berichtet und Tausende in den Bann seiner
Bilder und Geschichten schlägt – und der dann wenig später
zum Opfer seiner Prominenz wird, wenn ihm im »Kiosk am
Matterhorn« die »Versteckte Kamera« auflauert.

01/1188/02/L

PIPER

Reinhold Messner
Die Freiheit, aufzubrechen, wohin ich will

Ein Bergsteigerleben. Mit zahlreichen Farbfotos.
388 Seiten. Piper Taschenbuch

Einer der letzten großen Abenteurer unserer Zeit erzählt
seinen Werdegang. Von den heimischen Dolomiten führten
seine Touren ins Eis der Westalpen, in die Anden, schließlich
zu den grandiosen Achttausendern des Himalaja. Nach seiner Zeit als Felskletterer und Höhenbergsteiger durchquerte
Reinhold Messner die großen Sand- und Eiswüsten. Heute
ist er Mythen auf der Spur. Nicht nur die sensationellen
Triumphe schildert er, auch die großen Niederlagen stellt
er schonungslos dar. In einem Wechselspiel zwischen berg-
steigerischem Leistungsbeweis und persönlicher Selbsterfah-
rung steht dieses Buch einmalig in der Fülle der alpinen
Literatur da.

01/1082/02/R

PIPER

Reinhold Messner
Gebrauchsanweisung für Südtirol

208 Seiten mit 17 Federzeichnungen von Paul Flora.
Gebunden

»Es sind nicht die höchsten Berge der Welt, auch nicht die ge-
fährlichsten, aber bestimmt sind es die schönsten.« Reinhold Messner, der vom Südtiroler Bergbuben zum erfolgreichsten Bergsteiger wurde, weiht uns in die Naturwunder
zwischen Dolomiten und Ortler ein, nimmt uns zu Skiabfahr-
ten, Höhenwegen und malerischen Hütten mit. Dem Rätsel
des Ötzi geht er auf den Grund, den Seligkeiten von Bozen und
der Frage, wieviel Österreich im nördlichen Eck Italiens
lebt. Wir erfahren die Geheimnisse des Jodelns, die Feinheiten
der Küche zwischen Speckknödel und Spaghetti – und warum Fensterln und Frömmigkeit hier unbedingt zusammenge-
hören.

01/1608/01/L